古代歷史文化 研究輯刊

三二編

王明蓀 主編

第6冊

五胡治華史論集（下）

雷家驥 著

國家圖書館出版品預行編目資料

五胡治華史論集（下）／雷家驥 著 -- 初版 -- 新北市：花木
蘭文化事業有限公司，2024〔民 113〕
目 4+210 面；19×26 公分
（古代歷史文化研究輯刊 三二編；第 6 冊）
ISBN 978-626-344-869-8（精裝）
1.CST：五胡十六國 2.CST：中國史
618   113009405

ISBN-978-626-344-869-8

古代歷史文化研究輯刊
三二編　第 六 冊　　　　　　ISBN：978-626-344-869-8

五胡治華史論集（下）

作　　　者	雷家驥
主　　　編	王明蓀
總 編 輯	杜潔祥
副總編輯	楊嘉樂
編輯主任	許郁翎
編　　　輯	潘玟靜、蔡正宣　美術編輯　陳逸婷
出　　　版	花木蘭文化事業有限公司
發 行 人	高小娟
聯絡地址	235 新北市中和區中安街七二號十三樓
	電話：02-2923-1455／傳真：02-2923-1452
網　　　址	http://www.huamulan.tw 信箱 service@huamulans.com
印　　　刷	普羅文化出版廣告事業
初　　　版	2024 年 9 月
定　　　價	三二編 28 冊（精裝）新台幣 84,000 元

五胡治華史論集（下）

雷家驥　著

目次

前後秦的文化、國體、政策
與其興亡的關係

提　要

　　本文討論前秦苻堅的文化意義與思想意識,對其國體、政體與及政策諸影響,進而探討其何以不能完成普遍王朝的理想,肥水之戰屬何性質,以致與其王朝的興亡關係究竟如何等問題。

　　後秦是前秦瓦解下的一個分裂政權,以羌族為主,而混合關隴其他民族結合而成。不論區域局限性、民族多元性及生產建設,均不能與前秦相比。

　　姚秦無苻堅普遍王朝理想,但是德治國策、漢式體制,以至元首位號,實皆倣自苻秦。不過,羌族文化原較氐族為遜,仍保有種落分化離析的型態,及盟詛仇殺的風俗,遂使後秦在戰亂中開國立國,始終未能有效完成一個穩定的漢式王朝政權。

一、前　言

　　本文是繼〈氐羌種姓文化及其與秦漢魏晉的關係〉、〈漢趙時期氐羌的東遷與返還建國〉二篇，接踵探討的另一文，重心在討論前、後秦的國體與政策，並檢討其利弊得失。故腳註所引書文之出版資料，前二文已見者則此從略。

　　本文重要的焦點，計有為何二秦自貶元首的位號，及其對政權性質，國家政策、文化意識有何關係及影響？二者皆實行單一漢式王朝的政治體制，表面上與兩趙前燕頗不同，但其實究竟為何？與王朝之興敗有何關係？尤其前秦一度混一北方，苻堅的民族思想與政策究竟如何，為何不能像北魏建立較長期的政局？後秦因襲前秦，何以又不能統一北方？對上述諸問題，論者頗多，或有莫衷一是者，筆者嘗有疑惑，所以欲逐一分析論證之，冀能有明顯的解答。

二、苻堅政權的結構性質與其貶號問題

　　苻健西歸關中，於 351 年稱大秦天王，大單于，翌年乃自稱皇帝。不料五年以後，苻堅兵變即位，卻自我貶號還為天王，而不兼為單于，且終生不再恢復皇帝的位號，這是相當奇怪之事，值得尋味。

　　谷川道雄認為五胡君主之稱天王，其實含有自貶其少數民族政治結構之問題，即與猶未統一、功德未符及宗室的分權體制等意識結構有關也。〔註1〕筆者曾論及漢、趙之間事，知此諸胡雖持有晉朝的傳國璽，然而靳準於 318 年之所以貶號漢天王，情況不甚明。石勒是「趙王、趙帝孤自取之」的人物，卻自 319 年至 330 年稱大單于·趙王達十一年之久，其指導觀念是因「依春秋列國、漢初侯王」之制，並受制於自己的民族自卑感與漢人的正統觀念，故其滅劉曜而或得傳國璽，群臣以符瑞並出，水承晉金為言，猶且不敢稱皇帝，僅於 330 年進號大趙天王·行皇帝事，數月後因群臣以「名位不正」固請，始即尊位。至於石虎，更兼有篡奪心虛的慚德意識，所以也長期貶號為天王，至死前三個月始稱皇帝。〔註2〕此諸例或可印證谷川氏之論。

　　按殷周天王—諸侯的形式，與西漢皇帝—諸侯王的形式，皆是封建的國體形式，石氏即使真欲推行宗室的軍事封建制，也不必為皇帝位號所拘；而其為此位號所拘者，正坐民族自卑、正統觀念、篡奪慚德等觀念意識及天下未一的

〔註1〕詳其《隋唐帝國形成史論》第三編第三章的〈五胡十六國·北周にわける天王の稱號〉。

〔註2〕詳本書〈後趙文化適應及其兩制統治〉篇。

現實瞭解而來。苻堅在後趙時代成長，殆受其影響，然而於此頗欲根究其真正的原因。

苻堅東遷十餘年，深受漢文化影響，前已論及。據現有史料，未見他如其宗人般有民族自卑感（詳後），此因素故非其自貶之因，可以不疑。

〈石勒載記〉謂勒常以「吳蜀未平，書軌不一，司馬家猶不絕於丹楊，恐後之人，將以吾為不應符籙。每一思之，不覺見於神色。」云云，可見此胡主應符觀念之深切。西戎系的苻堅、姚萇皆有類似觀念，〈苻堅載記〉記述姚萇俘虜苻堅後云：

> 萇求傳國璽於堅曰：「萇次膺符曆，可以為惠！」堅瞋目叱之曰：「小羌，乃敢干逼天子，豈以傳國璽授汝羌也．圖緯符命，何所依據？五胡次序，無汝羌名。違天不祥，其能久乎！璽已送晉，不可得也。

氐族的苻堅，對種落文化較劣勢的羌族懷有民族優越感，於此可見。羌族的姚萇自認應繼苻堅而膺符籙，不為苻堅所同意，事亦顯然。苻堅篤信經學，而兼及圖讖內學，故其所否定是以圖讖駁圖讖也。「五胡次序」乃圖讖之一種，周一良曾證成陳寅恪先生之說。〔註3〕苻堅既以何種圖讖所列之「五胡次序」列有羌名相質，則當時可見之圖讖宜無羌名。氐、羌皆屬西戎族系，不屬北狄的胡族，圖讖既無羌名，殆未必有氐名。苻堅之自貶天王，似由此推思，蓋當時圖讖無氐名，對深信此學的苻堅應是影響很大的，大到不敢稱皇帝也不足為奇。這可說是他的一種自卑心理或內慚意識，由於史料不足，故不敢妄為論定。

再者，苻堅或許有另一種內慚。苻堅自認年紀才能不及乃兄而相讓未果，遂以二十歲之英年即位。深受儒學薰陶的他，天下未統一常是內心焦慮不安的因素，〈堅記〉〈堅錄〉已有詳述。他的兵變雖說是「行湯武之事」，但是兵變畢竟在儒學中是具有貶義的，湯武革命在漢儒理念中也仍有爭議，〔註4〕故從學術思想上看，苻堅內有慚德或可想而知。而且，雖說堅父苻雄為開國元勳，曾拜丞相‧都督中外諸軍事，權侔人主，然而天下畢竟是苻健的天下，不說苻堅對此有內慚，抑且宗室也未必全心服，是以 367 年健子柳、廋、武

〔註3〕　見周著《魏晉南北朝史札記》（北京：中華書局，1985 年 3 月一刷），頁 113。
〔註4〕　如《史記‧儒林列傳》就曾記載此問題之爭議，景帝支持黃生所謂湯武雖聖，猶是臣下，故是弒君之說，使「後學者莫敢明受命放殺者」。

及堅母弟雙四藩聯合反叛，翌年相繼被殺，苻堅仍為苻健諸子置後，而不為其弟雙置嗣。《通鑑》晉海西公太和三年十二月條所載，略可窺見此狀況，書云：

> 獲魏公庾（即廋），送長安。秦王堅問其所以反，對曰：「臣本無反心，但以弟兄屢謀逆亂，臣懼並死，故謀反耳。」堅泣曰：「汝素長者，固知非汝心也；且高祖（苻健）不可以無後。」乃賜廋死，原其七子，以長子襲魏公，餘子皆封縣公，以嗣越厲王（苻生）及諸弟之無後者。苟太后曰：「廋與雙俱反，雙獨不得置後，何也？」堅曰：「天下者，高祖之天下，高祖之子不可以無後。至於仲群（苻雙），不顧太后，謀危宗廟，天下之法不可私也！」

由此可知苻健諸子屢叛及苻堅內慚的心理，雖堅立十二年猶存在。苻氏宗室此種心理狀態影響深遠，此後宗室子弟屢屢反叛，而苻堅則屢屢姑息而赦之，及至380年堅之從兄弟苻洛、苻重聯兵十萬反於幽州，重死於戰爭，洛則被赦，司馬光為此大發議論云：「堅每得反者輒宥之，使其臣狃於為逆，行險徼幸，雖力屈被擒，猶不憂死，亂何自而息哉！……能無亡乎！」〔註5〕可證苻堅的內慚心理，已嚴重至影響其宗室政策，與及國家安全的層次了。世論苻堅分封氐戶至各鎮為監軍，是空虛根本之舉，其實也應由此角度觀察之，庶幾可得週延。

據此以知，苻堅去皇帝之號而降稱大秦天王，是心理意識上自貶的成分居多，欲擬周代封建制度以粉飾其宗室分權體制者，尚待進一步商榷。

谷川又謂由宗室拜丞相·都督中外諸軍事，握政軍大權，是輔佐皇帝、阻止專制化之體制，是宗室的政軍分權體制的指標，為五胡諸國之通制。〔註6〕

按《晉書·職官志》，丞相與相國，魏晉以來「皆非復尋常人臣之職」，前後二趙也是如此；都督中外諸軍事「則總統內外諸軍」，為大臣「權重者乃居之」，曹魏及西晉常以此職假宗室以掌握全軍，二趙亦然。也就是漢族與胡夷政權，在制度上皆是如此的，任此二職者若非輔佐皇帝的權臣，則是準備篡位的權臣。按苻健時苻雄和雷弱兒曾先後拜丞相，苻堅時則有苻法、王猛拜過丞相，弱兒是羌豪，王猛為漢人，故谷川之說於此不能成立；至於都督中外，苻雄、苻菁、苻安皆曾任之，而皆為宗室，尋前面所論，應為秦主假手宗室以掌

〔註5〕詳《通鑑》晉孝武帝太元五年五月臣光曰，卷一〇四，頁 3295。
〔註6〕同註1，頁 329～331。

握全軍之意義，大於阻抑君權之作用，故苻雄以丞相・都督中外諸軍事卒後，苻健即拜雷弱兒為丞相，而以衛大將軍苻菁都督中外，及至苻菁兵變欲殺太子苻生，乃以苻安繼任之。是則丞相可以任用他族他人，軍權則不可，後來苻堅以丞相王猛都督中外，實如王導在東晉，是特殊之例，與谷川所論不符。

至於苻堅即天王位後，以苻法為都督中外諸軍事・丞相・錄尚書事，委以政軍大權——如其父當年，尋其意應與苻法和他共同兵變而又讓位有關。正惟有此權位及關係，故當苻法門庭車馬輻湊時，遂引起政權危機之慮，以至賜死，復有何阻抑牽制君權作用之可言？法死前一個月苻柳出鎮蒲阪，法死後十個月，苻堅乃以太尉苻侯守尚書令，此後至 370 年滅燕，皆不以都督中外除人。可見這十餘年間，苻堅是親自統帥指揮全軍的。王猛統軍滅燕而坐鎮鄴城，兩年後召還為丞相，復加都督中外諸軍事，以至於 375 年死為止。王猛為漢族人，居此二職是輔佐性質，而無宗室分權阻制的意義。王猛死後至肥水之戰約十年間，堅弟苻融曾都督中外兩年，其餘時間皆未除人，據〈表一〉，肥水戰後動亂期間，任都督中外者先為苻叡，次為苻暉，皆是苻堅之子。因此，可以肯定前秦之都督中外諸軍事一職，應是魏晉二趙制度的沿用，目的在委宗室重臣以軍隊統率權，而非宗室分權體制的性質。基本上，苻堅在位的大部分時間皆不以都督中外除人，而是親自掌握全軍，甚至常親征，這是前秦軍隊得以迅速擴張發展，苻堅被時人批評為窮兵黷武之主因。

委政王猛而親自統軍的情勢，應與高層權力結構、內慚心理及強敵環伺的立國形態，使苻堅產生不安全感有關。

就強敵環伺而言，則秦之東方有強燕，最為其大敵；東南有晉室，雙方仍有交戰；北則有拓跋氏之代國，西方有前涼張氏，西南有仇池楊氏，皆是伺機而動的對手。就前秦內部而言，中央有大臣酋豪之跋扈，宗室子弟常叛亂；在外則秦隴轄內諸羌胡，也常有擁眾叛亂之舉。在如此形勢下，苻堅常統及擴充全軍，是可以理解的。大抵上，苻堅的國家戰略，在 370 年滅燕以前，是以防禦外敵及被動平亂為主的；以後始採取主動的、擴張的戰略。當年苻洪的構想是西還經營關中，然後再東向爭天下，故苻堅有此舉措也是可以理解的。也就是說，苻堅的前期國策，是以經營內政為優先，推行政治建設以鞏固政權為主要目標。

討論苻堅諸論著，常常忽視了對其思想意識，尤其統治思想的分析。蓋苻堅并非一開始就任德治，并以統一天下為目標的，這種傾向是滅燕以後才形

成。苻堅沒有變更開國以來的漢式政府體制,沒有兼稱大單于,顯示他決意建立中國王朝的決心。他貶稱大秦天王,其實是在內慚之下,效法後趙以「大趙天王行皇帝事」,欲建立功德後始正名號而已。熟悉漢儒經史之學的他,早期自我期許的模範目標是「漢之二武」──即漢武帝與光武帝;後期才是以五帝,尤其軒轅為期許。〔註7〕事實上,苻堅面對上述局勢,很難一開始就以中國先聖先王自我期許的。二武雖崇儒,但其施政實際上是儒法並用,漢宣帝所謂「漢家自有制度,本以霸王道雜之,奈何純任德教」是也。〔註8〕明乎此,苻堅早期儒法并用之政策,及重用具有王霸之材之王猛,也就可想而知。王猛是資淺的漢人,其施政若得不到苻堅全力的支持,是絕不可能貫徹收效的。

根據〈堅記〉及〈堅錄〉的載述,王猛鞏固苻堅地位的政策,是順著苻生殺戮酋帥大臣的手段,對苻秦開國集團、強宗豪酋實行嚴刑懲罰主義,并完備典章法物以約束之,由此以收「百僚震肅,豪右屏氣,路不拾遺,風化大行」之效,使苻堅有「吾今始知天下之有法也,天子之為尊也」之嘆。也就是深化及貫徹苻健所定的政策,將開國的部落聯合體壓抑,并納入漢式政府之法制化。此舉配合推行兩漢興學貢舉之政策,是欲使苻秦朝向胡漢合一的士人政府推進也。與行法及完備政府典章制度的同時,王猛事實上也推行了勸農恤弱的德治主義政策。王猛大權集中而持久,有構想,有政策,有貫徹,遂能使苻秦政局迅速穩定,以關隴政治建設為基礎,進而具有進取擴張的能力,也將苻秦由部族國家推向普遍帝國的發展。

肥水之戰屬於什麼性質,曾引起學者間之辯論。要論定此問題,則先要討論苻堅的政權結構與性質,不能因其實行漢式王朝之表面形式,而遽爾推論。

苻堅政權的性質,似乎宜從政、軍體制及其人事結構,與及民族意識和政策各方面去觀察,始可能得出結論;若僅從胡漢并用的漢化王朝角度討論,爭議是不可避免的。

苻堅始稱大秦天王而行皇帝事,廢棄單于體制,這在五胡國體上值得注意,表示一國兩制歷經前趙與後趙,至此已趨消失,單一漢式王朝在北方已漸形成。苻堅實質上採行的是秦漢以來的皇帝制度,而政治組織則採用魏晉形式。

〔註7〕 以漢之二武為期許,見《十六國春秋・堅錄》,卷三三,頁 258;後期期許的言論則較多見,不贅引。
〔註8〕 參《漢書・元帝紀》,卷九,頁 277。

　　魏晉政府的三個權力機關是尚書、中書與門下，苻秦組織也是如此，王猛之能夠集中事權推動大政，正因其能兼職三省而掌握之。茲以萬斯同〈偽秦將相大臣年表〉為據，列堅時三省長官人名族屬如下：〔註9〕

　　尚書令：苻柳（氐）、苻侯（氐）、王猛（漢）、苻丕（氐）
　　左僕射：李威（氐）、王猛（漢）、苻融（氐）、權翼（休官）
　　右僕射：梁平老（氐）、苻融（氐）、權翼（休官）、張天錫（漢）
　　中書監：苻融（氐）、王猛（漢）
　　中書令：王猛（漢）、梁熙（氐）、梁讜（氐）
　　侍　中：苻融（氐）、王猛（漢）、梁讜（氐）

　　上述三省長官二十人次，剔除重複有十一人，其中氐族八人，佔全部的72.7%，此中苻氏宗室又佔了一半；漢族有王猛和張天錫二人，但是天錫原為亡國的前涼君主，未必真有權力；另一人為系出雜夷的休官族權翼。顯示代表中央權力圈的三省人事，是以氐族為主。當然，王猛長期以左僕射兼侍中‧中書令，苻融則同時以右僕射兼侍中‧中書監，二人權力相當，實為堅之左右相。及至王猛從鄴召還，拜丞相‧車騎大將軍，都督中外諸軍事‧領尚書令‧中書監等官，而苻融出代王猛鎮鄴，此三年間王猛則實為首相，猛卒後苻融不久亦召還為首相，可見大政基本上是王猛與苻融主持的。不過，對氐族佔有三省權力圈之絕對優勢，仍不宜忽視。

　　苻秦透過興學舉才，雖是吸收了一些漢人進入官僚體系，不過比例不詳。至於地方行政部門，郡守縣令等中下級長官，〈堅記〉、〈堅錄〉略有所見，漢族與非漢族皆有。當370年滅燕時，苻堅委王猛以關東人事全權，王猛基本上是從山東六州中提拔英俊為守令的，有些也進入中央官僚系統，大抵以漢人為多。〔註10〕然而，地方大吏級的州牧刺史似乎不盡相同，〈表二〉所收五十九人中，其中氐族有三十一人，佔52.5%，且內有十五人為宗室，佔總人數25.4%；其餘二十八人中確知為匈奴者四人、羌族二人、漢族一人，剩下不詳族屬，疑以氐族為多。苻秦所置二十二州中，司隸、雍、豫、冀五個要州長官，大抵氐人佔絕對優勢。

　　綜觀中央以至地方，長官大吏氐族人數率多過半數之比例，而又以苻氏宗

〔註9〕只列由苻堅即立至肥水之戰前人名，族屬為筆者所加。
〔註10〕詳《通鑑》晉海西公太和五年十一月，（卷一○二，頁3239），晉簡文帝咸安元年二月，（卷一○三，頁3243），二年二月（同卷，頁3255）諸條。

室更是盤據顯要。可見苻秦行政權操於氐族之手,而復以宗室居最重要的領導
地位。

　　至於軍事制度及其高級軍官團結構,參考〈表一〉可以作大體的歸納。根
據〈堅記〉、〈堅錄〉的記載,350 年苻健率眾十餘萬西還,蓋包括了婦孺老幼,
未必全部是戰鬥兵力。354 年苻雄迎戰來攻的桓溫,主力軍及支援軍凡八萬,
長安只留老弱六千。370 年滅燕之役,王猛與苻堅所統合起來有十六萬步騎,
這些戰鬥兵力似乎包含了後勤人員。不過如前所論,滅燕之後苻堅的國家戰略
就由守勢改為攻勢、被動變為主動,兵力不得不膨脹,因而統一了北方。例如
376 年的滅代之役,戰鬥序列即分為三個兵團,由安北將軍・幽州刺史苻洛統
率幽州兵團十萬為北討大都督主攻什翼犍王廷,另由後將軍・并州刺史俱難、
特進・鎮軍將軍鄧羌等統率步騎二十萬,東出和龍,西出上郡,與洛會攻。是
則中央軍和地方軍,總兵力凡三十萬之多。〔註11〕《晉書・劉曜載記》述曜征
前涼張茂時,「戎卒二十八萬五千,……自古軍旅之盛未有斯比」,然則秦軍此
數早已超越之。兩年之後尚書令苻丕統率各序列首次大規謀攻東晉,動員兵力
亦在三十萬左右,可見兵力確已膨脹。

　　382 年肥水之戰時,苻堅計士卒有九十七萬,殆為全國之常備兵力。他在
發動大戰前,首先開闢西線戰事,派遣驍騎將軍呂光率兵十萬五千西征西域。
〔註12〕然後動員其餘兵力,并且「悉發諸州公私馬,民則十丁遣一」,大舉親
征。這是一次空前的總動員,據前鋒兵團苻融率慕容暐(故前燕主)、慕容垂
(後燕首君)等步騎即有二十五萬;堅自長安統戎卒六十餘萬,騎二十七萬
繼進。堅至頂城,「涼州之兵始達咸陽,蜀漢之軍順流而下,幽冀之眾至於彭
城」云云。是則肥水之役,前秦總兵力凡有一百一十二餘萬以上。若連呂光
西征兵團合計,則前秦此時全國總兵力共有一百二十餘萬人以上,包括步、
騎、舟諸軍兵種。

　　世疑前秦兵力有誇大之嫌,但是揆諸五胡歷史,殆不盡然。例如 340 年
後趙石虎曾命七州之民,五丁取三,四丁取二,合鄴城舊兵滿五十萬,欲以
攻(前)燕。344 年石虎又集結諸州兵百餘萬,因太史令奏苻瑞不宜南行而

〔註11〕　按〈堅記〉、〈堅錄〉謂苻洛所統幽州兵,《通鑑》謂幽冀州,且第二、三序列
　　　　　將軍不僅只有俱難和鄧羌,另外尚有尚書趙遷、李柔、前將軍朱肜,前禁將軍
　　　　　張蚝,右禁將軍郭慶等,詳晉孝武帝太元元年十月條,卷一〇四,頁 3277。
〔註12〕　〈堅記〉、〈堅錄〉皆作七萬,另有鄯善、車師兵團,《通鑑》則作十萬五千,
　　　　　見晉孝武帝太元七年九月條,卷一〇四,頁 3300。

罷。即使慕容儁在滅後趙不久，亦於 358 年下令戶留一丁，欲徵集步卒一百五十萬以經略秦晉，後因諫而改為三五發兵。〔註 13〕是則符堅十丁始取一丁，雖較趙、燕為輕，但是符堅領土最大，要徵發數十萬人，連同常備兵合為百餘萬，誠為可能之事。此蓋與戎狄部落全民皆兵的舊俗有關也。

　　符秦百萬常備兵力，是兩漢以來鮮見的龐大軍隊，兵員族屬也甚複雜。大計秦軍原以氐羌為主力，也有張平、王擢所部胡羯部曲，漢民被徵發者也不少。前燕亡後，遼東鮮卑可能有些被改編為秦軍，慕容暐及垂隨軍南征，垂且為秦之冠軍將軍屢立戰功，或可窺知。滅代之後，符堅向拓跋鮮卑部落實行「三五取丁」之徵兵，則是秦軍有代國原轄北部鮮卑及雜胡諸成份。呂光西征，統有鄯善和車師的「國兵」，是則秦軍有西域胡人。乞伏鮮卑降，符堅以為護軍，肥水之役且徵乞伏國仁為前將軍領先鋒騎，是則隴西鮮卑亦為秦軍成員之一。〔註 14〕大抵符堅征服所至，對手之軍隊或有被收編者，且符秦護軍制度所統部族，大率可隨時徵召以參戰，乞伏國仁批評符堅窮兵極武，虛廣威聲，預測肥水必敗；其後聞堅被殺，乃說「苻氏以高世之姿，而困於烏合之眾，可謂天也。」〔註 15〕符堅此時期國家戰略以進取開拓為務，兵力膨脹乃是必然的趨勢，只是種族成份複雜如此，確為烏合之眾，當時連一個隴西鮮卑酋帥也看得出來。兵力膨脹則必然武官增多，按：苻秦最高武官為太尉，苻侯、李威曾任之，苻侯不久戰死；李威為苟太后姑子，與堅父友善，曾營救堅，初為左僕射，復有殺苻法以鞏固堅地位及薦進王猛之功，故得為之。〔註 16〕然而太尉雖是公官，但不及領兵將軍之重要。

　　根據〈表一〉，苻秦軍制倣魏晉，以都督中外諸軍事為中央軍統帥，不輕授人，符堅時，其兄苻法、弟苻融、子苻叡及暉、王猛皆曾短期先後任之，大部份時間不以除人。

　　都督中外諸軍事例以大將軍、驃騎、車騎或衛將軍四種重號將軍充任，任此四將軍共有十人，張天錫是前涼主，稱藩後符堅遙授以大將軍、後降為驃騎大將軍姑不論，王猛與張蚝則為漢人，其餘七人乃是氐人，其中四人為宗室。可見此四將軍不輕易授予非氐族。

〔註 13〕分詳《通鑑》晉成帝咸康六年九月（卷 96，頁 3039）、康帝建元二年正月（卷 97，頁 3057）、穆帝升平二年十二月（卷一〇〇，頁 3171）諸條。
〔註 14〕參《十六國春秋·國仁錄》，卷八五，頁 592。
〔註 15〕參同上註，頁 592～593。
〔註 16〕參《通鑑》晉穆帝升平元年六月至十一月，卷一〇〇，頁 3165～3166。

375 年王猛死，死前請苻堅戰戰兢兢，以善始克終。苻堅為之下詔「今天下雖未大定，權可偃武修文，以稱武侯（王猛）雅旨」，并令「中外四禁二衛四軍長上將士，皆令受學」。胡注：「秦有中軍、外軍將軍。前禁、後禁、左禁、右禁將車，是為四禁。左衛、右衛將軍，是為二衛。衛軍、撫軍、鎮軍、冠軍，是為四軍。長上者，長上宿衛將士也。」〔註 17〕按胡三省所釋不知何據，要之史料未見有外軍將軍之職。《晉書·職官志》謂中領軍在魏晉稱領軍將軍，主五校、中壘、武衛三營，苻秦有此三營；西晉領軍將軍改稱中軍將軍，統二衛、前後左右、驍衛等營，苻秦亦見有此軍職。其後西晉復省左軍、右軍、前軍、後軍為鎮衛軍，故苻秦有衛鎮四軍之稱。要之，苻堅增四禁將軍，與此諸軍皆為中央禁衛軍系統。

中央禁衛軍之重職為領軍（即中軍）將軍，〈表一〉所見四人皆為氐人。與此職相當，自統本部營兵而主武官選的護軍將軍有二人，亦皆氐人。可見此二重要將軍職未授以非氐族。四禁將領見有六人，五氐一漢；二衛僅見苻雅（李威曾為苻生的左衛），為宗室；四軍見將領六人，四氐一漢一鮮卑。亦即禁衛軍上述十九個將軍中，氐族有十六人，佔 84.2%，漢人與鮮卑只佔極少比例。

重號四將軍氐人佔 70%，禁衛軍將領 84.2%，中央軍系其他將軍如〈表一〉所見亦率多氐人，如前後左右四將軍（非前後左右四禁將軍）凡見十六人，確定為氐族的有九人，佔 56.2%；若包括很可能是氐人的彭越和姜宇，則佔 68.8%。可見重要而活躍的將領之中，匈奴、鮮卑、羌與漢的確僅佔極少比例。

要之，中央行政系統及軍事系統，氐人約各佔 70%以上，苻氏宗室在其中更佔了相當可觀的比例，是不需懷疑的。

魏晉以來牧刺多帶將軍銜領地方兵，否則即為單車刺史。軍事制度之中，征、鎮、安、平常為牧刺所帶之軍銜，而以四征四鎮最重要，地位如同三司。觀〈表一〉四征將軍見有六人，全皆為宗室子弟，位居將相；四鎮十人皆為氐族，宗室即有六人。以下四安的四將領亦全為宗室，僅位望較低的四平五將領中，四人為氐，一人是前燕亡國之君慕容暐而已。《慕容暐載記》謂暐是在肥水之戰時，隸屬於苻融的前鋒兵團，以平南將軍領別部司馬南征的，乃是戰時的臨時派遣，是以四安其實亦皆為氐人。由此可證，以征、鎮、安、平將軍出充方面大員的，百分之百是氐人，剔出重複及慕容暐共有二十人，其中宗室即

〔註 17〕參《通鑑》晉孝武帝寧康三年十月條注，卷一〇三，頁 3270～3271。

有超過半數的十三人，佔 65%。苻堅透過氐人，尤其宗室，完全控制派遣軍及地方軍，以掌握全國、鞏固政權，政策是極為明顯的。

　　掌握地方行政權的州刺史過半數由氐人擔任，其中宗室又超過半數比例，這是地方行政權操之在氐族的表現；至於領征鎮安平諸將軍，可見者全為氐族，宗室人數更達至 65%。是則不僅地方行政權多由氐人操縱，其地方性最高級的軍事統帥權更全由氐人掌握，且多由宗室控制之。

　　由此可證，從中央到地方，重要權力結構實以氐族為主，王猛之壓抑氐族強宗豪右，顯然僅是以鞏固苻堅統治的地位與權威為主要目標而已。至於將部族國家帶向普遍帝國，成效并不見得很大。苻堅全力支持王猛施政，可以由此角度瞭解。另外，苻堅逐漸膨脹其軍隊，其軍權從中央到地方，大體皆控制在氐人手中，殆是部落聯合體結構之表現；至於中央要職及地方重將，尤以宗室為主，或即為宗室的軍事封建之展現，使依托於殷周「天王—諸侯」的國體罷了。

　　在此軍事權力結構之下，宗室將領不斷叛亂之餘，苻堅的分封氐戶政策理應再加檢討。按此政策之實行，與苻洛、苻重兄弟造反有關。苻洛造反有三個因素，〈堅記〉，云：

> 洛，健之兄子也。雄勇多力，而猛氣絕人，堅深忌之，故常為邊牧。
> 洛有征伐之功而未賞，及是遷也，恚怒，謀於眾曰：「孤於帝室，至
> 親也，主上不能以將相任孤，常擯孤於外，既投之西裔，復不聽過
> 京師，此必有伏計……。

亦即有勇猛為苻堅所忌，平代之功未賞，對此次移藩（征北將軍·幽州刺史遷為都督益寧西南夷諸軍事·征南大將軍·益州牧）有被擯逐謀害的危機感此三因素。更重要的是，苻洛自覺為帝室至親，理應不致遭此待遇，故怒而造反。

　　苻洛敢反之條件，是錯誤地接受了幕僚群的估計：認為自己握兵十萬，并可徵召鮮卑、烏丸、高句麗及薛羅、休忍等藩國部隊，總兵力不減五十餘萬；相對的，認為苻堅窮兵黷武，已為人民厭惡，只要舉兵則必率土雲從。至於苻堅最初的反應，則是認為洛、重兄弟「據東北一隅，兵賦全資，未可輕也」，故遣使協調苻洛退兵，動之以親情、答應以世封，所謂「天下未一家，兄弟匪他，何為而反？可還和龍，當以幽州永為世封」是也。〔註18〕

_____

〔註18〕〈堅記〉敘述與〈堅錄〉同，而與《通鑑》（孝武帝太元五年）所敘述則詳細互見，前句引文採自《通鑑》，後句引文採自〈堅記〉。

　　牧伯多帶將軍，擁兵權重，宗室任以重號將軍尤為其甚，且兵力膨脹政策亦適足以再加甚之。苻堅對苻洛深忌，但又不得不維持宗室的軍事封建制，此時曾弒殺兄弟以奪取及鞏固權力的他，提出退兵則世封的妥協條件，是逼於情勢，有意承認此現實而已。是則他在洛平後之分封氐戶政策，謂因本族彌繁之故，明顯只是表面理由，〈堅記〉云：

> 洛既平，堅以關東地廣人殷，思所以鎮靜之，引其群臣於東堂議曰：「凡我族類，支胤彌繁，今欲分三原、九嵕、武都、汧、雍十五萬戶於諸方要鎮，不忘舊德，為磐石之宗，於諸君之意如何？」皆曰：「此有周所以祚隆八百，社稷之利也。」於是分四帥子弟三千戶，以配苻丕鎮鄴，如世封諸侯，為新券主。堅送丕於灞上，流涕而別。諸戎子弟離其父兄者，皆悲號哀慟，酸感行人，識者以為喪亂流離之象。

按何法盛《晉中興書》，謂「初閔帝在關中，與氐羌破鐵券，約不役使。」〔註19〕是則晉朝曾以賜鐵券形式，承認諸氐羌維持其部落自治也。今苻堅將四帥子弟自原部落抽出，以封苻丕帶往鎮鄴，使成其新的部落主，是苻丕以酋豪率領其部落出充漢制方面大員的形式也。既然關東地廣人殷，是則區區三千戶隨苻丕封出，豈能真收「鎮靜」之效？肥水之敗後，丁零翟斌反於河南，丕命慕容垂討之，《晉書‧慕容垂載記》云：

> （丕）配垂兵二千，遣其將苻飛龍率氐騎一千為垂之副。丕戒飛龍曰：「卿王室肺腑，年秩雖卑，其實帥也。垂為三軍之統，卿為垂之主，用兵制勝之權，防微杜貳之略，委之於卿，卿其勉之！」……
> 垂至河內，殺飛龍，悉誅氐兵，召募遠近，眾至三萬。

顯示分封氐兵也是一種軍封營戶的形式，而且懷有「凡我族類」的意識，用以監視區域內之將領，與隆周武裝殖民及唐太宗世襲刺史之制度，目的功能頗不相同。區區少數，不足以鎮靜封域，卻足以反映苻堅不放心牧刺大將而監視之，乃是一種種族主義（本種落）部族政權的表現，且是防範諸侯兵變篡位的心虛反映。

　　苻丕是堅子，由尚書令拜征東大將軍‧都督關東六州諸軍事‧冀州牧出鎮鄴，《通鑑》繫之於380年（晉孝武帝太元五年，秦建元十六年）七月，苻

〔註19〕參〈太平御覽‧文部‧鐵券〉所引，卷五九八，頁2694下，台北：國泰文化事業有限公司，1980年正月。

洛事平後的兩個月，故分封氐戶政策的用意宜甚清楚。此外，在八月尚有第二梯次分封：以撫軍將軍毛興為都督河、秦二州諸軍事·河州刺史，鎮枹罕；長水校尉王騰為并州刺史，鎮晉陽，各配氐戶三千。又以丕弟暉為都督豫、洛、荊、南兗、東豫、揚六州諸軍事·鎮東大將軍·豫州牧，鎮洛陽；暉弟叡為安東將軍·雍州刺史，鎮蒲坂，各配氐戶三千二百，可能是基於對晉前線及首都咽喉的戰略地位之故，是以各多封二百戶。〔註20〕

　　第一、二梯次合共封出五鎮，毛興和王騰是系出氐族崇望的苻氏姻戚，另三人是苻堅之子，顯示以封建本種族的姻戚、宗藩為主，而封出氐戶共一萬五千四百戶，為上述五地氐戶總數十分之一。兩年之後苻堅發動肥水之戰，未聞再有其他梯次的封建了。

　　值得注意的是，分封氐戶皆為四帥子弟戶，筆者懷疑四帥即指前、後、左、右四禁將軍而言，〔註21〕這是漢魏晉所無的建制。若是，則此四帥所領的乃是純氐族的禁軍，其兵源殆出自上述五地之氐戶。又值得注意的是，五地在隴山以東，據〈表二〉，前秦司隸所部扶風郡之屬縣有汧（今汧陽、隴縣）、雍（今鳳翔縣南）、武都（今寶雞縣西），皆在隴東汧水流域，後來苻堅被俘之五將山即在雍縣。扶風郡之東為始平郡，〈王猛附傳〉稱「始平多枋頭西歸之人」，而九嵕山則在始平郡之北（今醴泉縣東北），為咸陽北坂，坂北即嶺北，為雜胡分佈區。始平郡之東北為北地郡，此郡所轄池陽縣有巀嶭山，苻堅在此置三原護軍（今三原縣東北）。亦即長安之北，從涇水下游東岸之三原，約與渭水平衡向西至九嵕，然後至汧水流域，皆為苻秦氐族之本部核心區，所居可能多是枋頭西歸的元從舊氐。苻堅對之信任的程度，大大不同於河湟氐與仇池氐，此由毛興都督河、秦而鎮枹罕，竟配封以核心本部之氐戶三千，隨之出鎮河湟一事可以知之。正因如此，此區氐族始被視為苻秦政權的本部，成為最親近的四禁子弟，既是一特殊禁軍兵員的來源，也是世封氐戶的來源。

　　由此可知，苻堅政府組織，雖然採用中國的體制形式，但其高層結構卻是以氐族佔絕大比例，掌控政、軍大權，重要將領更是以氐豪，尤其宗室為主，并以核心的氐族本部為基礎，猶未擺脫種族主義部族政權的性質。苻堅推行世

〔註20〕苻暉鎮洛陽，苻叡鎮蒲坂，各封三千二百戶之數是據《通鑑》，其他則註18所引三書記述相同。

〔註21〕據〈表一〉，四禁將軍皆為氐人，四軍則不盡然，如鄧羌曾為鎮軍將軍，慕容垂更頗長時間為冠軍將軍。

封制度，似乎因其內有慚德，而欲以部落形式強化國體之意，但是表面上「天王─諸侯」的西周封建形式，仍不能掩飾其氏族的部落聯合體、宗室的軍事封建制之狹義部族政權實質。不過，他廢除了胡系的單于體制，表示不依靠其他胡夷來維持政權，在五胡史上則是一種創舉。

三、苻堅的學術文化對其人格思想以至國家安危的影響

383 年（晉孝武帝太元八年、秦建元十九年）八月，苻堅發動南征，同年十一月敗於肥水，百餘萬軍隊及至敗還洛陽，只剩下十餘萬。主力毀滅，給予各族叛亂者起事之良好契機，以致造成前秦迅速瓦解。

谷川道雄曾對苻秦的興敗作過綜合的分析，他指出戰前苻堅統治下的國家，內部權力未致腐敗，內政有其健全性，不像二趙前燕般貪奢昏暴、社會動亂不安，故認為其崩解的契機在肥水之敗。此敗促成慕容氏之起事，因而鮮卑優待政策，始是其敗亡的重要因素。此政策又與苻堅的統一觀念及徹底的道德主義有密切關係：亦即以信義與寬容樹立王化德治，以此超越國內各族的敵對關係和種族差異，以建立作為父的天子和作為民的赤子之間的普遍關係。結果是其政治理念超過了種族現實社會結合的原理，遂導致帝國矛盾與挫折。〔註22〕

按谷川的綜論大體可以接受，但是所論未細密，實情也不見得如此簡單，故有進一步析論的必要。

拙文〈漢趙時期氏羌的東遷與返還建國〉曾論及苻洪接受麻秋的建議：「不如先取關中，基業已固，然後東爭天下。」此實為苻氏的開國策略，也是前秦之傳統國策。苻健攻下長安，不旋踵即由天王·大單于而踐皇帝之位，與石虎長期稱天王不同，已可見其志非小。只是其後內部政爭，關隴又未完全安定，所以前秦一直未刻意東出而已。及至 367 年燕能臣慕容恪死、慕容垂來奔，苻堅始以外交配合軍事，經營東方。370 年滅燕之後，位於東南的東晉，在國策上就是其下一個統一的目標。

前論滅燕前後，苻堅的國策在內容上是頗有不同的。此前苻堅基本上是東和前燕、西定關隴。滅燕之役，對苻堅的能力信心和統一思想激勵甚大，此後他已不能忍受前涼張氏、仇池楊氏的稱藩，與及北方代國的威脅，必欲一一滅之而後止，故稍後伐仇池、取梁益，實行蠶食兼併。375 年王猛臨死，曾向苻

〔註22〕參谷川前引書，頁 104～115。

堅建議調整國策，《通鑑》孝武帝寧康三年條云：

> 六月，秦清河武侯王猛寢疾，……上疏曰：「……九州百郡，十居其
> 七，平燕定蜀，有如拾芥。夫善作者不必善成，善始者不必善終，是
> 以古先哲王，知功業之不易，戰戰兢兢，如臨深谷。伏惟陸下，追蹤
> 前聖，天下幸甚！」堅覽之悲慟。秋七月，堅親至猛第視疾，訪以後
> 事。猛曰：「晉雖僻處江南，然正朔相承，上下安和，臣沒之後，願勿
> 以晉為圖！鮮卑、西羌，我之仇敵，終為人患，宜漸除之，以利社稷。」
> 言終而卒。堅比斂，三臨哭，謂太子宏曰：「天不欲使吾平壹六合邪，
> 何奪吾景略之速也？！」，冬十月，……堅下詔曰：「新喪賢輔，……
> 今天下雖未大定，權可偃武脩文，以稱武侯雅旨。……」

按：王猛似知苻堅戰勝之易，如拾草芥，必會向晉輕啓戰端，故指出東晉有政
治號召力，上下團結和諧，勝算不易，應先注意內部種族危機。然而觀苻堅的
反應，雖曾下詔權可偃武脩文，以稱王猛遺意，但是同時卻念念不忘「平壹六
合」；是則權可偃武之舉，不過只是因悲思王猛之死，一時作出的決定而已，
決非遂為國策的調整。翌年滅涼、亡代二役，正可印證所論不虛。

　　苻堅飽讀經史，興學崇儒，〈堅記〉載他立志「周孔微言，不由朕墜，漢
之二武，其可追乎」。事實上，他的興學且推及將士、閹人與後宮女隸，同時
又有「諸非正道典學」之禁，「乃至禁《老》、《莊》、圖識之學，犯者棄市」，
比諸漢之二武，有過之而無不及，儼然是一個道統儒的性格。有強烈的道統思
想，就會有強烈的正統觀念，也就會有排他意識和統一觀念，何況「東爭天下」
原本就是傳統國策。這個學術思想，是對苻堅人格瞭解及其政治興敗關鍵的重
要線索。

　　滅燕前苻堅的自我期許目標是漢之二武，王猛死前又建議他追蹤古聖哲
王。觀察此後苻堅自我期許目標的改變，結合上述的思想線索，或許有助於瞭
解其後期國策的內涵。

　　按苻堅漸平諸國後，國內殷實，遂漸示人以侈。尚書郎裴元略諫之，以堯
舜節儉、秦皇奢麗為對照，請他恤民節約，「敦至道以厲薄俗，修文德以懷遠
人，然後一軌九州，同風天下，刑措既登，告成東嶽，蹤軒皇以齊美，哂二漢
之徒封」。此事約發生於王猛死後四、五年，而在肥水之戰前兩、三年。此時
苻堅已有驕奢之心，群臣亦已有奉承之風。〔註23〕元略只是順著其驕心而匡正

────────────────

〔註23〕〈堅記〉作尚書郎裴元略，在分封氐戶之後追記之；而〈堅錄〉則作尚書，記

之，所以才建議他哂棄二漢而追蹤軒皇。

群臣的奉承，乃至諂誣，確實對苻堅的驕傲自大、躋美軒皇有誘導的作用，所以從 380 年十月起辯論伐晉，他即誤判己方的政情，而又不能正視晉朝的實力與政情，一再反駁反對意見，至於斥苻融為不達變通，張夫人是婦人之言，苻詵為孺子安知；且對群臣之反對，表示其所不解。〔註24〕此次大辯論歷經一年之久，當初苻堅是這樣提出問題的，〈堅錄〉云：

> 吾統承大業垂三十載，芟夷遺穢，四方略定，惟東南一隅，未賓王化。吾每思天下未一，未嘗不臨食輟餔！今欲起天下兵以討之，略計其兵杖精卒，可得九十七萬，吾將躬先啟行，薄伐南裔。此行也，朕與陽平公（苻融）之任，非諸將之事，於諸卿意何如？

觀其語，可證苻堅此次發動戰爭的心理狀態，是極其驕傲輕敵的。此前他已令揚州刺史領「平吳校尉」，如同荊州刺史領護南蠻校尉一般，確是將東晉視為未賓王化的南裔；他要薄伐東晉，而且只欲與苻融親任其事，甚至躬先啟行，可謂開始即輕視已極。由於群臣強力反對者多，故苻堅不得不公議、私論一年之久。翌年游壩上，漸以軒皇自我期許，〈堅錄〉云：

> 堅南游壩上，從容謂群臣曰：「軒轅，大聖也，其仁如天，其智若神，猶隨不順者從而征之，居無常所，以兵為衛，故能日月所照、風雨所至，莫不率從。今天下垂平，惟東南未殄，朕忝荷大業，巨責攸歸，豈敢優游卒歲，不建大同之業？每思桓溫之寇也，江東不可不滅！……吾計決矣，不復與諸卿議也。

這是肥水之戰爆發的重要指標。苻堅以一統天下為使命，欲以追蹤軒轅作為自我期許。中國第一正統聖王軒轅黃帝雖仁與智，但是猶需以武力征伐來統一天下，始為大聖，是則以此為期許目標的苻堅，焉有不發動戰爭之理？慕容垂稱堅應符聖武，謂「陸下德侔軒唐，功高湯武」，使堅大悅，至稱「與吾定天下者，其惟卿乎」！可謂真能揣摸上意。

苻堅既已決意戰爭，他對此戰的性質與目的有何認定？據上引言，苻堅第

於建元十六年。苻堅納之，以元略為諫議大夫。又早在十四年，已有地方大吏諷勸西域十餘國入朝獻珍之事發生，而群臣獻詩頌其盛德者至四百餘人，可見諂風已現。

〔註24〕〈堅記〉、〈堅錄〉記辯論伐晉前，從海東到西域有六十二王遣使來朝，與群臣辯論與斥責語亦詳載之。《通鑑》更記 382 年秦大熟，至畝產量達七十石、百石之高，胡三省力辯此為「反常之大者」，是官員「相與誣飾以罔上」之事（參考武帝太元七年是歲條，卷一〇四，頁 3305～3306）。可見戰前苻秦的政治氣氛。

一是自認此戰為統一戰爭，第二是雪恥戰爭；復有進者，〈堅錄〉記述他向道安解釋此戰云（〈堅記〉全同）：

> 非為地不廣、人不足也，但思混一六合，以濟蒼生。天生蒸庶，樹之君者，所以除煩去亂，安得憚勞？朕既大運所鍾，將簡天心，以行天罰。高辛有熊泉之役，唐堯有丹水之師，此皆著之前典，昭之後王。……且朕此行也，以義舉耳，使流度衣冠之胄，還其墟墳，復其桑梓，止為靖難詮才，不欲窮兵極武。

就是表示發動此戰的目的，決不是為了侵略，而是欲以此戰促成統一，重建中國的文明秩序，是順天應民的義舉，是聖君不可推辭的責任。姑不論時人或後人對此戰的評價如何，要之苻堅對此戰目的之賦予及性質的界定，自我認識得相當清楚，所以同年呂光出發征伐西域時，〈堅錄〉猶記堅之特別指示云：「西域荒俗，非禮義之邦，羈縻之道，服而赦之。示以中國之威，導以王化之法，勿極武窮兵，過深殘掠！」可證傾全國之力，同時開闢東、西戰場，在苻堅意識上并無窮兵黷武侵略的感覺；與其臣民對此的認知，有著甚大的差距，宜乎苻堅表示「朝廷內外皆言不可，吾實未解所由」。相對的，群臣也很難理解苻堅因所學所思而形成的觀念意識，故也不能說服苻堅，使其放棄戰爭的意志。就此而論，筆者認為肥水之戰，是認同中國文化的苻堅氏族政權，所發動的統一性質之戰爭，而與氐漢間的民族戰爭性質關係較少。

根據上面分析，特別值得注意的是，苻堅在學術與政治思想上，尤其像一個漢族的道統儒與政治家，甚鮮少數民族的自覺色彩，值得推究。筆者細讀〈堅記〉與〈堅錄〉，研判苻堅實有氐族的民族自我意識乃至種族主義意識，從前述分封氐戶政策的推行即可證知。在此要進一步究問的是，苻堅的民族自我意識究竟有多深，與其學術和政治思想有何關係，對其民族政策及國家興亡有何影響？

前論苻氏部落集團被後趙東遷山東，接受漢文化影響十八年，與尚留在仇池、武都及分佈至河湟比較保持自治舊俗之氐族諸部落族群頗不相同。苻氏集團在後趙納入部司體制，已不能完整保持原有的部落結構形式，故其創業早期，重要人物中也有漢、胡等族人。然而，這種情況不能解釋為氐、漢或多種族共治的型態，畢竟從苻洪因苻堅之求學而說出「汝戎狄異類，世知飲酒」的話，以及諸氐酋豪以「吾輩與先帝共興事業」來折辱王猛，可見氐族政權的心態相當濃厚。苻堅重用王猛壓抑諸氐，目的以強化其統治權位為主而已，若視

為「苻堅是打擊和改造本族落後勢力的鬥爭中推行漢族政治制度」，似乎也有解釋過當之嫌。〔註25〕以苻氏部落集團為核心興建的政權，不論從中央行政以至地方行政，從中央軍權以至地方軍權，大抵百分之七十以上皆由氐族操縱，并且進一步推行其氐戶分封制度，可證苻堅時前秦尚未脫離種族政權的性質，只是因仍開國初期即已建立的漢式體制，揚棄單于制度，朝著普遍帝國的方向發展而已。正惟如此，建國前苻洪所代表的民族自卑感，在氐族統治階層中仍然一直存在，〈堅錄·苻融附傳〉記載其兄弟對話云（〈堅記〉附傳同）：

> 堅既有意荊揚，時慕容垂、姚萇等常說堅以平吳封憚之事。堅謂江東可平，寢不暇旦。融每諫曰：「知足不辱，知止不殆，窮兵極武，未有不亡。且國家，戎族也，正朔會不歸人。江東雖不絕如綖，然天之所相，終不可滅。」堅曰：「帝王曆數，豈有常哉，惟德之所授耳！汝所以不如吾者，正病此不達變通大運，劉禪可非漢之遺祚，然終為中國之所并。吾將任汝以天下之事，奈何事事折吾，沮壞大謀？汝尚如此，況於眾乎！」

可以為證。按漢晉以來，夷狄不可以為天子的觀念，蓋是一個與儒學有關而又普遍的民族正統觀念，二趙前燕之君多有受此影響者。苻堅兄弟皆習經史之學，苻融即有此觀念，并自覺身為戎族而感自卑。這種內心真切的話——批評窮兵極武和表白自卑的民族正統觀，連王猛也不敢說得如此露骨的；而苻融之言正表達了氐族統治階層的廣泛心理。顯然，對中國文化認同甚深的苻堅似不受此思想意識的影響。

在儒學中，另有「入中國則中國之、出中國則夷狄之」的觀念，從前面引文以至此段引文作分析，苻堅殆採信此說，始終認同中華文化，以「中國」自居，反而視正統衣冠所在的東晉為南裔荊吳，因而以建立中國的典章制度、振興中國的學術文化為己任，受制於民族正統觀甚淺，與其宗室族人大為不同。他相信當時流行的天意史觀，而其內涵則傾向正統論的主張中原說及德運說，甚至在文化說上也有與東晉一爭高下之傾向，〔註26〕所以反過來強烈批評苻

〔註25〕 其說詳黃烈〈關于前秦政權的民族性質及其對東晉的戰爭性質問題〉（《中國史研究》1979 年 1 月，頁 86），孫祚民曾撰〈試論肥水之戰的性質及有關的幾個問題〉（同上刊 1981 年 2 月，頁 109～119），對黃氏的一些論點提出反駁，但也失之過激。

〔註26〕 請參拙著《中古史學觀念史》第五章至第七章有關討論正統論之諸節。（台北：台灣學生書局，民國 79 年 10 月。）

融事事折吾。

　　然而中國古來即以天朝上國自居，有「先中國而後諸夏、先諸夏而後四夷」
的觀念，此種天下秩序的優越感，對認同中國的苻堅實有影響。例如〈堅記〉
記載滅代後，以拓跋氏「荒俗，未參仁義，令入太學讀書」；命呂光征西域，
指示光說「西戎荒俗，非禮義之邦」，令他「示以中國之威，導以王化之法」；
肥水敗後，罵慕容氏「白虜」，說他們宗族「人面獸心，殆不可以國士期也」；
被姚萇所擒，乃瞋目叱之，罵「小羌乃敢干逼天子，……五胡次序，無汝羌名」。
此皆視非漢族系為文化低落的蠻夷，要以武力威之、以王化教之的事例。至於
烏丸獨孤、鮮卑沒奕于率眾來降時，接受苻融以匈奴為患、請徙之塞外的理由
而處置之，更是外夷狄的顯例。苻堅在思想意識裡，潛有輕視或歧視非漢族系
之心，應不必贅辯，不宜因其未致施行嚴重的民族壓逼政策而忽略之。〔註27〕
要之，苻堅自視為中國人，思想意識超越了他的族人甚多，是因深受經史學術
影響之故；正惟如此，以故他雖較不歧視漢族，但卻一如多數漢人般，對其他
非漢族系不免存有輕視或歧視之心，頗有民族優越感及大國沙文主義的傾向。

　　基於上述的理解，苻堅對待國內外夷狄的指導原則便可以解釋，〈堅錄〉
記苻堅即位後三年——甘露二年（360），首次碰到夷狄來附時，即以「和戎」
為指導原則，當時情況是這樣的：

> 時匈奴左賢王（劉）衛辰遣使降於堅，遂請田內地，堅許之。雲中
> 護軍賈雍，遣其司馬徐斌率騎襲之，因縱兵掠奪。堅怒曰：「朕方修
> 魏絳和戎之術，不可以小利忘大信。……夫怨不在大，事不在小，
> 擾邊動眾，非國之利，所獲資產，其悉以歸之。」免雍官，以白衣
> 領護軍，遣使修和，示之信義，辰於是入居塞內，貢獻相尋。烏丸
> 獨孤、鮮卑沒奕于，率眾數萬，又降於堅。堅初欲處之塞內。苻融
> 以匈奴為患，其興自古，比戎馬不敢南首者，畏威故也。今處之內
> 地，見其弱矣，方當闕兵郡縣，為北邊之害。不如徙之塞外，以存
> 荒服之義。堅從之。

按受降內徙、修和以撫育之，或置之塞下、以存荒服之義，兩者皆為和戎政策
的措施。據〈表三〉，劉衛辰匈奴部落准許入居并州新興郡之雲中地區，烏丸
及鮮卑部落由於地近司隸之安定郡，故不准內徙，蓋因早期政策，以距離京畿

〔註27〕註25所引兩文，對苻堅是否有民族歧視，及其政策如何有辯論，詳黃文頁86
　　　　～87，孫文114～116。

遠近、事關首都安全而措置不同而已。

〈堅錄〉又載建元九年（373）有星變，太史令張猛以為是燕滅秦之象，建言「慕容暐父子兄弟，亡虜也，而布列朝廷，貴盛莫二，宜除渠帥以寧皇秦。」堅不納，更以暐為尚書、垂為京兆尹、沖為平陽太守，引起苻融之諍論，〈堅記〉云：

> （融）上疏於堅曰：「臣聞東胡在燕，……本非慕義懷德，歸化而來。今父子兄弟列官滿朝，執權履職，勢傾勞舊，陛下親而幸之。臣愚以為猛獸不可養，狼子野心性，……願少留意，以思天戒！……」堅報之曰：「汝為德未充，而懷是非，立善未稱，而名過其實！……今四海事曠，兆庶未寧，黎元應撫，夷狄應和。方將混六合為一家，同有形於赤子，汝其息之，勿懷耿介！夫天道助順，修德則禳災，苟求諸己，何懼外患焉。」

亦即苻融以天意示警及民族關防為理由，而素信天文災異的苻堅也不為之動搖，可證和戎原則是前後一致的。混一六合，同有形於赤子，修德以撫和之，正是傳統中國哲王天朝上邦的思考模式。難怪苻堅雖對四夷屢有征伐，卻仍如指示呂光所言，「羈縻之道，服之赦之」，不願「過深殘掠」。

在天朝上邦，撫和夷夏的理念之下，漢魏以降對處理國外四夷和國內夷狄，政策體制上頗有差異。苻堅接受四夷的稱藩來朝，盛時至有六十二國之多，甚至因西域路遙，不許車師及鄯善年年貢獻之請，「令三年一貢，九年一朝，以為永制」，〔註28〕與天朝對外夷的羈縻體制傳統相合。

至於對國內夷狄，漢魏以來或處之長城內外就地授以官爵，或收其酋帥任以朝延命官，或設置部司護軍以直接統領，視情況不一而定，苻堅亦皆如之，〈表三〉可以概見。尤其司隸部護軍制度的施行，更符合魏晉處置蠻夷的方式。〔註29〕

由此可證，苻堅在中國學術文化之薰陶下，中國認同甚深，思想意識上的確以中國正統帝王自居，故汲汲於建立天朝體制，并追求統一。在此情況下，苻堅雖仍有氐族本位主義的思考及本種落牢握政權的種族主義政策，但卻不

〔註28〕此令下於建元十八年，詳〈堅錄〉，卷三六，頁280。

〔註29〕據〈表三〉司隸有多個護軍區，馬長壽曾撰〈前秦《鄧太尉桐碑》和《廣武將軍口產碑》所記的關中部族〉一文（參其《碑銘所見前秦至隋晴初切的關中部族》頁12～38，北京：中華書局，1985年1月），對馮翊護軍等轄地及所轄族屬，有深入研究，可以為例證。

敵中國的普遍王朝、天下一家、撫和萬邦之思想，因而導致其民族警覺性之不足。所謂總治、寬容，當由此觀察，始能得其細致。

論者多謂分封氐戶及優待慕容兩政策，是其亡國的關鍵因素，謂前者使其中央力量分散，造成弱幹之勢，使後者在肥水之敗後有可乘之機。這種論說是耶非耶，有進一步分析之必要。

首先要論者，乃是苻秦建國以來，即如二趙般有移民充實關中的政策，據〈表四〉所列，移入關中或長安者凡有八次。第4、5、6三次明指移入長安，即有五萬戶左右，若以每戶五人計算，即約二十餘萬人以上，包括了匈奴及慕容鮮卑。至於其餘五次，泛指移入關中者，約有二十一萬戶、另有十餘至二十萬人，合共約有一百二十萬人以上。是則不將關中原來戶口計入，即此八次移民的總人口，估計應有一百五十萬人左右，較江統時所稱關中人口百餘萬為多，族屬包括了漢、氐、羌、（慕容）鮮卑、烏桓、匈奴及其他雜夷，可謂五胡六夷皆在其內。對充實京畿根本之地，大有裨益·

這些新移民在苻堅擴充軍隊政策之下，應是其兵員來源之一。但是，前論苻堅中央禁軍之將領多為氐人，其士兵殆也多為氐兵，來源似乎以關中之三原、九嵕、武都、汧、隴諸地區之氐族部落為主。是則中央軍或許六夷皆有，而中央禁軍則來自此上述本部族之忠貞族人。京畿地區的戰略部署，應是以上述諸山地本部族環衛首都，制衡六夷新移民；而以禁軍挾持中央軍，以中央軍控制全國各地方軍，基本上不失強幹弱枝之勢。

五地氐落有十五萬戶，若以七十五萬人計，其比例即佔上述一百五十萬人之半，而慕容鮮卑只有四萬餘戶，匈奴戶約一萬，雜夷戶所佔比例不詳，顯示長安及關中在形勢上即使氐戶分封出一萬五千餘戶，氐族與慕容鮮卑之戶口比例仍是相差懸殊，故京畿戰略態勢應是相當穩定的，分封政策疑未足以中虛根本。史載封出送行時之悲酸感人，應只是親屬離別之情緒反應，實與「喪亂流離之象」無關。〈堅記〉載云：

> 堅之分氐戶於諸鎮也，趙整因侍，援琴而歌曰：「阿得脂，阿得脂，博勞舊父是仇綏，尾長翼短不能飛，遠徙種人留鮮卑，一旦緩急語阿誰！」堅笑而不納。至是，整言驗矣。

蓋趙整為氐族宦者，一者傷族人離別，一者恐此政策持續推行以致國危，故當時作此歌以譏諷人君而已。苻堅笑而不納，恐怕與其自估戰略形勢并未改變有關。所謂應驗，殆為史官後見附會之談，《史》《漢》以來類似筆法殆不鮮見。

筆者判斷，慕容氏反叛而有成，應與肥水之戰及其戰後情勢有關，請再略析之。

〈堅錄〉記戰前群臣多反對伐晉，苻堅決定「吾當內斷於心」，獨留苻融議之。苻融此時已出任征東大將軍，籌備伐晉的部署。他向苻堅提出三不可：天時不利，晉朝團結，及「我數戰兵疲將倦，有憚敵之意」，戰鬥意志不強。然而苻堅作色，表示「今有眾百萬，資仗如山，……以累捷之威，擊垂亡之寇，何不克之有乎」！苻融已體會此主驕兵疲的不利情勢，故進一步泣諫云：

> 臣之所憂，非此而已。陛下寵育鮮卑羌羯，布諸畿甸，舊人族類，斥徙遐方。今傾國而去，如有風塵之變者，其如宗廟何？監國以弱卒數萬，留守京師，鮮卑羌羯，攢聚如林，此皆國之賊也，我之仇也，臣恐非但徒返而已，亦未必萬全。……

也就是三不可之外，特別指出苻堅缺乏民族警覺心，尤其當國家漸有本弱危機之時，假若真的傾國南征，留守之數萬弱卒，恐難有防範鮮卑羌羯的實力。是則當年分封氐戶，不是授予鮮卑反叛可乘之機的主因；真正的關鍵在傾國伐晉，中央留守武力之不足也。〈堅記〉謂道安在屢勸無效後，最後亦建議苻堅即使親征，也不要親上前線，宜暫駐洛陽居中指揮策應，恐亦本於此顧慮。

如果此役戰勝或戰和，苻秦或可不致立即崩解，但是肥水之敗，苻堅退至洛陽，收離集散不過僅有十餘萬人，則是百萬主力幾已全殲。在秦國戰敗情勢及主力毀滅之下，這才授予他人可乘之機。慕容垂請留山東，秘密積極推動復國行動，在肥水之戰後一、二個月之間，聯繫分散於山東各地的六夷舊部，部眾迅速集結了二十餘萬，且人數不斷增加，截斷了山東秦軍與中央的聯繫。實力此消彼長之間，山東淪陷已是遲早之事。

尤有進者，苻堅敗還長安，中央兵力殆仍有二十萬左右，但形勢上已不足以控制布列畿甸的鮮卑羌羯。肥水之敗後四個月，即慕容垂攻鄴改元後兩個月──384 年三月，在關中的北地長史慕容泓聞垂起兵，乃亡奔關東，收集諸馬牧鮮卑至數千，還屯華陰，擊敗強永所部，而日益壯大。後又與起兵河東的慕容沖部會合，眾至十餘萬。自此苻堅也就無力支援山東，保衛長安自顧不暇了。

泓，沖皆是前燕亡國之主暐之弟，泓自稱大都督陝西諸軍事·大將軍·雍州牧，復號濟北王，同時推叔父垂為丞相·都督陝東諸軍事·大司馬·冀州牧·吳王。觀其叔姪恢復舊王號，分攻陝東、西而不會師，可見泓之策略是委叔父光復山東舊地之責，而自將留在關中，欲迎回慕容暐。〈堅錄〉稱苻

堅已決定「關東之地，吾不復與之爭」，但是惟恐泓部影響京師內外布列的鮮卑，故配兵五萬命苻叡討之。不放鮮卑東還，此為苻堅繼縱慕容垂返鄴之後的第二次失策。及至同年四月苻叡兵敗被殺，苻堅大怒，叡司馬姚萇懼誅，遂奔渭北馬牧，糾扇天水、南安一帶羌豪，結集五萬餘眾起事，自稱大將軍‧大單于‧萬年秦王，井尋即進屯北地郡，召集北地、新平、安定羌胡十餘萬，發展成關中另一大反苻集團。亦即苻秦的嶺北羌胡區亦漸不保，姚萇與陝西的慕容泓集團，一北一東構成了長安的威脅，苻堅兵力已不及此二集團，至此已不能有效統治關中。

　　由此可證，分封氐戶施行既未徹底，故影響前秦立國戰略的部署應不至太大，真正的改變關鍵是苻堅主觀的戰略判斷一再出錯：出錯的原因則與驕傲輕敵，及寵信慕容氏過甚此二因素有密切的關係。

　　值得分析的是，苻堅對羌族、匈奴、雜胡及其他鮮卑，雖同有形於赤子，但寵信程度卻大大比不上慕容氏，究為何故？根據〈堅記〉云：

> 初，堅之滅燕，沖姊為清河公主，年十四，有殊色，堅納之，寵冠後庭。沖年十二，亦有龍陽之姿，堅又幸之。姊弟專寵，宮人莫進。……王猛切諫，堅乃出沖（為平陽太守）。

按：苻堅滅燕時三十三歲，此前是否為雙性戀者不詳，其實雙性戀者只是性取向不同於常人，但是其對慕容沖姊弟如此專寵，則已是異常性心理行為，故其寵及慕容氏家族應是可以理解的。後來慕容沖進逼長安，苻堅尚贈錦袍給他，以明情懷，并堅持不將慕容族人放還，或可見其迷戀之深。明乎此，則知慕容泓破殺堅子苻叡軍後，苻堅對暐等仍赦而不殺，應有一定的感情因素可尋。〈堅記〉述此事云：

> （泓）遣使謂堅曰：「秦為無道，滅我社稷。今天誘其衷，使秦師傾敗，將欲興復大燕。吳王（垂）已定關東，可速資備大駕，奉送家兄皇帝（暐）并宗室功臣之家。泓當率關中燕人，翼衛皇帝，還返鄴都，與秦以武牢為界，分王天下，永為鄰好，不復為秦之患也。……」堅大怒，召慕容暐責之曰：「……朕應天行罰，盡兵勢而得卿。卿非改迷歸善，而合宗蒙宥，兄弟布列上將納言，雖曰破滅，其實若歸。奈何因王師小敗，便猖悖若此！……」暐叩頭流血，泣涕陳謝。堅久之曰：「《書》云，父子兄弟無相及也。卿之忠誠，實簡朕心，此自三豎（指垂、泓、沖）之罪，非卿之過！」復其位而待之如初。

按慕容泓留駐關中，只是為了迎還其兄及前燕宗室功臣，以東回復國。若苻堅許之，前秦最多失去山東地區而已。待關中燕人東還後，全力撲滅尚未壯大的姚萇，秦隴尚或可安而有之。然而苻堅不此之圖，是基於認為慕容氏被赦宥寵用，其國雖破而他們應有「其實若歸」之感，因而以為反叛者只有三人而已，在京之慕容暐兄妹理應仍忠誠於他。不知情感教化，有時是不敵民族復國的意志和情緒的。稍後慕容暐遣人密令泓進兵長安，指示以「不足復顧吾之存亡，……以興復為務」；甚至設計請苻堅赴其二子婚宴，密結在城鮮卑謀伏兵殺之。如此始粉碎了苻堅之思想情感，將暐家族及城內鮮卑無少長及婦女皆殺之。此事距離苻堅出奔被執僅為半年間之事，可說對慕容鮮卑至死方悟。

據上分析，可知苻堅對慕容鮮卑特別寬大優待，雖與其德治主義和民族寬容政策頗有關；然而最主要的因素，仍應由其對慕容沖姊弟之性愛感情上分析探究，庶幾真相可明。苻堅決不是沒有氐族本位意識之人，他只是在中國式聖王的思考下，民族警覺心不足而已，當其對慕容氏滲入異常性心理因素時，表現得尤為明顯，以致由此影響了其政權的興亡。

四、羌族風習與後秦開國建國的關係

後秦從姚萇於 384 年叛苻堅起，至 417 年姚泓亡國，前後凡三十四年，較前秦之四十四年為短促。二秦有些地方頗為相似或相仍襲；如前秦開國前期經苻健、苻生父子之七年統治，然後於苻堅踐祚二十七年之間，政制及政策乃定，堅死後不久即國亡；而後秦自姚萇開國後凡九年，政情仍未穩，至姚興繼立之二十四年間始稍定，興死後亦不旋踵國亡。又如後秦漢式政制，乃至姚興降號稱王、興文立學等，似皆仍襲或摹倣自前秦。如此之類相似相同者姑不論，至於其統治集團、立國形勢、內政得失等問題，若有所異，且關乎種族文化、國家興亡者，則宜於此略論之。

根據前文分析，姚弋仲當年所部實為戎夏的混合集團，故被石趙拜為六夷都督之類，352 年弋仲死後，姚襄率部六萬戶降晉，拜平北將軍，并州刺史，〈姚襄錄〉記其部司幕佐云：

> 以太原王亮為長史，天水尹赤為司馬，略陽伏子成為左部帥，南安
> 斂岐為右部帥，略陽王黑那為前部帥，強白為後部帥，太原薛讚、
> 略陽權翼為參軍。

按四幕佐中，尹赤、薛讚是漢族人，權翼是休官族人，王亮疑為羌或氐；〔註30〕
四部帥中伏子成和強白為氐族，斂岐為羌，王黑那為屠各。〔註31〕可見姚襄
率部降晉屯於碻磝津時，雖名受晉官，但實以部司狀態存在，幕佐部帥未以羌
族人為主。其後叛晉，屢為晉所敗，遂自稱大將軍‧大單于，率殘部西行入關
中，357年進至杏城，「招集北地戎夏，歸附者五萬餘戶」，於三原之戰為苻堅
所斬，弟姚萇遂降前秦。

　　姚氏降後，姚萇及部份幹部如薛讚、權翼等為苻堅吸收為前秦中央官員或
將軍，其羌族部落則似被分散安置於各地，如斂岐率部落四千餘家處於略陽，
後舉部叛秦被擒；又如萇弟碩德統所部羌居隴上，後聞萇起兵，乃聚眾於冀城
以應之。〔註32〕所以384年姚萇懼罪逃至渭北馬牧起兵叛苻堅時，所部已非
昔日舊部，而是以西州豪族為主的新結盟集團，〈姚萇載記〉云：

> 如馬牧，西州豪族尹詳、趙曜、王欽盧、牛雙、狄廣、張乾等率五萬
> 餘家，咸推萇為盟主。萇將距之，天水尹緯說萇曰：「……秦亡之兆
> 已見，……明公宜降心從議，以副眾望…。」萇乃從緯謀，以太元九
> 年（384）自稱大將軍‧大單于‧萬年秦王，大赦境內，年號白雀，稱
> 制行事。以天水尹詳、南安龐演為左右長史，南安姚晃、尹緯為左右
> 司馬，天水狄伯支、焦虔、梁希、龐魏、任謙為從事中郎，姜訓、閻
> 遵為掾屬，王據、焦世、蔣秀、尹延年、牛雙、張乾為參軍，王欽盧、
> 姚方成、王破虜、楊難、尹嵩、裴騎、趙曜、狄廣、党刪等為帥。

按上述人物大多不詳族屬，大抵支持其政權最力的天水尹氏為漢族，部帥之一
的党刪為羌族，諸姚可能是姚萇宗人，其餘右長史龐演、中郎龐魏可能出於西
羌，狄伯支可能出於丁零，而姜訓、焦虔與焦世可能出於氐。〔註33〕在386年
姚萇進入長安稱帝前，據〈萇記〉、〈萇錄〉所載，尚有晉人數千戶，北地、新
平、安定羌胡十餘萬戶，及在苻堅政府任官的昔日舊僚權翼、薛讚等文武數百
人來奔。因此可知，姚萇當初只是懼罪逃亡，未有起兵建國之強烈企圖如苻氏
當年。盟詛原是羌族部落文化，西州豪族及漢族謀士乃利用此形式勸他自立，

〔註30〕王亮族屬請參陳連慶前引書頁272～273及319該姓氏條。
〔註31〕略陽王氏出自屠各，參同上書頁318該姓氏條。
〔註32〕斂岐事見〈堅錄〉卷三三，頁260，〈堅記〉亦同；姚碩德事詳《通鑑》晉孝
　　　　武帝太元十一年條，卷一○六，頁3363。
〔註33〕龐、狄、姜、焦四姓，請參同註30陳氏書各該姓條，分見頁265、172、313
　　　　及319。

而其集團初亦非以羌族為主。由於部眾混有羌、胡、漢、氐、休官等族，故其初期幕僚部帥的族屬也呈多元結構因而恢復大單于的稱號。稱帝以後，隨著征戰發展，後秦政權尚收編了大量的雜胡、鮮卑，氐、羌等族，所以在其關隴直接領土內，民族是相當複雜的。

正惟初期狀態如此，故隨著政治發展，諸姚戴記載述其重要及活躍將領多為姚氏宗屬和羌人，遂知後秦之軍事人事行政政策，實是步武前秦的故智而推展，逐步以宗屬及羌控制軍隊，乃至派出為征鎮方面大員以控制地方。至於中央行政中樞，據萬斯同〈偽後秦將相大臣年表〉所錄，大約如下情況：〔註 34〕

尚書令：姚旻、姚晃、姚弼

左僕射：尹緯（漢）、齊難（氐）、梁喜（？）

右僕射：姚晃、狄伯支（丁零？）、梁喜、韋華（漢）

侍中：段鏗（漢？）、任謙（漢）、姚弼

中書監：慕容凝（鮮）、王周（？）

中書令：韋華

按：由於姚秦開國集團族屬複雜，故僕射以下亦起用他族人，此與苻堅時期頗不同。然而作為首輔之尚書令，始終以宗室為之，否則寧缺不除人。姚興晚年特寵愛子弼，拜為侍中．大將軍．兼尚書令，與以皇太子．錄尚書事的姚泓爭權，遂致蕭牆之禍。至於公級官，413 年（姚興弘始十五年），興曾下書以故丞相姚緒、太宰姚碩德、太傅姚旻、大司馬姚崇、司徒尹緯等配享萇廟。〔註 35〕其後又見燉煌索稜為太尉，末年以子弼及弟紹先後為大將軍，姚泓亡國前復晉姚紹為太宰．大將軍．都督中外諸軍事。要之公級宰輔中，只有尹緯、索稜二人為漢族，其他皆為姚氏宗室。由公官及尚書令之職看，姚秦雖起用他族為僕射以下官，但是仍以宗屬掌握政府中樞之最高領導權。是知後秦政權人事結構，基本上是效法前秦模式，大抵以羌族，尤其宗屬，作為統治之主體。

肥水之戰後，前秦領土內諸族群所在起兵，或據堡壁自固，或徇略土地稱帝稱王，旋興旋滅，不下數十百起。姚萇之開國戰略是擁兵嶺北，坐觀慕容沖與苻堅在關中之爭鬥，以收卞莊得二虎之利。其後在苻堅敗走、慕容沖東還、長安空虛的情況下，兵不血刃而入都長安稱帝，宣布以火德承苻氏之

〔註 34〕參《二十五史補編》，頁 4051～4053。

〔註 35〕參〈興錄〉，卷五三，頁 405。

木行。〔註36〕

作為自我宣稱繼承前秦正統的王朝，姚氏似頗有慚愧之處的，可從領土、人民、內政以觀察之。

姚萇之興起建國，只能視為前秦崩裂割據政權之一部份，蓋終姚萇在位之世，苻氏政權尚未消滅，直至姚興繼位之次年（394），始滅苻登。姚興在位期間，最直接的壓力來自嶺北的鐵伐匈奴劉勃勃（赫連勃勃，夏）及仇池氏楊盛。在此胡、氏不斷交侵之外，東北的魏與東南的晉，給他的壓力也很大，山東諸燕雖未嚴重構成威脅，但領土、人民皆非其有。正南方的巴蜀則有譙縱興起，貌似稱藩，實則獨立。西方則河州羌氏時叛時降，河西走廊則有諸涼割據，亦時叛時降，雖諸涼之間經常爭戰，姚興卻無力乘隙征服，最後并放棄姑臧。所謂對關中與河西，推進武力膨脹政策也者，殆有過甚其辭之嫌？〔註37〕後秦實力嚴重不足，決不能規復前秦之版圖，其有效控制的領土，大約是從金城以東至洛陽稍東一帶，嶺北、平陽以南至武都、仇池之北，平面面積東西長約一千二十公里、南北寬約三百四十公里，呈一狹長形之稍大割據國而已。

值得注意的是，其國內所屬種族相當複雜，叛亂不時而起，戶口損耗離散極為嚴重。姚萇進入長安前，在嶺北擁有胡漢十五萬戶以上，大約人口在八十萬左右，為其開國之資。當時關中飢困，軍民相食，士民離散，千里無煙；山東燕、秦相持經年，亦呈此慘狀。至 386 年三月慕容氏離長安東去，率領人口即達四十餘萬，故長安為之空虛，令姚萇得以兵不血刃而入。此後十年之間，苻登率河湟氐羌東來討伐，在戶口稀少、旱殲持續的狀況下，軍人以殺敵為熟食，飽食人肉乃能健鬥，使姚萇有救兵不至，則「必為苻登所食盡」之懼。〔註38〕如〈表六〉所示，姚秦建國後大量遷徙人口入關中，徙於長安者前後約五萬戶，用以充實空虛之首都，然至 417 年姚泓出降劉裕時，長安城中仍僅有「夷、夏六萬餘戶」而已，〔註39〕可見人口損耗離散嚴重，及蕭條後不易增長之概況。至於其他通都大邑，喪亂之餘，戶口亦劇減稀少，如後秦滅後涼而徙其民入長安後，涼州僅剩三千餘戶。〔註40〕

〔註36〕參〈萇錄〉，卷五〇，頁 380～381。

〔註37〕其說詳田村實造《中國史上の民族移動期》，頁 73。

〔註38〕詳〈登記〉，卷一一五，頁 2948。

〔註39〕詳《通鑑》晉安帝義熙十三年八月條，卷一一八，頁 3709。

〔註40〕《通鑑》晉安帝義熙二年（406）年六月，記涼州人胡威所言「臣州三千餘戶」而已（卷一一四，頁 3590）。〈興記〉、〈興錄〉略同。

以如此之領土、戶口，後秦國力焉會增強？其欲繼承前秦之正統與規模，可謂難矣。一個以羌族為統治主體的割裂政權，統治如此狹少的領土戶口，若內政有積極作為如苻堅當年一般，或許尚有可為，但後秦在此方面顯然也力有未逮。

姚萇年齡比苻堅大，生於 330 年——姚弋仲東遷清河前三年，故可算是在山東地區成長的，應受到漢文化的陶冶如苻堅一般。然而他在位八年期間，一直處於開國征戰狀態，常年駐在安定大營，連長安（時已改稱常安）也甚少回去，焉能全力推動內政建設？他吸收曾在前秦任官的舊部，建立一個摹倣并繼承前秦的政府，確立了修德政、拔人才、立太學、禮先賢諸政策，已是在起兵數年後之事了，而推行成效未彰，不久即死去。〔註41〕就這幾點看，姚萇實有意效法苻堅的德治主義政策。詛盟報仇原是種羌固有風習，他是以與西州豪族結盟方式起家的，大單于無異就是羌族大豪的代稱，故稱帝後曾下書「有復私仇者皆誅之」，〔註42〕尋其意可能為了團結羌族，但是也不失與調整其部落文化，推動德治的政策有關。

姚萇晚年自稱「溫古知今，講論道藝」不如其兄姚襄，然仍推廣「令留臺諸鎮各置學官，勿有所廢，考試優劣，隨才擢遷」，〔註43〕可證此確是其始終關心推動之事。姚興長年在長安留統後事，經常與漢儒講論經籍文章，就是率身實踐之舉，故〈興錄〉稱他「不以兵難廢業，時人咸化之」。姚興繼位後不僅繼續興學論文，抑且特立律學，培養法吏，以至「於時號無冤滯」。〔註44〕姚興尚且本其父改善風俗之志，曾下書「禁百姓造錦繡及淫祠」。〔註45〕在這種興學變風政策之下，史稱太子泓個性孝友寬和而無經世之用，博學善談論，尤好詩詠，或許與此政策之效果有關。〔註46〕事實上，姚秦政權興文有餘而武功不足，確為其特色。

姚興禮敬鳩摩羅什等，潛心佛學，大力支持并參預譯經，為五胡君主所僅見；影響所及，乃至「沙門坐禪者恆有千數，州郡化之，事佛者十室而九矣」。〔註47〕或許此亦與他缺乏如苻堅般的雄圖壯志有關，增強了文餘武弱的特色。

〔註41〕詳〈萇錄〉建初二、三年條，卷五〇，頁 382。
〔註42〕同上頁建初五年條。
〔註43〕同上錄，六、七年條，頁 385。
〔註44〕詳〈興錄〉卷五一，頁 387、390、391。
〔註45〕同上錄，頁 389。
〔註46〕詳〈泓錄〉，卷五五，頁 415。
〔註47〕詳釋慧皎《高僧傳》之鳩摩羅什、弗若多羅、曇摩流支、卑摩羅叉、佛陀耶

前引《晉書‧泓記》史臣曰，批評他「當有為之時，肆無為之業，……析實談空，靡然成俗」，可謂事有所本。

究心中國學術、潛力西域宗教，是姚興的重要精神建設。然而姚秦始終未聞對民生經濟作重大建設，其政權多次掠徙人口至關中，未詳如何安置他們就業。較明顯的是姚興即位後，尋即滅亡苻登，并「散其部眾復歸農業」。〔註48〕對威脅大的敵對國族，實行解散歸農之政策，是苻堅所首創的措施，似僅用以處拓跋鮮卑（代國）。肥水之戰後，拓跋珪復國，遂逐漸推廣此制，奠定其國力發展的基礎。〔註49〕姚興於394年僅對苻氏部眾實行此制，對他族則無聞，恐是其國力不能發展的原因。姚興性雖儉約，但卻「性好遊田，頗損農要」，臣下以詩賦諷喻而終不能改，〔註50〕顯示其對農政不見得很重視。〈興錄〉記其弘治十一年（409）因征戰而增稅云：

> 興以國用不足，增關津之稅，鹽竹山木，皆有賦焉。群臣咸諫。……
> 興曰：「能踰關梁通利於山水者，皆豪富之家。吾損有餘以裨不足，有何不可！」乃遂行之。

對工商只管增稅而未見獎勵，并且增得如此理直氣壯，可說對工商業也甚不重視。《宋書‧武帝中》記劉裕攻入長安時，「長安豐全，帑藏盈積」，恐是此增稅聚斂的結果。這種農工商政策，視前秦之重農興商，相去甚遠，國力豈能與號稱來蘇大治的苻堅相比。

羌族文化尚巫好戰，生產在五胡中較為落後，姚萇、姚興父子雖受漢文化薰陶，但仍有羌族的自我意識，他們調整社會風俗，篤信佛教，好遊田狩獵，較不重視生產，胥與此有關。〔註51〕在此主觀意識下，加上客觀的領土、人口、國力又相形見弱，故〈興錄〉記其在弘始元年（399），「以日月薄蝕，災眚屢見，降號稱王，下書令群公卿士、將牧守宰，各降一等」。其答群臣諫

舍諸傳（卷二，頁330～334），及〈興錄〉弘治七年條，卷五二，頁396～397。

〔註48〕見〈興錄〉皇初元年條，卷五一，頁388。

〔註49〕詳李凭〈北魏離散諸部問題考實〉（《歷史研究》1990年2月，頁42～52），及古賀昭岑〈北魏の部族解散について〉（《東方學》59輯，1980年，頁62～76）

〔註50〕詳〈興錄〉，卷五二，頁395。

〔註51〕姚氏曾為石虎所東遷，石虎自認是邊戎，倡言佛是戎神，是本俗所應兼奉的，故特許夷趙百姓事佛（參〈後趙錄，佛圖澄附傳〉，卷二二，頁169）。苻堅、姚興之事佛，應與此非漢族系意識有關，只是石虎迷信高僧之「術」，而姚興則篤信其「學」而已。

阻的理由，則是以「殷湯夏禹，德冠百王，然猶順守謙沖，未居崇極，況朕寡昧，安可處之」云云。以災異自貶，舉聖王自謙，未必全為藉口，但與其民族自卑似亦有關。蓋其祖姚弋仲死前早就有「自古以來未有戎狄作天子者」的觀念，指示姚襄歸晉盡臣節，故姚襄後來叛晉西行，也僅止於自稱為大將軍，大單于，連王也不敢為之。姚萇初起時，僅是割據之雄，故只敢自稱大將軍‧大單于，萬年秦王；及至擒獲苻堅後求苻堅要傳國璽及禪讓，曾被苻堅斥為小羌，五胡次序，無汝羌名，沒有資格受璽，是以待進入長安之後始敢即皇帝位。至於姚興，在萇死後，大敗苻登前亦只稱大將軍，其後乃即皇帝位。他在有功業令譽的情況下當了五六年皇帝，仍是維持偏霸性質，故自我降號，其實應與姚氏此民族自卑意識頗有關。姚興生於苻堅時代，他的自貶可能是效法苻堅因內慚而自貶的故事。當然，以苻堅之富強猶且降稱，他以災異寡昧而自我不德作自貶的理由，也是可以想像的。

當年苻堅捨棄皇帝之位號而即天王位，子弟宗室皆降爵為公，此時姚興降號稱王，群臣各降爵一等，原被封王的僅有其兩位叔父——征虜將軍‧晉王緒及征西將軍‧隴西王碩德，亦因興降號而自我堅持降爵為公。姚興究竟降稱王抑天王？此事〈興錄〉、〈興記〉及《通鑑》、《冊府‧僭偽部‧年號》記載皆同，皆作稱王；而《魏書‧姚興附傳》則與《北史‧僭偽附庸‧興附傳》相同，俱作「去皇帝之號，降稱天王」。谷川道雄採信後一說法，并認為姚興降稱天王，一方面歸因於天子之德的問題，一方面則與姚緒及碩德等擁兵要鎮具有實力有關，[註52] 亦即仍將之解釋為與軍事的分權體制有關。然而根據當時僧人如僧肇〈肇論序〉、釋元康〈肇論疏〉、海印〈肇論新疏〉等文，姚興實降號秦王，前釋石趙自稱天王之註文即已論之，故其說不能成立，但是姚秦宗屬控制軍隊以及戶口，多次向君權挑戰則是事實，值得進一步分析。

五、軍鎮戶口與後秦國體及其興亡

前面論及肥水之敗後，前秦治下各地戰烽四起，人民流散掠徙情況嚴重。在此情況下，或有前秦將校如「中壘將軍徐嵩、屯騎校尉胡空各聚眾五千，結壘自固」，依違於苻、姚之間，而最後歸附於苻登，分被拜為刺史、京尹者，[註53]

〔註52〕詳谷川〈五胡十六國おとび北周の諸君主におけ天王の稱號につ为て〉（《名古屋大學文學路研究論集》，頁 95 及 98）。
〔註53〕詳《通鑑》晉孝武帝太元十一年十二月條，卷一○六，頁 3371～3372。

其所築即著名的徐嵩堡與胡空堡。也有官員如清河崔宏、新興張卓等各率人民
避亂奔晉，被晉命其「各將部曲營於河南」以為冀州諸郡者。〔註54〕也有重將
大吏各率部曲投降姚萇，成為姚秦將領，最後如王統、王廣、苻胤、徐成、毛
盛等亦正因擁有部曲，造成威脅，而被姚興誅鋤者。〔註55〕也有如楊政、楊楷
等以收集流民為主，據地求存，然後再擇主而歸者。〔註56〕不一而足。

在山東地區的人民，往往投靠軍營以求庇護，後燕、南燕遂因之而至前燕
軍營封蔭之戶的制度復現及盛行，造成二國民怨、社會騷動、政治危機的原因，
以至國力衰疲及祚亡。〔註57〕及至拓跋魏進攻二燕，發覺中土蕭條，竟乃下詔
縣戶不滿百者罷之。〔註58〕至於關隴地區的人民，結壘自固及隸屬軍隊的情況
亦甚普遍，遂有堡戶堡人、鎮戶鎮人、營戶營人諸稱謂出現，其內容究竟如何，
於此試加分析。

首先析營戶。

按前引〈萇錄〉謂起兵渭北時，是由西州豪族尹詳等以詛盟方式推為盟主
的。也就是這些豪族各率部曲合五萬餘家，與姚萇組成聯盟，而且漢族家戶可
能佔了很大的比例。姚萇率領他們進屯北地，「厲兵積穀，以觀時變」，顯有屯
兵之象，稍後才有北地、新平、安定羌胡十餘萬戶加入。這些漢、羌、胡人以
家或戶作計算單位，殆應是隨著部曲或部落來附的；而這些部曲或部落，此時
即極可能被編列成一支支軍隊，上引徐嵩、崔宏、王統等諸例或可為助證。

386年姚萇乘慕容氏東去，長安空虛後，入城稱帝，遂以姚興為皇太子，
而徙安定五千餘戶於長安，并以弟姚緒為司隸校尉鎮長安。以戶口薄少的長安
留交子弟坐鎮後，姚萇即還安定，進兵秦州，再徙秦州三萬戶於安定，而與苻
登長期相峙於此間。尋姚萇之意，安定為前秦以來重鎮，可以北鎮嶺北羌胡，
西援秦州，屏藩首都，故親自將兵守之。〈萇錄〉云：

> 初關西雄傑，以苻氏既終，萇雄略命世，天下之事，可一旦而定。
> 萇既與苻登相持積年，數為登所敗，遠近咸懷去就之計，唯征虜齊
> 難、冠軍徐洛生、輔國劉郭單、冠威彌姐婆觸、龍驤趙惡地、鎮北
> 梁國兒等，守忠不貳、并留子弟守營，供繼軍糧，身將精卒，隨萇

〔註54〕同上書十七年六月條，卷一〇八，頁3406。
〔註55〕同上年二月條，頁3404～3405。
〔註56〕同上書十四年十月條，卷一〇七，頁3389～3390。
〔註57〕詳本書〈慕容燕的漢化統治與適應〉編。
〔註58〕見《通鑑》晉安帝元興三年三月條，卷一一三，頁3567。

征伐。時諸營既多，故號莫軍為大營。大營之號，自此始也。

按諸將軍之中，齊難為氐人，彌姐婆觸為羌人，梁國兒為西胡，〔註59〕其他可能皆為羌胡，顯示他們都是初起十餘萬戶之羌胡，而改編為將軍，各領部落或部曲為營兵者，此時為姚莫主要的武力。他們各領軍分營，號為諸營，而以姚莫本軍為大營，此形態無異是種羌酋豪與大豪的形態。他們以安定為中心，分營部署於附近，平時在營訓厲士卒，務農積穀，戰時則率軍隨莫征伐，而以子弟留守本營。是則隸營之家庭戶口，必然是營戶，且是生產力的來源，如同羌族的種落。

這就說明姚莫開國時，是以夷夏豪族、酋長各率部曲部落來組成聯盟，雖依中國式官制各授以將軍等職，將其部眾改編為軍隊，并從事戰鬥與生產，但揆其實際，則仍是部族聯盟的本質。莫、興之載記國錄曾多次述及部落降附的史實，如平涼胡沒奕于率戶降而拜車騎將軍，羌酋雷惡地率眾降而拜鎮東將軍，貳城胡曹寅為鎮北將軍·并州刺史，南羌竇鴦為安西將軍；鮮卑乞伏乾歸戰敗降，拜為鎮遠將軍·河州刺史，而盡以其故部眾配之，使還鎮苑川；配屬鮮卑、雜虜二萬餘落給匈奴劉（赫連）勃勃，拜安北將軍鎮朔方；盧水胡沮渠蒙遜在前秦末即已自領部曲為「營人」，向姚興稱藩而被拜為鎮西大將軍·沙州刺史。〔註60〕此類例子所在多有，正可進一步證實姚秦雖有摹倣苻秦之處，但其國家本質之為部落聯合體，則較之更為明顯。至於宗室的軍事封建制，只是此體制下的一環而已。

以部司領所屬部曲人戶從事生產，後趙即然，苻氏、姚氏當年東遷時即接受此部勒，但是營戶制則是前燕所盛行。後燕復國，軍封營戶復盛，慕容寶時亦有諸營與大營之別；〔註61〕巴蜀也有營戶之制，405年益州營戶擁立譙縱為成都王是也。〔註62〕可見軍營統領營戶，不是一時一地之制，只是肥水之戰後復盛而已。胡三省注解後燕之軍營封蔭之戶，謂「蓋諸軍庇占以為部曲者」；解釋益州營戶時，則說是「民有流離逃叛分配軍營者。」〔註63〕至於巴蜀如何

〔註59〕梁國兒是平涼西胡人，見〈興記〉卷一一八，頁2996。

〔註60〕乞伏、赫連、沮渠各有載記國錄，述之更詳。呂光以沮渠蒙遜統領所部部曲，故使之「自領營人，配箱直」，時在莫、興父子之間，見〈蒙遜錄〉，卷九五，頁653。

〔註61〕詳《通鑑》晉安帝隆安二年二月條，卷一一一，頁3464。

〔註62〕詳《通鑑》晉安帝義熙元年二月條，卷一一四，頁3581。

〔註63〕前說詳《通鑑》晉孝武帝太元二十一年六月條注（卷一〇八，頁3428），後說見註62胡注。

人口流離逃叛，而被分配於軍營則不可知。筆者以為，縱使燕、蜀是如此，而姚秦之營戶情況則似未必如此，依姚萇起兵時漢羌胡來附，大營與諸營形成的情況看，其營戶當非庇占、分配之戶。試引史料以論證之：

第一，〈萇錄〉建初七年（392）云：

> 萇寢疾，……召其太子興詣行在。……萇下書：「兵吏從征伐，戶在大營者，世世復其家，無所豫。」

按姚萇當時在安定與苻登相距，以寢疾而召太子至行在。「行在」〈萇記〉作「行營」。天子所在曰行在，而姚萇之軍為大營，故援行在為行營。姚萇之病延至翌年即死，恐有預感而召太子，并詔世世復大營戶以收眾心。據書詔所示，大營戶是指天子的直隸營戶，是本軍兵吏之家屬戶口，殆無庇占、分配之戶口。

第二，〈興錄〉皇初元年（394）記斬苻登後云：

> 分大營戶為四，置四軍以領之。

按西晉前秦皆有前後左右四軍，為禁衛軍，蓋此時苻秦已滅，故已即位為皇帝的姚興，將在安定之大營本軍改編為四軍，而其營戶則分由四軍統領之。四軍之營戶應如大營般，僅是天子禁軍在營兵吏的家屬戶口。揆諸當年苻堅推行世封諸侯制度，分配「四帥子弟」至各鎮，「諸戎子弟離其父兄者，皆悲號哀痛」，可以作為旁證。

第三，〈泓錄〉永和二年（417）記劉裕北伐，逼近長安時，泓「尚書姚白瓜徙四軍雜戶入長安」。按雜戶與營戶殆不同，姚秦營戶是兵吏的家屬戶口，他們隸營需從事生產服務，頗與魏晉的士家制度、部曲制度相似；而雜戶則後趙、前秦始見，最初來源可能是雜胡雜類，因其多為被征服掠徙，分配於軍者，故社會地位也較低下。〔註64〕姚萇既然免除了大營戶的服役，四軍戶當然也繼承了此優待，於是軍營之生產服務必須另有替代者，此應即是雜戶配屬四軍之由來，其身份地位當然也就與四軍營戶不同。〔註65〕姚秦在四軍之外，有此

〔註64〕　馬長壽前引文（見註29）見馮翊護車直統雜戶七千，由十二種四夷組成。馬氏認為雜戶包括營戶、雜工戶、醫寺戶、雜胡戶等，用以服兵役工役，身份較低，故以雜為名。

〔註65〕　唐長孺〈晉代北境各族「變亂」的性質及五胡政權在中國的統治〉（《魏晉南北朝史論叢》頁163～168），及張維訓〈略論雜戶的形成和演變〉（《中國史研究》1983年1月，頁97～101）對此皆有論述，唯對姚秦營戶的性質及與諸燕營曲之差異或未論及，或分辨未詳。〈赫連勃勃錄〉記其自稱大夏天王·大單于後，攻「平涼雜胡七千餘戶以配後軍」，殆可作一助證，使對雜戶來源及配軍之情況更瞭解。

雜戶配屬之優待者,似乎尚有嶺北鎮,故有「嶺北雜戶」之名,〔註66〕此外諸軍則不詳,或頗有之。

姚秦禁軍經常隨君主出征或派遣出征,是天子嫡系部隊,為征戰之主力,故有上述優待。其他諸軍則有從征供需的義務,則其軍需生產及輸送責任必落於其營戶身上,前引姚萇史料已見之,今再舉一史料,〈興錄〉皇初四年(397)云:

> 鮮卑薛勃叛奔嶺北,上郡、貳川雜胡皆應之,遂圍安遠將軍姚詳於金城。遣姚崇、尹緯討之,……而租運不繼,三軍大飢。緯言於崇曰:「輔國彌姐高地、建節杜成等,皆諸部之豪,位班三品,督運稽留,令三軍乏絕,宜明刑書,以懲不肅。」遂斬之。諸部大震,租入者五十餘萬。興率步騎二萬親討之。

按姚崇是王弟,封齊公,尹緯時為左僕射,二人為前鋒而姚興為後援,當是禁軍出征無疑。杜成不詳何族。彌姐高地位居三品將軍,為「諸部之豪」,應是統其部落拜為將軍的羌族酋豪。二人被殺而「諸部大震」,軍糧立至,可見姚秦軍事制度於一斑。〈興錄〉弘始十一年(409)又云:

> 興如貳城,將討赫連勃勃,遣安遠姚詳及斂曼嵬、鎮軍彭白狼,分督租運。諸軍未集,而勃勃騎大至。……興乃遣左將軍姚文宗率禁兵距戰,中壘齊莫統氐兵以繼之,……勃勃乃退。留禁兵五千,配姚詳守貳城,興還長安。

可證姚秦天子親征,諸軍必須提供兵力與軍糧,則諸軍掌握營戶必在不少。以齊莫為例,他是氐人,拜為中壘將軍,所部為氐兵,則其營戶當亦為氐戶,可證姚秦軍制中,確有以部酋統本種落,粉飾中國式軍制之事實。彌姐高地與杜成,既為部豪,前述前秦降將王統、王廣、苻胤、毛盛,前二人是屠各人,後二人是氐人,皆因各有部曲勢力而在萇死前被誅。蓋亦可視為同例。姚秦政權,建立在以漢式體制為表、以胡式聯合部落體制為裡的架構基礎上,是不言可喻的。

次析鎮戍與鎮戶。

禁軍既可配置於地方鎮守,諸軍則更不待言。諸軍性質是聯合部族軍,分命於原耕牧地或來奔駐屯地就近鎮戍,應可想而知。以〈萇錄〉所載為例,弟

〔註66〕嶺北是重鎮(詳正文下文),故見有「嶺北雜戶」一名。參〈泓錄〉卷五五,頁417。

碩德原統所部荒居隴上，起兵響應姚萇，及至萇稱帝，攻陷秦州後，以隴右羌胡多，遂拜碩德都督隴右諸軍事‧征西將軍‧秦州刺史‧領護東羌校尉，「鎮上邽」；因大營在安定，乃徙秦州三萬戶以充實之，另命太子興「鎮長安」；其後因苻登來逼，乃使碩德移「鎮安定」，徙安定千餘家於南方要地陰密，遣弟征南將軍靖「鎮之」。可見姚萇開國時，即以宗室重臣分鎮雍秦要地，鞏固根本，因而死前下書，有「令留臺諸鎮，各置學官」之言。當時的留臺是指長安，諸鎮則指腹地諸鎮。

軍鎮制度魏晉以降漸形成，劉、石、苻三朝更漸推行之，〔註67〕苻堅時鎮、城之名即不少見，只是姚萇開國於極度的戰亂流離狀態，故立即採行此制，以軍管形式控制地方，其後并隨國土開拓而推廣之而已。試舉例以見其鎮域概況。

姚秦領土東逾洛陽，洛陽、蒲坂是東方重鎮。〈泓錄〉謂劉裕來攻時，弟征南將軍，豫州牧洸鎮洛陽，未能及時「攝諸戍兵士」固守待援，故城破降晉。當時鎮蒲坂的是洸兄懿，不但未救援洛陽，反而欲「運匈奴堡穀以給鎮人」，舉「河東見兵」西襲長安，以廢帝自立，坐使晉軍攻臨潼關。此是宗室以將軍牧刺名義出鎮，鎮督諸戍，轄有鎮人，掌握本鎮糧草之例。

姚萇大營坐鎮安定，曾大破來犯的鮮卑沒奕于。後沒奕于降，乃使之以車騎將軍率部鎮高平。據〈赫連勃勃錄〉姚興另以劉（赫連）勃勃為安遠將軍，配以其父舊部落及三城、朔方雜夷三萬，使助沒奕于，并為伐魏偵侯。頃之復以勃勃為安北將軍，以三交五部鮮卑及雜屬二萬餘落配屬之，使鎮朔方。此為後秦命部酋率所部或給予配屬部落，假之以將軍，用以鎮守北邊之例。其後勃勃兼并沒奕于，自稱大夏天王‧大單于，進攻「三城以北諸戍」，遂不斷侵壓姚秦北邊，最後在劉裕亡姚氏而退兵後，乘虛入長安稱帝。於是，姚秦的北方，遂被壓縮至司隸部的安定、嶺北、杏城諸鎮，使之無力向東、西兩線發展。據〈興錄〉記弘始十三年（411），當時「嶺北二州（指雍、秦），鎮戶皆數萬」，是年勃勃攻執杏城鎮將姚詳，興乃遣衛大將軍姚顯赴援，令顯「都督安定、嶺北二鎮事」，進屯杏城，翌年又令楊佛嵩「率嶺北見兵」討勃勃。又據〈泓錄〉永和元年（416），當勃勃南向、劉裕西向交相來攻時，姚秦內部頻叛亂。勃勃進攻雍，「嶺北雜戶悉奔五將山」。大將軍姚紹則以晉師

〔註67〕參嚴歸田師《魏晉南北朝地方行政制度》（中研院史語所專刊四十五 B，民國79 年 5 月三版），頁 691 及 794。

之至，建議「安定孤遠，卒難救衛，宜遷諸鎮戶內實京畿，可得精兵十萬」，抵抗二寇交侵；然而左僕射梁喜認為鎮守安定的征北將軍姚恢雄勇「為嶺北所憚，鎮人已與勃勃深仇，理應守死無二」而反對之。在危逼之情況下，終至蒲坂鎮將姚懿率鎮人舉兵僭號，欲西行廢帝；而姚恢亦「率安定鎮戶三萬八千」南向長安，聲言除君側之惡。二亂雖平，晉軍別部已攻入上洛，長安東南漢水上游「所在多委城鎮奔長安」。姚泓未能集中諸鎮於長安決戰，使安定以至蒲坂諸鎮叛亂，東南諸鎮奔潰，可謂失策。但是，安定、嶺北是北方重鎮，鎮戶甚多，以本部落為主，且配有雜戶，而鎮人即其見兵，由此可證。

在西方，呂氏、乞伏鮮卑、禿髮鮮卑、沮渠雜胡等在河湟以西是交相攻侵之局，姚秦無力徹底摧滅之，故以拉攏安撫手段維持西邊安全。姚興對西方比較明顯的軍事行動，是 400 年伐乞伏及 403 年滅呂氏。據〈乞伏乾歸錄〉記其敗降後，姚興復遣之「還鎮宛（苑）川，盡以部眾配之」，也就是任命乾歸為鎮遠將軍·河州刺史充苑川鎮將，是赫連勃勃崛起歷史的重演。乾歸復興後自稱秦王（西秦），至其子熾磐時卻一度攻姚艾於秦州上邽，「破黃石、大羌二戍，徙五千餘戶於枹罕」，成姚秦西邊之壓力。至於姚興命姚碩德率步騎六萬伐呂隆而降之，〈興錄〉記弘始四年以後部署，大略是先「徙河西豪右萬餘戶於長安」，使呂氏屬土空虛，翌年派兵二萬助呂隆（時拜鎮西將軍·涼州刺史）守姑臧。不過呂隆懼禿髮傉檀之逼，表請內徙，興乃遣左僕射齊難率兵四萬前往處理。難至姑臧，「以其司馬王尚行涼州刺史，配兵三千鎮姑臧，以將軍閻松為倉松太守、郭將為番禾太守，分戍二城，徙隆及宗室僚屬於長安」。405 年以車騎將軍禿髮傉檀獻羊馬為忠，乃署為涼州刺史，徵王尚還。後悔，但傉檀逼遣王尚，遂入姑臧，漸漸坐大，於 408 年自稱涼王（南涼）。按涼州人戶東徙後，此時僅剩三千餘戶，戶口稀弱，不宜也不利於懸軍久鎮，應為姚興徵還王尚之真正原因。他命禿髮傉檀以車騎將軍為涼州刺史，猶如命乞伏乾歸以鎮遠將軍為河川刺史而已，是以夷制夷故智的一再運用，河湟以西終因此而不能成為其正式版圖。西邊起用胡部為鎮將的效果猶如北邊一樣，終使國防線退至秦州隴右一帶。

至於南方的仇池氏楊氏，服叛不時，常依違於東晉與姚秦之間，北《魏書·氐列傳》記當時楊盛「分諸氐、羌為二十部護軍，各為鎮戍，不置郡縣」，此與赫連勃勃制度略同，恐為姚秦鎮戍制在小區域的徹底推行。

要之，姚秦建國即採鎮戍制，與其國內動亂、四面交戰的立國形勢有關。

　　鎮戍不僅部署於邊疆，抑且也部署於腹地。鎮將擁有鎮戶鎮人，似與州郡戶口無涉。這些鎮戶鎮人是該鎮見兵及生產的來源，多是軍人家屬，與慕容燕的庇占殆不同；他們是否有掠徙而來的戶口不詳，要之似非來自奴隸刑徒，而與後來北魏諸鎮的府戶性質接近。中央四軍及安定、嶺北等重鎮，見有雜戶的配屬。雜戶是指種族複雜而非單一族系，且其身份低下者，用以為軍鎮從事生產服務，使四軍諸鎮得以蘇息整訓，全力用於戰鬥，姚秦禁衛軍一再出征可見其概。鎮將與其鎮戶鎮人，具有部落酋長與部民、部曲主與部曲之性質，整體視之則為聯合部落的性質，由宗室為鎮將角度視之則是宗室的軍事封建制。

　　此外，姚秦尚有堡戶之稱，〈興錄〉弘治五年（403）曾「下書錄馬嵬戰時將吏盡擢敘之，其堡戶給復二十年」。按雍秦一帶堡壁甚多，苻、姚相峙時常依違其間，前述徐嵩堡、胡空堡者是其例。據〈興錄〉記姚萇死後，苻登來攻，興始平太守姚詳據馬嵬堡以距之，興自將精騎赴援，將吏冒死進攻，大破苻登，姚興乃敢發喪即位，并尋而在山南斬登，滅亡前秦。此年姚興立皇后、拜公卿，故追錄當年關鍵性戰役而酬庸之。部曲主或部落主率其部曲部人據築堡壁，而被授以將軍刺守之例頗多，實如小型的軍鎮，其實質常是沒有郡縣統屬關係，沒有治軍、治民區別的軍營統戶制，〔註68〕也可以視為軍事封建制的一環。

　　論者或謂諸燕的軍封營戶制，是王公貴族蔭占戶口，與國家爭奪人力資源的特殊形式；而姚秦之營戶，則是由國家直接控制。〔註69〕按前燕的軍封營戶，早期恐怕也如姚秦般之性質，由於前燕的歷史較長久，隨著政治的發展，始出現諸軍庇占的情況，而姚秦短短三十餘年國祚，營戶性質尚未有機會演變而已。國家與政府殆有定義上的不同，諸燕封蔭之戶仍是隸屬國家的，卻未必為政府行政體系所控制，故政府向軍封爭奪戶口而致國危，筆者已論之，而姚秦則未見此舉。〔註70〕

　　姚秦營戶隸軍、鎮戶隸鎮、堡戶隸堡的形態，無庸再疑；而政府行政部門則另有民籍，涼州有戶三千餘之例即可見證。軍鎮堡壁擁有戶口，所以〈興錄〉弘始元年記載如下兩事即值得注意：

〔註68〕參唐長孺前引文，頁167。
〔註69〕參張維訓前引文，頁100。
〔註70〕詳參註57拙文。

> 班命郡國百姓，因荒自賣為奴婢者，悉免為良人。……命百僚舉殊
> 才異行之士，刑政有不便於時者皆除之。兵部郎金城邊熙上陳軍令
> 煩苛，宜遵簡約。興覽而善之，乃依孫吳誓眾之法以損益之。

按前一事表示政府向貴族豪門爭戶口，而非與軍鎮堡壁爭營戶。後一事既云刑政不便皆除之，理論上應針對「郡國百姓」而言，由政府行政部門提出，然而卻由兵部郎提出，顯示煩苛之「軍令」，實為軍鎮管治其營鎮戶的依據。姚興同意簡約的原則，又依孫吳誓眾之法以損益之，表示軍鎮營戶是以軍法約束其屬人的，與郡國百姓概不相同。

在戶口極度離散的關隴，一部份人歸由政府管理，一部份人撥交軍鎮而以軍令約束之，顯是一國之內有兩種制度，以統治人民。由於軍鎮堡壁不少，其控制的營、鎮、堡戶也應不少，故政府只得向貴族豪門爭戶口，政府發展不起經濟似可由此作觀察。姚秦表面上維持有十四州的形式，但政府與軍鎮各擁多少戶口則不詳。軍鎮既是軍事封建制兼及聯合部落制的本質，將軍們因與其所部戶口有從屬關係，遂依軍令將之組成軍隊，部勒其生產與生活，因而具有獨立作戰的能力。他們部署於京師與四方，以當時國內喪亂未復，外敵交侵的局面來看，殆僅能對後秦領土作點的控制與防禦，一旦有動亂或外敵，遂常需中央軍之支援。前秦幽州統帥可以動員所部十萬部隊，後秦軍鎮似無如此強大的實力，故常呈衛國則不足、反叛則有餘的形勢。不幸羌族社會有種落分析的形態，互相仇殺的風習，故軍鎮堡壁適足以成為致亂之本。由於中央並無如苻堅般的強盛完整氐部與禁軍作根幹，因而不能形成強幹弱枝的立國形勢。國不危亡者幾稀。

嚴格而言，後秦因軍鎮在喪亂時有能力點狀控制關中而興起，卻也因其實力不足又時常叛亂而陷於危機，更因其在中央不強的形勢與部落離析仇殺的風習下以衰亡。後秦直接滅亡之表面原因是因劉裕北伐，究其實際則是亡於大敵當前時，軍鎮之不但不團結對外，反而宗室鬩牆，自致滅亡。

六、結　論

苻秦的政權實質上是部族的聯合體，其降稱天王，殆與此結構有關，也與中國文化的民族正統觀念以及苻堅兵變後在道德上的內慚心理有關。後來他推行氐戶世封制度，亦胥由此結構與心理意識作觀察。苻堅時代，權力結構仍是以氐族為主，以宗屬為核心，雖已揚棄單于體制，卻仍未脫離種族政權的性

質。不過，他儒法并用，壓抑酋豪，建立中國式的單一法制，頗有朝胡漢合一、士人政府的方向推展，欲建立一個普遍王朝；并以內政建設支持武力擴張，追求天下統一。

　　苻堅強烈的統一觀念，一方面來自其祖蒲洪的指導思想，一方面源於本身的學養人格。他有中國道統儒的性格，故有衛道排他的意識，加上他從經史知識中，由漢朝二武的自我期許逐漸改變為以軒皇作期許，於是此使命感、責任感及聖王模式遂漸形成其強烈的統一觀念與天朝觀念，欲以作為一統天下的中國正統聖王自期，這是其發動肥水之戰的內在因素。

　　苻堅要建立天朝上邦的正統王朝，但其政權實際上并未擺脫氏族種族政權的色彩，諸族的降君附主只是其寵養優待之人，很難分享其政權；而且除了氐、漢二族之外，其他種族在被「聖王」撫和化育之下，仍不免受到其輕視。將不同種族置於氐族控制之下，納入中國體制，原需較長的時間來調和適應。肥水之戰前，秦祚不過僅經歷一代而已，國內複雜的民族融和問題，漢式典章制度的適應，殆皆未臻完善。在此情況下，自謂勝算在握的苻堅對其內政及武力評估過高，又在中國式思考下缺乏民族警覺心；反之卻對東晉評估過低，對漢族正朔士氣認識不足，於是遂驅種族龐雜不齊之烏合兵團，輕啟戰端，可謂操之過急。

　　肥水之敗，除了戰略不當外，亦顯示了過度膨脹的部族聯合部隊的烏合性與不適應性。敗後國內諸族崩解，則顯示了前秦部族聯合體政權的不穩定性與未成熟，優待慕容氏與氐戶世封制，皆不是最重要的因素。要之，由漢趙、後趙、前燕，以至前秦，在胡漢多元狀態下，由兩制統治無效漸至採行漢式單一體制，卻因苻堅之急進而至失敗，可能條件尚未成熟罷。

　　後秦僅是前秦諸族崩解下的一個羌族種族政權，慕容氏、拓跋氏、禿髮氏、乞伏氏、赫連氏、沮渠氏及仇池氏諸侯，皆已不屬其直接統治，故其國內的種族情況，已不如前秦般複雜，但也不表示其為羌族單一民族的國家。

　　姚萇是得到西州豪族及嶺北羌胡之推戴而起的，加上前秦官僚將帥之來降，故其關隴領土內，仍混有羌、漢、氐、匈奴、鮮卑諸族。儘管後秦於元首稱號、權力結構、政府制度、文化政策等方面，多有因襲前秦之處，但是其國體性質之為部族聯合體，則較前秦更為明顯。此形勢或許就是姚秦不作統一天下非份之想的原因。

　　姚氏在關隴戶口極度流損，生產倒退，經濟蕭條下建國，初期的形式是

採用羌族文化的詛盟形式來組成政權，逐漸才調整為「天王──諸侯」的型態；國家規模及建設，大大比不上前秦。姚氏似乎有知於羌族在五胡中最為落後，故在切實掌握政軍大權後，頗對其文化風習有所改革。但是後秦以戰爭開國的時間頗長，復在上述建國條件下，故不得不始終採行軍鎮營戶制。諸軍與營戶、諸鎮與鎮戶、諸堡與堡戶，實際上是半獨立的戰鬥與生產單位。此制雖然已見於後趙與前燕，但此制經前、後秦的大力推行，至北魏遂漸成熟為軍鎮制。

上述單位建制，與西羌社會之種落分化型態頗相似。將軍與營人、鎮將與鎮人、堡主與堡人，關係和種落酋豪之與種人，大略彷彿。是則姚秦因襲苻秦漢式單一體制之餘，仍不免深受原有的部落組織文化所影響，以「天王──諸侯」的殷周封建國體為表，而以盟主大豪──種落附落的羌族社會結構為裡，性質雖是宗室的分權體制，卻也是實實在在飾以漢制的羌種部落結構。其後宇文泰改制，因領土人口、族類政情大體無變，遂本復古主義師法其意以改革。

正惟如此，作為王或天王的大豪盟主，所控制的人戶、社會資源，其實不是處於絕對優勢的。軍鎮堡之主帥，以軍令管治其所屬人戶，以從事生產與戰鬥，遂具有半獨立的能力。當羌人種姓分析、互相仇殺之風不能改善根除時，也就是宗室鎮將內亂兵變之根源。氐族并無此風習，故其亡因不在此；羌族改善社會風習未徹底，故宗鎮乘危內亂，而亡於不應遽亡之時。可以這麼說，從西羌原有的「詛盟──分化──仇殺」文化結構作觀察，始較易理解後秦之所以興亡。

表一　苻堅時期重要武官〔註71〕

類別	武官官稱	姓　名	兼領官職	族屬 / 關係	備　註
統帥重職	都督中外諸軍事	苻法	以丞相・錄尚書事領	氐 / 王室	法為苻堅之兄，堅即位拜之，尋賜死。
		王猛	以丞相等官領	漢	猛以下各見本官項，據表五，融為堅母弟，暉、叡為堅子。
		苻融		氐 / 王室	
		苻叡		同上	
		苻暉		同上	
公	太尉	苻侯		氐 / 宗室	《通鑑》101:3201 天錫為前涼末主，涼平後在堅朝官至右僕射，〈堅錄〉頁 259。
	大將軍	李威	加侍中	氐 / 姻親	
		張天錫	稱藩，堅拜其為大將軍・西平公，後降為驃騎大將軍。	漢 / 藩臣	
從公	驃騎大將軍	張天錫			〈堅錄〉頁 26。
		張蚝		漢	上黨人，本姓弓，匈奴張平養子（〈堅錄〉頁 255），以軍功累遷。
	車騎大將軍	苻柳	兼尚書令	氐 / 宗室	
		王猛	都督關東六州諸軍事・車騎大將軍・冀州牧，後徵還為丞相，加都督中外。		上類已見該屬 / 關係者皆從略。
		苻融	以侍中・中書監・車騎大將軍・領宗正・錄尚書事，後加都督中外。		《通鑑》104.3295
		苻暉	以車騎大將軍・司隸校尉・錄尚書事，加都督中外。		在肥水之敗後

〔註71〕 本表主要史料來源根據《十六國春秋，堅錄》及《通鑑》，《晉書・堅載記》由於較簡略，故為旁參。本表收錄斷限為苻堅即位，以至被俘殺止，上述三書記載較明確而無差異者則不注明出處。

	衛將軍	李威	衛將軍‧左僕射		《通鑑》僅作衛大將軍（101:3200 的）。按堅兵敗前李威為左衛將軍，雖為兵變功臣，恐不遽遠加大，今從〈堅錄〉
		苻叡	以衛大將軍‧司隸校尉‧錄尚書事		叡為慕容泓所殺，暉繼督中外。
		梁成		氐／功臣子弟	成為兵變功臣梁平老之子，《通鑑》105:3310。
		楊定		氐／堅婿	《通鑑》106:3346，又參領軍項。
卿級	前將軍	楊安		氐	
		張蚝			《通鑑》103:3242。
		姜宇	曾為涼州刺史		《通鑑》105:3331。
		齊午		氐	
		乞伏國仁		隴西鮮卑	〈國仁錄〉85:592。
	後將軍	俱難		羌	《通鑑》103:3244 及104:3286，金城羌人。
		張蚝			《通鑑》105:3308。
	左將軍	毛嵩		氐	
		毛盛		氐	
		彭越	出為徐州刺史	氐？	《通鑑》103:3243。
		竇衝		氐	《通鑑》104:3294。
		苟池		氐	疑為苟后家族，《通鑑》106:3342。
		都貴	出為荊剌	匈奴	《通鑑》104:3297。
	右將軍	張平		匈奴	原盤踞并州，張蚝養父。
		毛當		氐	《通鑑》105:3330。
		徐成			
		楊佛奴		氐／仇池來降	《宋書‧氐胡》謂後來堅以女妻其子楊定，故亦可列入姻親。98:2404。
		都貴			
		俱石子		羌	《通鑑》106:3342 俱難之弟。

中央禁衛軍	中軍大將軍	苻琳		氐／王室	堅子。
	領軍將軍	強汪		氐	
		苟池			《通鑑》104:3285。
		楊定		氐／堅婿	《通鑑》104:3342 并胡注及楊佛奴條。
	護軍將軍	李威	以左僕射領		《通鑑》100:3178。護軍將軍在魏晉為武官人事行政之長官，故堅以威領之。
		楊璧		氐／堅婿	〈堅記〉、〈堅錄〉皆謂堅奪氐豪樊世之婿楊璧為己婿。
	前禁將軍	毛當			
		毛盛			
		李辯		漢	《通鑑》106:3340，辯為隴西儼之子。
	後禁將軍	楊成世		氐	
	左禁將軍	竇衝		氐	
		楊璧	出為秦州刺史	氐	《通鑑》104:3294。
	右禁將軍	毛盛			《通鑑》104:3294。
	左衛將軍	苻雅		氐／宗室	《通鑑》104:3286。
	右衛將軍	？			〈堅記〉、〈堅錄〉、《通鑑》均未見現任姓名，苻雅曾任之。參衛將軍項。
	衛軍將軍	梁成			
	撫軍將軍	毛興	分封氐戶時，以此官出為都督秦、河二州諸軍事，河州刺史。	氐	《通鑑》104:3296。
		苻方	加大	氐／宗室	《通鑑》105:3331。
	鎮軍將軍	鄧羌	以本官位特進		《通鑑》103:3247。
		毛盛			《通鑑》105:3330。
		毛當			
	冠軍將軍	慕容垂		鮮卑	垂由前燕來降，長期任之。

	武衛將軍	王鑒	出刺幽州	氐	《通鑑》103:3243～3243，應為武都氐。武衛在魏為禁軍。
		苟萇		氐	《通鑑》104:3285。
征鎮安平方鎮將領	征東將軍	苻柳	加大，領并州牧。		四征四鎮加大位從公。
		苻融	加大，都督關東諸軍事‧冀州牧。		代替王猛出鎮鄴。
		苻丕	加大，領雍州刺史。	氐／王室	前秦第四任皇帝。
	征西將軍	苻洛	領幽州刺史	氐／宗室	
		苻雙	加大	氐／王室	
	征南將軍	苻洛			
		苻叡	加大		《通鑑》105:3307。
		苻融			
		苻丕	加大，都督征討諸軍事‧守尚書令，後遷征東大將軍。		《通鑑》104:3285。
	征北將軍	苻洛			遷征南大將軍‧益川牧而反
	鎮東將軍	苻謏	領幽州刺史	氐／宗室	
		苻融	領洛州刺史		
		苻暉	加大，領冀州牧	氐／宗室	
		苻熙	加大，領豫州牧	氐／王室	堅子。
		苻朗	加大，領雍川刺史，領青州刺史		
	鎮西將軍	毛當			
		毛興	領梁州刺史		
	鎮南將軍	楊安	領河州刺史		
	鎮北將軍	梁平老		氐／功臣	《通鑑》100，3178，《通鑑》103:3261又作都督北蕃。
		苻重	加大，都督北垂諸軍事‧開府儀同三司	氐／宗室	
	安東將軍	苻叡			

安西將軍	苻武	領雍州刺史	氐/宗室	
	苻珍	領雍州刺史	氐/宗室	《通鑑》106:3339。
安北將軍	苻洛			
平東將軍	毛盛	領幽州刺史		
平西將軍	彭越	領兗州刺史	氐？	
		領涼州刺史		
平南將軍	楊世		氐	仇池政權君主降附。
	毛當	領秦州刺史，後領徐州刺史		
	慕容暐	肥水之戰時，以此官隸苻融先鋒兵團。	鮮卑	前燕故主。

註 1：根據本表統計（刪除重複姓名），收得總人數共五十三人，其中氐族三十八人，佔 71.7%；漢族四人，佔 7.5%；鮮卑三人（慕容氏二人、乞伏氏一人），佔 5.7%；羌及匈奴各二人，各佔 3.8%；四人不詳。另者，三十八氐人中，苻氏宗室有十八人之多，佔氐人約 48.6%，而佔總人數約 34.6%；其餘二十一氐人多出於毛、楊、苟諸姓，多為苻氏姻戚或功臣家屬。

註 2：統帥除王猛外，四人皆為苻堅兄弟及兒子；禁衛軍二十將領中，除李辯、鄧羌、慕容垂三人外皆為氐，氐族將領佔禁衛軍將領 85%；方鎮將領二十一人，除慕容暐為是臨時派任的鮮卑人、彭越疑為氐外，其餘十九人皆為氐，且宗室有十三人之多，佔方鎮 62%。

表二　苻堅時期州牧刺史 [註72]

州　名	牧刺姓名	本州氐族與非氐族比
司隸	呂婆樓（氐）、王猛（漢）、苻叡（氐）	2:1。按皆為宗室或重臣。
雍州	苻雙、苻武、苻柳、苻丕、苻叡、苻熙	全為氐，且皆為宗室。
秦州	啖鐵（氐）、楊世（氐）、苻雅（氐）、苟池（氐）、楊璧（氐）、苻雙、王統（匈）	6:1。按苻雅見《通鑑》103:3243；王統為王擢之子，為匈奴人，亦見於此。
南秦州	楊世、楊統（世弟）、王統、楊璧（氐）	3:1
洛州	苻痩、鄧羌（？）、邵保（？）、趙遷（？）、張五虎（？）	1 氐。餘四人不詳族屬，邵保、趙遷分見《通鑑》104:3286 及 3297。
豫州	王鑒（氐）、苻重、苻暉	3:0 鑒為武都氐，見《通鑑》102:3242。

［註72］本表以洪亮吉《十六國疆域志・前秦》為本，其所闕漏姓名依《通鑑》及〈堅錄〉補入。

東豫州	毛當（氐）	1:0。當為武都氐，見《通鑑》102:3233。
并州	尹赤（？）、張平（匈）、苻柳、徐成（？）、俱難（羌）、鄧羌、張蚝（平養子，漢）、王騰（氐）	2:6。按族屬不詳者四人，俱難為金城羌人；成為徐盛之子、徐嵩之叔父，族不詳，見〈堅錄〉頁264。
冀州	王猛、苻融、苻丕、苻定	3:1。按皆為宗室或重臣。
幽州	郭慶（？）、梁讜（氐）、苻洛、王永（漢）	2:2。按王永為王猛之子，見《通鑑》104:3300。
平州	石越（氐？）、苻沖	1:1。
涼州	彭越（氐？）、姜于（氐？）、王統（匈）、梁熙（讜弟，氐）、張天錫（漢）	1:4。按天錫為前涼末主；姜于疑為天水氐，見《通鑑》103:3243。
河州	李儼（漢）、李辯（儼子）、毛興（氐）	1:2。
梁州	楊安（氐）、毛當、韋鐘（漢）、潘猛（？）	2:2。《通鑑》胡注，鐘為雍州望族，蓋韋賢之後，106:3341。
益州	王統、楊安、苻洛、王廣（統弟，匈）	2:2
寧州	姚萇（羌）、姜宇	0:2。宇見涼洲項，疑氐？
兗州	梁成（氐）、彭超（越弟，氐）、毛盛（氐）、姚萇、張崇（？）	2:3 按梁成為梁平老之子；超為越弟，見《通鑑》104:3286。毛盛見同書同卷頁3291。
南兗州	毛盛	1:0
青州	韋鐘、苻朗	1:1
荊州	楊安、梁成、皇甫覆（漢）、都貴（匈）	2:2。楊安刺荊見《通鑑》104:3285，都貴見同卷3297為西平匈奴人。
徐州	彭越、毛當、趙遷	1:2
揚州	王顯（氐？）	

註1：氐人任牧刺以秦雍豫冀為多，蓋秦雍為根本之地，豫冀則為山東戰略重地也。

註2：據此表共有五十九人，確定為氐族者（剔除重複）有三十三人，佔56%；漢族有八人，13.6%；匈奴有四人，6.8%，羌族有二人，3.4%；其餘族屬不詳。氐族三十三人中有十五人為宗室，佔45.5%，佔總人數25.4%。

表三　前秦少數民族分布及活動概略〔註73〕

州／種族	郡／種族	民族分布與活動	備　註
司隸（五胡及烏丸雜類）	京兆（氐、羌、羯、鮮卑、匈奴）	（1）長安有來賓館，苻健置以來遠人。	（1）（2）見〈健記〉
		（2）健率部由山東還，京兆應為氐居要郡之一，高陸縣原即有氐酋毛受屯於此。	
		（3）苻秦三次遷胡、羯、慕容鮮卑於長安，凡五萬戶左右。苻融諫謂鮮卑羌羯布諸畿甸，可見其盛。	（3）參〈表四〉
		（4）其後西燕東去長安，率鮮卑男女達四十餘萬口之盛。長安既空，杏城盧水胡郝奴率戶四千進入，後為姚萇所降。	（4）見《通鑑》106：3363
		（5）王猛、慕容垂曾先後任京兆尹，慕容寶曾為萬年令。	（5）王猛附〈堅記〉，垂、寶分見其載記。不特別註明者蓋據洪亮吉表。
	馮翊（烏丸雜類）	（1）燕亡，處烏丸雜類於馮翊、北地。	（1）參〈表四〉
		（2）秦於此郡置有馮翊、撫夷、土門、銅官、宜君五護軍以護所轄部族。	
		（3）馮翊護軍鄭能進統和戎、甯戎、鄜城、洛川、定陽五部，領屠各、上郡夫施黑羌、白羌、高涼西羌、盧水、白虜、支胡、粟特、苻水，雜戶七千，夷類十二種。可概見情況。	（3）見〈鄧太尉祠碑〉。
	扶風（氐）	（1）所屬雍、汧、陳倉皆為氐地，陳倉有三交城，苻健於此置武都郡。苻堅分封五地氐戶，其中即有此三地。	（1）詳正文
		（2）苻秦末，竇衝兵敗奔汧川，為汧川氐仇高所執，送交姚興。	（2）見《通鑑》108：3416
	咸陽（羌）	池陽縣有羌酋白犢屯於此，降於苻健。	分京兆置，治渭城。

〔註73〕本表以洪亮吉《十六國疆域志·前秦》為底本，以〈堅記〉、〈堅錄〉及《通鑑》述發生於本州本郡之前秦史事為依據，非此斷限之事不錄。

平涼(鮮卑匈奴雜胡)	（1）平涼縣有平涼胡金熙，為東胡鮮卑族。		（1）〈乞伏國仁錄〉及《通鑑》106:3366 皆稱金熙為東胡。
	（2）貳堅城有盧水胡，另有屠各董成、張龍世等，虜帥彭沛穀不詳何族，彼等與新平羌雷惡地等起兵十餘萬以應符纂，抗拒姚萇。		（2）見〈姚登錄〉頁317。
始平（氐）	符堅即位初時，始平多枋頭西歸之人，乃以王猛為令裁抑之。		〈堅記‧猛附傳〉
新平（羌）	（1）新平縣有雷惡地羌部。		（1）（2）見乎涼郡條，又參《通鑑》并胡注，107:3380。
	（2）符登進據胡空堡，堡在新平界，戎夏歸之十餘萬。		
	（3）其後北地、新平、安定羌胡降姚萇者有十餘萬戶。		（3）見〈姚萇錄〉
安定（鮮卑、羌）	（1）安定關有大界，安定羌密造保所在地。		按符堅分司隸為雍州，初治安定。
	（2）安定都尉沒奕于為鮮卑多蘭部帥，與金熙合戰姚秦軍於平涼之孫丘谷。		（2）參同平涼郡條
	（3）高平縣有牧官都尉，縣地有多部鮮卑，安定都尉沒奕于亦稱高平鮮卑。		（3）、（4）、（5）見〈乞伏國仁錄〉及《通鑑》107:3378。
	（4）沒奕于後為赫連勃勃襲殺，其部被併，眾至數萬。		
	（5）高平附近其他諸部鮮卑亦為乞伏祐鄰吞併，眾至十餘萬落。乞伏國仁後來也降服高平六泉之三部鮮卑。		
北地（烏丸、鮮卑、羌、雜類）	（1）姚襄率部西還，戰死於三原，弟萇率部降符秦，其後符堅於咸陽郡池陽縣巀嶭山北置三原護軍。		見堅、襄、萇諸載記
	（2）滅燕，堅處烏丸雜類于馮翊、北地。		
	（3）慕容泓為北地長史，肥水戰後亡命奔關東，收諸馬牧鮮卑數千，還屯華陽，其後建立西燕，攻破長安。		
	（4）姚萇因軍為泓所敗懼誅。奔至北地起兵反堅，大營在楊渠川，北地、新平、安定羌胡降者十餘萬戶。		
	（5）北地郡有杏城及馬蘭山，為諸胡軍事要衝，馬蘭山原有馬蘭羌，杏城有盧水胡。		（5）盧水胡郝奴部參京兆條

雍州（匈奴、雜胡）	河東（雜胡）	州治由安定移蒲坂。 （1）苻熙曾為都督雍州雜戎諸軍事，可見此地有雜類。 （2）慕容沖起兵二萬於河東，攻蒲坂，所統可能即鮮卑雜胡。	見〈堅錄〉頁 289
	平陽（匈奴、雜胡）	（1）原為漢趙本部核心區。 （2）苻健時西域胡劉康詐稱劉曜子，於此聚眾反，苻生時攻殺秦平陽太守苻產於匈奴堡，可見此地仍為匈奴、雜胡區。 （3）苻堅肥水敗後，平陽太守慕容沖起兵攻蒲坂。	分見健、生、堅載記
	河內	慕容垂叛，秦河內太守王會降，垂留遼東鮮卑可足渾譚集兵于河內之沙城。	
秦州（匈奴、羌、鮮卑、休官）	天水	（1）與州俱治上邽，郡有天水屠各。 （2）郡有勇士護軍，史謂堅平隴西鮮卑乞伏氏，以乞伏可繁為南單于留置長安，另以乞伏吐雷為勇士護軍撫其部眾，部落五萬餘，騎三萬。 （3）苻登時乞伏國仁擁眾十餘萬，拜之為大將軍‧大單于‧苑川王，國仁死，登以乞伏乾歸為金城王，秦、涼鮮卑羌胡多附之。乞伏氏在肥水戰後發展為西秦。 （4）顯親疑有休官，冀城疑有羌。	（1）見〈姚萇錄〉頁 381 （2）見〈乞伏國仁載記〉及《通鑑》103:3254～3255。 （3）同上載記及《通鑑》107:3388。 （4）參略陽郡條
	隴東（匈奴）	（1）苻雄攻匈奴王擢於隴上，遂屯隴東，恐此一帶有匈奴部族。	〈苻健錄〉
	略陽（休官、羌、鮮卑）	原為氐故地 （1）苻登時，休官權千成據天水郡之顯親縣反，自稱秦州牧。胡注謂千成是略陽豪族，休官是雜夷部落，恐為以氐族為主之雜夷 （2）姚襄故右部帥南安羌斂岐反於略陽，有部落四千餘家，尋被平。	（1）見《通鑑》108:3409 （2）見〈堅錄〉頁 260 及〈姚襄錄〉頁 375。

		（3）姚萇弟碩德統所部居隴上，聞萇起王，據天水郡之冀城以應之，分眾據略陽郡之隴城及南安郡地，被攻，姚萇往救之，附近屠各等以兵響應。	（3）參《通鑑》頁106：3368～3370
		（4）姚萇即位於長安，天水屠各、略陽羌胡響應者二萬餘戶。	（4）〈姚萇錄〉
		（5）符堅初，平羌護軍高離據略陽叛，被平。可見此郡曾有平羌護軍。	（5）《通鑑》100：3174。
		（6）乞伏國仁破鮮卑越質叱黎於平襄縣。	（6）〈乞伏國仁錄〉
南秦州（氐、羌）	武都（氐）	堅敗亡，其子宏奔武都氐豪強熙，假途歸晉	〈堅記〉。又強熙或作張熙。按武都為氐族原居地。
	仇池（氐、羌）	371年苻堅徙仇池國民於關中，空百頃之地。堅死，楊定轉奔西縣之歷城，置倉儲於百頃，招合夷、晉得千餘家，復仇池國。其繼承人楊盛時，分儲四山氐、羌為二十部護軍，各為鎮戍，不置郡縣。	《宋書·氐胡》
洛州（羌、夷、鮮卑、丁零）	弘農（羌、鮮卑、丁零）	（1）肥水敗後，北地長史慕容弘收關東諸馬牧鮮卑還屯華陰縣，與都督雍州雜戎諸軍事苻熙對峙。	（1）〈堅記〉。
		（2）本郡敷西縣原為羌夷所置。	（2）〈堅記〉頁2942
		（3）張統云：「丁零雜虜，跋扈關洛。」可略見其況。	
豫州（丁零、東夷）	河南（丁零）	（1）前燕亡，堅處丁零翟斌於新安，其後衛軍從事中郎翟斌反於河南，眾四千人。	（1）〈堅錄〉頁332
		（2）肥水敗後，前句町王翟遼起兵於河南，與慕容垂會攻苻暉於洛陽。	
	滎陽（東夷）	堅伐燕，扶餘王子餘蔚帥扶餘、高句麗及上黨質子五百餘人開鄴城門迎秦兵。堅以餘蔚為滎陽太守。〔註74〕	《通鑑》（102:3236）及〈慕容暐載記〉。
東豫州		未見記載	

〔註74〕江統〈徙戎論〉謂魏時將遼東塞外之高句麗徙於此，子孫孳息，至晉已有戶數千計，可證滎陽居有東夷族。

并州（匈奴、鮮卑、烏丸、雜胡）	太原（匈奴）	并州之雁門以北原為拓跋鮮卑地，以南為胡、羯地。前秦初，匈奴張平擁有并州夷夏十餘萬戶，依違於燕、秦之間，後為苻堅所平，置護匈奴中郎將於晉陽。	〈堅錄〉頁277
	新興（雜胡）	堅時有雲中護軍。361年，匈奴左賢王劉衛辰來降，請田內地，雲中護軍賈雍襲之，堅以和戎政策，免其官，令雍以白衣領護軍，許衛辰部居塞內。	〈堅記〉、〈堅錄〉
	朔方（匈奴、鮮卑、烏丸、雜胡）	（1）361年衛辰來降時殆處於此郡地，復依違於秦、代之間，365年與匈奴右賢王曹轂叛秦，率眾二萬攻杏城以南，屯於馬蘭山，索虜烏延亦叛堅應之。堅破轂部，徙其酋豪六千餘戶於長安，又擒衛辰於木根山，遂親巡朔方撫夷狄，以衛為夏陽公、轂為雁門公，各使統其部落。	（1）、（2）均見〈堅記〉，〈堅錄〉索虜作索慮。
		（2）曹轂尋死，堅以貳城為中心，分其部落東、西各二萬餘落，以其長子曹璽為駱川侯領東部，少子曹寅為力川侯領西部，號東、西曹。亦有貳城胡之稱。	
		（3）372年，堅以梁平老出鎮朔方，都督北蕃諸軍事，在鎮十餘年，鮮卑、匈奴憚而愛之。	（3）見《通鑑》103:3261。
		（4）376年滅代（拓跋氏），分代民為二部，自河以東屬劉庫仁，以西屬劉衛辰，使各統其眾。衛辰復叛，劉庫仁敗之，堅後以衛辰為「西單于」，督攝河西雜類，屯代來城。原服於代的柔然亦附於衛辰，稱「衛辰國」。肥水敗後起兵，佔有朔方之地，控弦三萬八千，至赫連勃勃而稱「夏」。	（4）《通鑑》104:3297、107:3401～3402，及〈赫連勃勃載記〉。
	上黨（鮮卑）	肥水敗後，慕容農起兵列人，西招鮮卑舊屬庫傉官偉於上黨。	〈垂錄〉頁334 按上黨本羯族居地。
冀州（烏桓、東夷、東胡、匈奴）	廣平（烏桓、匈奴、東夷）	前燕在冀州原分置有六夷，燕亡，六夷渠帥盡降於堅，而堅并將之全部徙入關中。慕容農起兵於廣平郡之列人，說服此地烏桓，又說附近屠各及烏桓、東夷來會，復西招鮮卑庫傉官偉於上黨，東引乞特歸於東阿，眾至十餘萬。	〈垂錄〉頁334，及《通鑑》105:3321～3322。

	陽平（東胡）	慕容垂圍鄴，東胡王晏據本郡館陶縣為鄴中聲援，夷夏不從燕者尚眾。垂說降之，民、夷降者凡數十萬口，乃發其丁壯十餘萬詣垂。	〈垂錄〉頁337
幽州（鮮卑、烏丸）	燕國（鮮卑）	前為幽州治，刺史苻洛反，欲徵附近鮮卑、烏丸、高句麗、百濟及薛羅、休忍諸國兵，諸守藩不從。	〈垂錄〉頁276
	代郡（鮮卑、烏丸）	（1）357年匈奴單于賀賴頭率三萬五千落降前燕，處於本郡平舒城，故朔、代有匈奴人。	（1）見〈慕容儁載記〉頁2838。
		（2）堅滅代，散其部落於漢鄣故地，立尉監行事，官僚領押，課之冶業營生，三五取丁，其渠帥歲終令朝獻，出入往來為之限制。	（2）見〈堅記〉、〈堅錄〉
		（3）置護赤沙中郎將，移烏丸府本郡平城。	（3）見〈堅記〉、〈堅錄〉
平州（鮮卑、東夷）	昌黎（鮮卑、東夷）	（1）滅燕後分幽州置，治龍城，原為慕容氏根本之地，應仍有鮮卑存在。所屬樂浪諸郡，仍為高句麗等東夷系之居地。	
		（2）刺史領護鮮卑中郎將。	（2）〈堅錄〉頁277
涼州（雜胡、西胡、氐、羌、鮮卑、匈奴）	西平（氐、羌）	本西羌核心區。376年平前涼後，議訂西邊氐羌，堅以彼種落雜居，不相統，宜先撫諭，徵其租稅，於是氐羌降附貢獻者八萬三千餘落。	《通鑑》104:3280～3281。
	武威（雜胡、西胡、氐、羌、鮮卑、匈奴）	（1）自武威西至玉門河西走廊諸郡，民族複雜，劉曜曾拜張茂為都督隴西雜夷、匈奴諸軍事‧護氐羌校尉‧涼王，可以窺知。諸涼在此曾多設護軍，且有西胡校尉之置，可知諸郡分布有雜胡、鮮卑、匈奴、氐、羌及中亞諸民族，地點大體不能詳。秦涼刺領西羌校尉。	（1）詳前涼各載記及後涼〈李暠載記〉及〈堅錄〉頁272。
		（2）前秦設有中田護軍，堅以沮渠法弘為之，卒後由其子蒙遜代領部曲。後來斬後涼呂光之中田護車馬邃，起兵至萬餘，攻入張掖郡，羌胡多起兵應之，遂建「北涼」。沮渠氏為臨松盧水胡，故中田護軍殆以護盧水胡部為主。	（2）〈沮渠蒙遜錄〉頁653～656
河州（氐、羌、鮮卑）	晉興（氐、羌）	（1）本郡枹罕縣為州治，苻堅以毛興刺河州，枹罕諸氐刺殺之，立氐衛平，後立苻登，以討姚萇。	（1）〈堅記〉及〈登記〉。

		（2）河州原為西羌核心區，後趙時氐族已移入，與羌雜居。前秦末枹罕羌彭奚念附於乞伏鮮卑，有「南羌」之稱。河北之廣武郡，亦有南羌竇鴦，可見河湟一帶之西，此時已被稱為南羌。前涼置枹罕護軍，殆即護氐、羌。	（2）參涼州西平郡條、〈石虎載記〉、《通鑑》107:3390 及 108:3407、〈姚興錄〉頁388
	廣武（羌、鮮卑）	本州廣武、金城、隴西三郡之間有鮮卑，以禿髮部最強大，禿髮烏孤在秦末崛起，養民務農，修結鄰好，呂光署為河西鮮卑大都統・廣武縣侯，後建為「南涼」。	〈禿髮烏孤錄〉
	南安	南安羌雷弱兒為前秦初期之宰輔。	
	甘松護軍	河州之南、南秦州之西有此護軍・前涼置，苻堅仍之，仇騰譖王猛，堅黜之為甘松護軍，當護氐羌，或兼及吐谷渾？但護軍不詳屬何州，姑列於此。	〈堅記・猛附傳〉
梁州（巴）		此州有巴族，前秦時情況不詳。	
益州（巴、西南夷）		（1）此州有巴族。373 年堅將楊安陷梁、益二州，於是西南夷、卭筰、夜郎等皆歸之。	〈堅錄〉頁 269
		（2）380 年以苻洛都督益、寧、西南夷諸軍事・益州牧，領護西夷校尉，鎮成都。	〈堅錄〉頁 275
寧州（巴、西南夷）		（1）原為巴賨地，苻堅以梁州所屬三巴及廣漢郡別置。373 年以姚萇為寧州刺史，領西蠻校尉。	（1）〈堅錄〉頁 269
		（2）380 年以南巴校尉姜宇為寧刺。	（2）《通鑑》104:3297
兗州（丁零）		先鎮倉垣，後鎮鄄城，肥水敗後，丁零翟遼據東燕郡白馬縣之滑台。	
南兗州	冀北	慕容農起兵，東引乞特歸於東阿，不詳何族。	〈堅錄〉頁 334
青州		未見記載	
荊州（蠻）	順陽（南蠻）	秦攻郡治南鄉，拔之，山蠻三萬戶降秦。	《通鑑》104:3273
	襄陽（南蠻）	秦荊州初治豐陽，後徙本郡之襄陽，梁成為荊刺，領護南蠻校尉。	〈堅錄〉頁 274
徐州		未見記載。	
揚州	下邳	堅以王顯戍下邳，拜平吳校尉，揚州刺史	〈堅錄〉頁 275

表四　前秦關中及長安移民〔註75〕

編號	時間	移民原因及概況	人數	族屬	目的地	備　註
1	350 八	苻健由山東率部西還，至長安，秦雍夷夏皆附之。	十餘萬人	氐、羌、漢	關中	正文已論
2	352 七	晉將張遇與謝尚相戰，苻雄救之，徙遇及陳、潁、許、洛之民五萬餘戶西還。	五萬餘戶	漢	關中	《通鑑》99:3128
3	357 二	姚襄率眾七萬餘與桓溫相攻大敗，西還屯杏城，招納附近羌胡秦民與苻黃眉相戰，敗死，弟姚萇帥眾降。	七萬人以下	羌、漢、休官	關中	西還時不及七萬人，見《通鑑》100:3161～3162。
4	358 二	張平據并州叛，堅征之，徙其部民而歸。	三千餘戶	胡羯	長安	張平為匈奴人，擁有夷夏十餘萬戶，被徙部民應為胡羯，見《通鑑》100:3166～3168。
5	365 七	匈奴右賢王曹轂叛，堅征之，徙其豪傑歸。	六千餘戶	胡羯	長安	《通鑑》101:3200，〈堅記〉、〈堅錄〉稱酋豪六千餘戶
6	370 十二	滅前燕，遷慕容氏后妃、王公、百官并鮮卑四萬餘戶于長安	四萬餘戶	鮮卑	長安	《通鑑》102:3288
7	371 正	滅燕後第二波遷徙，處烏桓于馮翊、北地，丁零翟斌于新安、澠池。	十五萬戶	漢及雜夷、烏桓、丁零	以關中為主	《通鑑》103:3242，按〈堅記〉、〈堅錄〉作十萬戶。
8	371 四	滅仇池氏楊纂，徙其民於關中，空百頃之地。	不詳	氐	關中	《宋書・氐胡》。按（通鑑）謂楊纂迎戰部隊有五萬人，則氐人當在此數以上 103:3244。
9	376 九	滅前涼，徙其豪右。	七千餘戶	以漢為主	關中	《通鑑》104:3276

〔註75〕　第4、5、6三次徙長安約有五萬戶、二十萬人左右，包括胡羯鮮卑，故前秦臣下常以胡羯鮮卑布列畿甸為辭。其餘六次皆徙關中，應有二十一萬戶，另又十餘萬人以上。

表五　苻秦世系

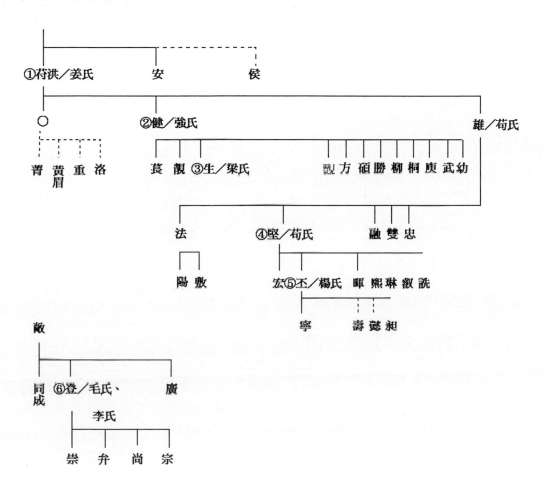

註 1：苻忠為苻雄之子，寧、壽為丕之子，分見《通鑑》101:3179。

註 2：《通鑑》稱登為丕族子（106:3367），但〈登記〉、〈登錄〉稱登祭堅時自稱曾孫，世次可疑。……線表示上有可疑。

註 3：毛貴為苻生皇后梁氏之舅，楊膺是苻丕妻兄，則氏族大姓中，姜、強，梁、苟、楊、毛諸氏，皆應為苻氏姻族，讀前面諸表時應注意之。

表六　後秦長安與關中移民〔註76〕

編號	時　間	被移國族	原在地	移徙地	性質	數　量	備　　　註
1	386.四	安定人戶	安定	長安	充實首都	五千餘	《通鑑》106:3366
2	387.正	秦州人戶	秦州	安定		三萬戶	胡注謂依遠近為次，漸徙民以實首都，《通鑑》107:3375
3	389.八	安定人戶	安定	陰密		千餘家	〈萇錄〉謂以安定地狹，且逼苻登，而分徙其民，50:383；《通鑑》107:3389
4	394.七	陰密人戶	陰密	長安	充實首都	三萬戶	《通鑑》108:3415
5	402.十	河西豪右	涼州	長安	掠徙	萬餘戶	《通鑑》112:3544，是時滅後涼
6	403.七	後涼呂隆等	涼州	長安	內徙	萬戶	《通鑑》113:3551 謂徙隆宗族、僚屬及民萬戶于長安，〈興記〉、〈興錄〉不載戶數
7	405.五	漢中人戶	漢中	關中	掠徙	三千餘家	《通鑑》114:3585
8	416.正	李閏羌酋豪	李閏鎮	長安	降徙	數百戶	李閏先不滿一再被遷徙而叛，姚讚降之，《通鑑》117:3686 不記戶數，今據〈泓錄〉
9	416.六	并州胡	平陽	雍州	降徙	萬五千落	《通鑑》胡注謂雍州治安定，113:3687

〔註76〕本表以《通鑑》為主，有異則以姚氏載記、國錄補充之。掠民遷徙地不詳者不取。徙至長安為 1、4、5、6、8 五次，計有四萬五千戶以上，約凡二十餘萬人。

表七　姚秦世系〔註77〕

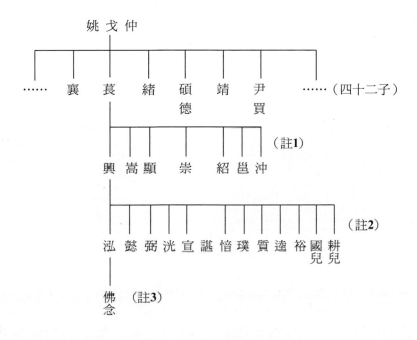

備註：

1. 萇子嵩、崇、顯、紹、邕、沖，分見《通鑑》頁 3330、3395、3425、3684、3602 并胡注及 3612。

2. 興諸子封公，見《週鑑》112:3547，幼子耕兒見頁 3685。

3. 佛念似非泓長子，餘子不詳。又史料所見姚氏宗屬世次亦多不詳，故不列入。

《國立中正大學學報》第 7 卷第 2 期，1996 年。

〔註77〕〈戈仲錄〉及〈記〉謂系出南安，燒當種之後，有四十二子，襄行五，萇行二十四，餘多不詳。萇弟緒、碩德、諸書無異；弟靖及尹買見《通鑑》107:3389 及 105:3329。

第三篇　漢化涵化成效的檢討：
以軍事為例

前、後趙軍事制度研究

摘　要

　　一般認為：五胡起事各以其本部族為主體，因而其軍隊亦以本部族為主力；又五胡部落組織尚未解散，是其容易發動起事或發展的重要原因。

　　本文就此出發，檢討此論述是否能成立，或成立到何種程度？再者，進而討論：除了本種族之外，是否另有他族入軍？所佔比例等情況如何？其軍隊的組織建制如何，維持並擴大其部落制抑或採用漢制，或者兩者皆用？若兩者皆用，則如何調整與適應？最後討論此種軍事制度的建立與運作，對其政局與興亡究竟有何影響？

　　筆者所以選擇屠各與羯族為研究對象也者，蓋基於下列原因：一，除了二者為五胡首事此一因素之外，尚因二者皆原本出於匈奴系統；二、後者源出於前者之部隊，二者關係極為密切，而且制度上既有所同，亦有所異，既有所因，亦有所革。屠各建立漢及前趙，羯族由此離析獨立為後趙，故本文以〈前、後趙軍事制度研究〉為名。

一、前　言

　　有關五胡軍事及其制度的研究，專門論著概不多見，鄒達曾發表〈五胡的軍隊〉一文，〔註1〕內容以討論五胡的兵源及種族成分為主，語多概略，於軍隊建制編組及統率指揮，幾未置辭。近者大陸《中國軍事史》編寫組所編《中國軍事史》，〔註2〕是專門通史的性質，其第三卷《兵制》，內中對十六國的兵制，則有專節的論述，但屬打通五胡而作綜述的概論。二者對於五胡之間的異同，并無分析比較，誠為憾事。五胡軍事史料稀少，深入研究不易，的確也是事實。

　　筆者以為，與魏晉軍制比較，五胡與中國有某些地方是相同的，他們取法自中國；有某些地方則是差異的，這與他們的民族文化有關。同時，基於相同的理由，五胡之間，其軍制有共同性，也有差異性，是則不可不察。要辨明其異同，概論綜述的方法實難以優為之，必須先對各胡分別作分析，使能確定其制度及其特色，然後始能據此作綜合比較，庶幾可以為功。但是，如此的進途，也決非短時間內，以一篇論文所可奏功，所以暫定以屠各所建漢趙及羯族所建後趙為例，先管窺其軍制的體系，瞭解一些問題，以作為日後綜論比較之基礎。

　　劉淵是匈奴別部的屠各種，石勒是匈奴別部的羯種，筆者故合稱之為胡羯。前者建立了漢及前趙（本文或稱為漢趙），後者本為前者的方面派遣軍發展而成，建立了後趙，故其軍制源出於前者，是以筆者於此併合二者而論述之。

　　五胡史料原就不多，關於軍制的記載更是稀少，如今只能據《晉書》官志及諸載記（已下以其名簡稱為某載記）、《太平御覽》、《宋書》官志、《通典》、《資治通鑑》、《十六國春秋輯補》（已下簡稱為《十六國春秋‧某錄》）及少數石刻史料為主，旁參魏晉軍制，以圖盡量能還原其制度，進而略窺其特色，俾能日後據之以作最後的綜論比較。

二、二趙的軍隊構成與兵役

　　劉淵為并州五部屠各之一，五部在魏末約有三萬落二十一萬人，且當時部落統御機構已由部帥制改為都尉制，晉惠帝時曾以淵為離石將兵都尉、建威將軍‧五部大都督、行寧朔將軍‧五部軍事。匈奴部落組織仍然存在，且置五部

〔註1〕原載於《大陸雜誌》十三卷第一期，1956年7月；後收入該雜誌《史學叢書》第一輯第四冊。

〔註2〕北京：解放軍出版社，1987年10月。

之軍事督監，正是劉淵起事的基礎所在。

　　研究五胡的一般說法是，五胡各以其本種落為起事主體，故其軍隊的主體也是如此。按此說或可用以說明劉淵集團的主要特色，而不太適宜用於解釋石勒集團。因為劉淵集團起事之初，是以「招集五部，引會宜陽諸胡」為主的，故包含了原來的屠各五部及一些其他胡部。至於稍後投奔而來，被劉淵收編為最重要的東方派遣軍之王彌與石勒，前者是以漢族為主體的部隊，後者是雜胡部隊。〔註3〕其後的發展概況是：漢的平陽核心區本部軍隊，雖然包含了六夷，而其實以屠各、巴、氐、羌為主，由此派出東征洛陽的劉聰部隊與西征關中的劉曜部隊，殆即以此諸族為基礎。及至平陽核心區毀滅後，劉曜在關隴地區建前趙，曾一次動用軍隊二十八萬餘人，其部隊更是以氐羌為主要的兵力來源，成為逼使劉曜推動「光初體制」，「置左、右賢王已下，皆以胡、羯、鮮卑、氐、羌豪傑為之」的原因。〔註4〕至於東征軍，初期主力以劉聰的洛陽派遣軍為主，亦由平陽派出，但主力往往在戰役失利後即撤回平陽，另留分遣軍長期徇略山東，王彌與石勒二部就是分遣軍。石勒本來已與其部落相失，故歸附劉淵時，中途收編了兩個部落，一個疑為羯，一個則是烏丸，合共七千人左右；稍後奉命東征，亦收編了為數不少的漢人，是則其東征軍早期族屬結構，不見得以本種族為主。此後發展，又大量強徵漢人及收編晉軍，說募并州胡羯，以至後來兼併了王彌部隊（殆以漢人為主），則其軍隊殆以漢族比例較大，胡羯及烏丸次之，及至後來進攻平陽時，始有大量的巴氐羌來奔，與上述諸族構成了後趙的軍隊。〔註5〕漢趙東征軍的另一支是曹嶷的青州派遣軍，原是王彌派出的支軍，以漢人為主，在齊魯間由五千人發展至「眾十餘萬」。〔註6〕總而言之，漢趙軍隊數十萬眾，確實數目不詳，由胡、羯、烏丸、氐、羌、巴與漢族所組成，而鮮卑殆佔比例不大。〔註7〕

〔註3〕　詳本書〈從漢匈關係的演變略論劉淵屠各集團復國的問題〉、與〈後趙文化適
　　　　應及其兩制統治〉兩篇。

〔註4〕　詳本書〈漢趙國策及其一國兩制下的單于體制〉篇。

〔註5〕　詳同註3第二文。漢趙東征軍的另一支是曹嶷的青州派遣軍，後來也被石勒兼
　　　　併，見〈石勒載記下〉，卷一〇五，頁2740。

〔註6〕　《晉書・王彌列傳》，卷一〇〇，頁2611；及《晉書・劉聰載記》（以下正史
　　　　均據鼎文書局新校本），卷一〇二，頁2667。

〔註7〕　劉曜之關中派遣軍有部份河隴鮮卑；石勒之山東派遣軍曾與段氏鮮卑結盟，署
　　　　段末杯為使持節・安北將軍・北平公，但非直屬部隊，後趙建國後始有鮮卑來
　　　　降，一為索頭郁鞠部，一為鮮卑段部。分詳《晉書》卷一〇三〈劉曜載記〉及
　　　　卷一〇四〈石勒載記〉。

二趙的軍人，究竟以何種方式集結而成？宜先從漢趙論之。

按劉淵既曾以晉朝之將軍督監五部，則五部屠各即其舊部，故所謂「招集五部，會宜陽諸胡」也者，應指召集舊部及誘募別部的方式，包括〈石勒載記上〉石勒所謂「今部落皆已被單于賞募」的召募形式。又〈元海（劉淵字）載記〉謂劉淵回至左國城，受大單于之號，「二旬之間，眾已五萬，都於離石」，稍後「遠人歸附者數萬」云；《十六國春秋・前趙錄二》則作「晉人東附者數萬」，故應指由東方來歸附如王彌等之歸附形式也。以後征服所至，常掠徙人民戶口強逼遷至平陽核心區，故也有徵發的方式，如〈元海載記〉載西元 309 年（漢永鳳二年，晉永嘉三年）攻洛陽時云：

> 是冬，復大發卒，遣聰、彌與劉曜、劉景等率精騎五萬寇洛陽，使
> 呼延翼率步卒繼之。

筆者懷疑屠各為精騎之主力，徵發自五部；而步卒則殆為以漢人為主之兵種，徵發自來附及掠徙至平陽的戶口。〔註 8〕蓋鑒於前敗，故復大事徵發也。是則從 304 年劉淵起事至 310 年淵死，漢趙本部已出現募兵與徵兵，是否訂有完整的制度則不可知。

劉淵時平陽戶口雖然增加，但其殷盛決不能與 314 年（漢嘉平四年）劉聰全盛時相比，此年推行「嘉平體制」，平陽核心區共有漢族與非漢族凡六十三萬戶落，殆超過了三百萬人。〔註9〕是則劉淵時本部核心區斷不能大量且長期的派軍東西征戰，各派遣軍必須在征戰區自行發展并壯大，這也是造成東征諸軍尾大不掉，最後石勒建立後趙，乃至劉曜西征軍亦有實力佔據關中而建前趙的主因，茲分別略述之如下。

先論劉曜的西征軍。據〈劉聰載記〉，劉聰派付劉曜最重要的任務是征伐關隴，而曜以親貴王長，其西征軍最初殆即以屠各本部精銳為主，徇略關中夷晉以擴充軍隊不見得是急務。318 年聰死，平陽淪毀，劉曜的政策不得不大幅度調整。他揚棄兼繼漢祧的國策，獨尊匈奴本系，為壯大軍隊，乃以匈奴帝國王長制度為本位，吸納胡羯鮮卑氐羌之豪傑為王長，當然也就將他們的部落收編為自己軍隊的徵用對象，尤以徵發關隴部落人口最多的氐羌為主。以匈奴王長或趙之官爵酬庸非漢族酋長，只是懷柔手段之一，未必就能有效動用其族

〔註 8〕 劉聰、劉曜及劉景是劉淵宗族，劉淵受大單于號時，劉聰任鹿蠡王，劉景為右
於陸王，劉曜此時任職不詳，但後為單于左輔，此皆匈奴單于子弟統部為王長
者。至於王彌所部漢兵，殆是此行步兵來源之一。

〔註 9〕 詳同註 4 拙文之〈表二　劉漢時期平陽種族人口流動概況〉，頁 80～82。

兵，〈劉曜載記〉記其攻打虛除權渠之事云：

> 先是，上郡氐羌十餘萬落保險不降，酋大虛除權渠自號秦王。……
> （曜命游子遠擊敗之），曜以權渠為征西將軍‧西戎公，分徙（其子）
> 尹餘兄弟及其部落二十餘萬口於長安，西戎……莫不歸附。

其實這是強徙與質任的手段。後來攻下秦州，亦「徙秦州大姓楊、姜諸族
二千餘戶于長安，氐羌悉下，并送質任」。這才是劉曜控制及徵用非屠各族人
入軍的關鍵。〈劉曜載記〉又稱劉曜西征涼州之軍，「戎卒二十八萬五千，臨河
列營，百餘里中，鍾鼓之聲沸河動地，自古軍旅之盛未有斯比」；然而涼州的
將領陳珍，卻向張茂分析，說曜「精卒寡少，多是氐羌烏合之眾」。〔註10〕大
抵劉曜屠各精卒已日少，故以上述手段徵發未經嚴格訓練的氐羌部民為兵。
〈劉曜載記〉復謂其最後一次東征石勒，戰前先「遣其河間王述發氐羌之眾屯
于秦州（防仇池氐等），曜盡中外精銳水陸赴之（東攻石勒）」，可見氐羌確非
其軍隊之精銳。此戰劉曜兵敗被俘，〈劉曜載記〉復云：

> 關中擾亂，將軍蔣英、辛恕擁眾數十萬，據長安，遣使招勒，勒遣
> 石生率洛陽之眾以赴之。（曜子）胤及劉遵率眾數萬，自上邽將攻石
> 生于長安，隴東、武都、安定、新平、北地、扶風、始平諸郡戎夏皆
> 起兵應胤。

這些被上述手段徵發的戎夏，其實并不誠心支持漢趙政權，只是表面響應
而已，由劉胤尋即戰敗亡國，而苻洪退保隴山而降石虎，姚弋仲旁觀而亦降石
虎諸事，〔註11〕可以推見其情形。

次論東征諸軍。

東征軍中，最初以王彌的青徐派遣軍為大，王彌當初起事不久，即「有眾
數萬」，中因進逼洛陽失利，而渡河歸附劉淵。元嘉初，奉命以征東大將軍名
義「與劉曜、石勒等，攻魏郡、汲郡、頓丘，陷五十餘壁，皆調為軍士」，可
見其在河北征戰時，仍以徵調漢人入軍為主。由他分遣的曹嶷部隊，事實上也
是漢人部隊。從王彌欲與劉曜交惡時，其長史張嵩諫以「若子弟宗族何」之語
觀之，王彌等漢將子弟當時顯然也質任於劉淵。〔註12〕

石勒的山東派遣軍初期并不特別強大，他投奔劉淵之中途，說服了上黨

〔註10〕《晉書‧張軌列傳‧茂附傳》，卷八六，頁 2231～2232。
〔註11〕分見〈苻洪載記〉（卷一一二，頁 2867）及〈姚弋仲載記〉（卷一一六，頁 2959）。
〔註12〕詳同註6〈彌傳〉。

胡部張訇督共同歸淵，淵即以此羯部歸其統率；稍後又計服樂平烏丸張伏利度部，淵亦將此部配屬於勒，〈石勒載記〉謂勒初奉命攻壺關時，「率所統七千為前鋒都督」，蓋即以此二部落為主體。〈石勒載記上〉復載攻陷壺關後云：

> 元海命勒與劉零、閻羆等七將率眾三萬寇魏郡、頓丘諸壘壁，多陷之，假壘主將軍、都尉，簡強壯五萬為軍士，老幼安堵如故，軍無私掠，百姓懷之。

此事《通鑑》載於 308 年（晉永嘉二年，漢永鳳元年）十月，當與上述王彌調漢人為軍士應為同一事，是則可知五萬漢人入軍，殆非專門撥屬於王彌軍或石勒軍，而可能是分配於東征七將的。不過無論如何，石勒所部有了漢族兵。〈石勒載記〉載翌年繼續發展，「陷冀州郡縣堡壁百餘，眾至十餘萬，其衣冠人物集為君子營」，壯大為有文武人才，漢族軍士佔有大比例的部隊。其集結的方式，恐怕仍是以徵簡的形式為主。約略同時，勒又「使其將張斯率騎詣并州北山諸縣，說胡羯，……多有附者」，但佔全軍比例則不詳。此後，石勒仍於征戰中不斷收編降附的晉軍及流民，也有兼併友軍之事實，而情況則不能詳考。要之，降至 318 年進軍平陽以前，也就是其獨立稱（後）趙之前，石勒部隊中漢人應即已佔甚大的比例，他們以被徵調、被收編的形式，服役於軍中；至於對胡（匈奴）、羯、烏丸等，則是以說服或賞募的方式為之。318 年後，巴、氐、羌大量自平陽來奔，加上後來由秦隴被強遷而至的氐、羌部落，如姚弋仲、苻洪等部，皆被勒以部司形式收編為軍，是則石勒的前趙時期，其軍隊的構組已成熟，族屬包括了羯、匈奴、烏丸、巴、氐、羌與漢族。

石虎時期，窮兵黷武，故常為征戰實行徵兵或募兵，如〈季龍（虎字）載記上〉云：

> 季龍將伐遼西鮮卑段氏，募有勇力者三萬人，皆拜龍騰中郎。

同篇又記云：

> 將討慕容皝，令司、冀、青、徐、幽、并、雍兼復之家，五丁取三，四丁取二，合鄴城舊軍滿五十萬，具船萬艘，自河通海，運穀豆千一百萬斛于安樂城，以備征軍之調。

同篇復云：

> 季龍志在窮兵，……敕河南四州具南師之備，并、朔、秦、雍嚴西土之資，青、冀、幽州三五發卒。

第一條記載指特別募兵，龍騰軍此下成為後趙的特別兵種。第二條明確

命令五丁取三、四丁取二，徵兵對象是兼復之家，因而是有條件的徵兵。第三條是規劃分區動員，命令東區三州三五發卒，是區域性局部徵兵。〔註13〕徵兵制自東漢以降即甚少實行，至此復見於後趙，為前燕、前秦因戰事實行徵兵之濫觴。從魏晉以來，兵役已具有世兵制的性質，他們另為士家、軍戶，不與齊民同。揆諸後趙，也未見退役的記錄。按石勒東征發展至十餘萬眾時，因劫持漢人甚多，於是將「衣冠人物集為君子營」，殆指將冀州士大夫隸營列管也，他們後來可能因被起用而依晉制除役。及至石虎之時，〈石季龍載記上〉載云：

> 鎮遠王曜表雍、秦二州望族，自東徙以來，遂在戍役之例，既衣冠華冑，宜蒙優免。從之。自是皇甫、胡、梁、韋、杜、牛、辛等十有七姓，觸其兵貫，一同舊族，隨才銓敍；思欲分還桑梓者聽之；其非此等，不得為例。

按上述集於君子營的衣冠人物，應即是此處所謂曾有兵貫之舊族；是則冀州士大夫之「君子營」，確為列入兵役管制的措施，只是後來因銓敍而獲觸除而已。秦雍後來被逼東遷的十七姓，既隨「戍役之例」而列入「兵貫」，故由鎮遠將軍奏請援舊族優免之例而觸除之。士大夫尚如此，則一般軍人可知矣。既然「其非此等，不得為例」，故一般軍士被列入士家、軍戶之兵貫，則其為世兵而服戍役是有可能的。

　　一般軍士之家屬既列為軍戶，是否即後來之營戶濫觴？不便妄推。要之，後趙實行質任制，〔註14〕則是較明顯的。事實上，漢魏對邊族也是採這種措施的，曹操在并州質押匈奴軍人之家屬，〈王彌列傳〉謂彌在洛陽結交了時任「質子」的劉淵，即可為例，可見胡羯只是師漢人之長技以制漢而已。

〔註13〕「三五發卒」內容如何？《通鑑》胡注有兩種不同解釋：一指「三丁發二，五丁發三」，一指「三丁發其一，五丁發其二」。前引鄒達之文疑胡氏偶誤，或因時間不同而果有此兩種不同的情形（頁19）。今以史料缺乏，未能詳考。但是根據《三國志‧孫休傳》永安元年（258）十一月壬子詔云：「諸吏家有五人，三人兼重為役，……既出限米，軍出又從，……朕甚愍之。其有五人，三人為役，聽其父兄所欲留，為留一人，除其限米，軍出不從。」（卷四十八，頁1157）表示吳曾有五丁發三而減輕為五丁發二之事，或許可供參考。

〔註14〕如〈石勒載記上〉謂勒攻河北，「河北諸堡壁大震，皆請降送任於勒」（卷一○四，頁2711）；又謂晉將徐龕降，「送妻子為質」（卷一○四，頁2736）。這是漢人之質任。鮮卑段氏攻勒兵敗，段末柸被俘，以其三弟為質（卷一○四，頁2718～2719）；〈石勒載記下〉謂石虎西征，「南氐楊難敵等送任通和」（卷一○五，頁2755）。此則是胡夷之質任。

三、二趙的軍需與後勤設施

304 年，劉淵稱漢王·大單于時，〈元海載記〉謂「是歲，離石大饑，遷於黎亭，以就邸閣，留其太尉劉宏、護軍馬景守離石，使大司農卜豫運糧以給之」，是則表示漢趙之後勤補給，由大司農負責，有一定的司存組織，與漢制相倣。此後征戰常掠奪敵人的戶口牛馬資糧，此等戰利品也是其軍需之主要來源，蓋在戰爭之過程中，因糧於敵，向為兵家所重視，一者可削弱敵人的戰力，另者可收增強自己之戰力故也。如劉聰時命劉曜攻郭默于懷城，「收其米粟八十萬斛，列三屯以守之」；〔註15〕張賓勸石勒，謂「聞廣平諸縣秋稼大成，可分遣諸將收掠野穀」，於是勒「分命諸將攻冀州郡縣壘壁，率為降附，運糧以輸勒」是也。〔註16〕不過，作為一個建國的政權，此決非長期立國之道。〈劉曜載記〉曾有「復百姓租稅之半」的紀錄，〔註17〕則知漢趙應是以收租抽稅供軍的，只是情況不詳。石勒在山東平原的農業區發展，曾吃盡軍糧不接的苦頭，故其早期以因糧於敵為主，但是攻至葛陂之時，乃吸收教訓，遂「降諸夷楚，署將軍、二千石以下，稅其義穀，以供軍士」，并「課農造舟，將寇建鄴」，稍後又以「司冀漸寧，人始租稅」，并「始下州郡閱實人戶，戶貲二匹，租二斛」，以作長久盤據之計。〔註18〕

及至石勒稱王而獨立建國後，特重農政建設。319 年（後趙趙王元年，前趙光初二年，東晉太興二年）當石勒自稱趙王之同時，即下令「均百姓田租之半」，并「遣使循行州郡，勸課農桑」。〔註19〕稍後與淮上的祖逖修好，乃「散諸流人三萬餘戶，復其本業，置守宰以撫之」；這裏所謂的流人，應是指曾被其收編入軍的漢族流民。〔註20〕甚至其後「索頭郁鞠率眾三萬降，……散其部眾于冀、青等六州」；〔註21〕所謂索頭，應指後來被稱為索虜的拓跋鮮卑。此為五胡政權解散漢人軍戶及胡夷部落以務農的最早記錄。其間，石勒又曾派勸課大夫、典農使者、典勸都尉等農官，「循行州郡，核定戶籍，勸課農桑」，〔註22〕顯然已確立了農業政策，建立了較健全的農官制度。這是

〔註15〕 參〈劉聰載記〉，卷一〇二，頁 2666。
〔註16〕 參〈石勒載記上〉，卷一〇四，頁 2717～2718。
〔註17〕 參〈劉曜載記〉，卷一〇三，頁 2699。
〔註18〕 參〈石勒載記上〉，卷一〇四，頁 2715～2716、2720 及 2724。
〔註19〕 參〈石勒載記下〉，卷一〇五，頁 2735。
〔註20〕 同上註，頁 2738。
〔註21〕 同上註，頁 2764。
〔註22〕 同上註，頁 2741。

石虎時倉廩充實，能實行擴大徵兵及窮兵黷武的原因。

〈石季龍載記上〉記載其兵變攝政時倉廩之盛云：「季龍以租入殷廣，轉輸勞煩，令中倉歲入百萬斛，餘皆儲之水次」。〔註23〕雖然充盛如此，石虎仍因軍事上的需要而實行屯田，如同記復記云：

> 季龍謀伐昌黎，遣渡遼曹伏將青州之眾渡海，戍蹋頓城，無水而還，因戍于海島，運穀三百萬斛以給之。又以船三百艘運穀三十萬斛詣高麗，使典農中郎將王典率眾萬餘屯田于海濱。又令青州造船千艘。

其後又另記云：

> 自幽州東至白狼，興屯田。

可證倉廩之充實，視軍事需要而屯田，是石虎敢窮兵黷武，同時向東晉、遼東慕容氏及涼州張氏三方發動戰爭的原因之一。

軍糧充足，後勤供輸尚需牛馬船具來運送，北方軍隊的主要打擊力尤以馬匹為主，此而不辦，則當日不足以摧破西晉，及日後向三方開戰。如此軍事設施，宜應略作分析，俾知梗概。

漢趙以平陽為核心區，此區為農牧交錯區，漢趙本部在此區以牧牛馬為主，〔註24〕故本部主力馬匹不虞匱乏。其後前趙以關中為本位，亦未聞馬匹不足之紀錄。

漢趙僻處平陽，不需要戰船以實行水戰；然而石勒則在東征至葛陂時，為了進攻江東，故需「課農造舟」。石勒此時臣屬於漢趙，故漢趙軍隊造舟的紀錄，亦首見於此。不過，石勒尋即迴師攻鄴，造舟之事遂無下文。此下石勒獨立建國，與祖逖修好，「自是兗豫乂安，人得休息」；及至「祖逖卒，勒始侵寇邊戎，……於是邊難日尋，梁、鄭之間騷然矣」。〔註25〕石勒雖然有闚覦東晉的戰略構想，但是尋因與劉曜交戰於河東、弘農之間，故也未暇實行。到了石虎時，前引史料述其謀伐昌黎慕容氏，渡海戍蹋頓城，又船運軍糧詣高句麗，復屯田於海濱，因而下令青州造船千艘。其後又計劃徵兵滿五十萬，「具船萬艘，……通海運穀……。于安樂城，以備征軍之調」。稍後更實行分區

〔註23〕見該記，卷一○六，頁 2763。

〔註24〕如劉琨在太原，其僚屬曾勸其「外抄胡賊之牛馬」云，《通鑑》與《晉書·琨傳》同，而繫于晉愍帝建興四年（劉聰麟嘉元年，西元 316 年）十一月，卷八九，頁 2837。又〈劉聰載記〉記 317 年聰廢其太弟，平陽大亂，「右司隸部人盜牧馬負妻子奔之者三萬餘騎」（卷一○二，頁 2675）；又正文後述石勒討鮮卑于離石，獲牛馬十餘萬，此皆可證此區胡人仍在牧牛馬。

〔註25〕〈石勒載記下〉，卷一○五，頁 2739～2740。

動員，同時且下令「諸州造甲者五十萬，……船夫十七萬人為水所沒、猛獸所害，三分而一」。〔註26〕可證石虎是決心大事興造船隻，以備軍事之用的，只是其目標為遼東之慕容氏，而非東晉而已。石虎大規模動員民力以造甲造船，理論上民間應有一定的技術基礎。值得注意的是，石虎造船，發展海運能力，似乎不僅以建設海運為目標，更是與海軍建設有關（詳下節）。如此大規模的興造船甲和徵兵，雖然倉廩豐實也不足以支持之，故石虎後來欲攻東晉時，更曾下《軍制》，令軍人自備軍需，〈石季龍載記上〉云：

> 《制》：「征士五人車一乘，牛二頭，米各十五斛，絹十匹，調不辦者以斬論。」將以圖江表。於是百姓窮窘，鬻子以充《軍制》，猶不能赴，自經于道路，死者相望，而求發無已。

徵車徵牛顯然為了運輸，與造船意義相同。但是，以東晉康帝建元（343年）初，石虎「將討三方，諸州兵至者百餘萬」，〔註27〕分三分之一計，攻晉平均殆有三十萬人；五人自備車一乘即需車六萬乘，自備牛二頭即需牛十二萬頭。牛為耕作主要畜力，民間是否有如此多閒置畜力以供軍，誠為問題，故百姓窮窘以至于自經也。可能基於此故，其後石虎乃下令「發百姓牛二萬餘頭配朔州牧官」。〔註28〕後趙不悉何時在朔州置牧官，要之徵發民間之牛隻以配牧於此，當非為了民間而牧牛，而是為了日後軍事之需要，殆無疑問。因此，後趙後勤所需之船具牛車，皆視軍事需要徵自民間，兵甲也是徵民製造，即使曾由朔州牧官養牛，牛隻也是徵發自民間的。

漢趙沒有馬匹不足之紀錄，後趙則不盡然。當石勒率所部胡羯烏丸七千人東征之初，即使全部是馬軍也不足為奇。山東有馬牧馬苑，恐為勒軍掠用之目標。〔註29〕然而，勒軍大量的馬匹來源，似以掠自邊族為主，如〈石勒載記上〉記其稱王前後，討朔方之背叛鮮卑日六延部，獲牛馬十餘萬；又擊託候部於岍北，獲牛馬二十餘萬；〈石勒載記下〉又記討鮮卑鬱粥于離石，獲牛馬十餘萬；〈劉曜載記〉亦曾載石勒命將襲北羌王盆句除，獲牛馬羊百餘萬而歸；〔註30〕是則四役所獲牛馬羊即有一百四十餘萬之多。又〈石勒載

〔註26〕〈石季龍載記上〉，卷一〇六，頁2772。
〔註27〕〈石季龍載記上〉，卷一〇六，頁2774。
〔註28〕同上註，頁2778。
〔註29〕〈石勒載記上〉謂石勒能相馬，自託於馬牧牧率汲桑，其後盜用赤龍、騄驥諸苑馬為群盜，從牧人起事，卷一〇四，頁2708～2709。
〔註30〕詳〈石勒載記上〉，卷一〇四，頁2729及2737；同記下，卷一〇五，頁2739；〈劉曜載記〉卷一〇三，頁2697。

記上〉謂勒軍大敗劉琨，「獲鎧馬萬匹」，此則是重騎也；〈石季龍載記上〉記宇文歸來降，「獻駿馬萬匹」，此則是邊族之貢獻也。石勒動用馬軍出戰，很少超過五萬人，故疑石勒至石虎之初，其車馬應該是足夠的。

及至石虎計劃徵兵至五十萬，急劇擴軍，馬匹始感不足，〈石季龍載記上〉云：

> 季龍志在窮兵，以其國內馬少，乃禁畜私馬，匿者腰斬，收百姓馬
> 四萬餘匹以入于公。

此禁馬令是收民間私馬也。更有甚者，其後「季龍又取州郡吏馬一萬四千餘匹，以配曜武關將、馬主皆復一年」，〔註 31〕此則是收州郡吏馬也。兩次收馬，可見此時馬匹之不足，其因蓋為大量擴充軍隊之故，應是相對性的因素，與真正的馬匹缺乏殆無關係。從石虎死後內戰，馬軍仍多，可以窺證。若謂後趙因馬匹不足而不敵慕容氏，恐怕不足採信。

總之，後趙雄據山東，兼併群雄，是由於馬軍強大，糧草充足，只是至石虎而窮兵黷武，始感不足。其糧、馬充足與否，與急劇擴軍之因素關係甚大，而與慕容氏馬軍之優勢則關係較少；至于其亡國，則以人為的政變內戰有關，非亡于兵寡將弱之因素也。

四、二趙的軍、兵種與訓練

冷兵器時代，中國傳統只有水、陸兩個軍種，五胡亦然。

先論二趙之水軍。

前面引述 328 年兩趙之最後決戰，劉「曜盡中外精銳水陸赴之」。所謂「中外精銳」，指的是中兵與外兵，請容後論；至於「水陸赴之」，則似非指水軍與陸軍而言。蓋洛陽會戰中，石勒指揮步兵六萬、騎兵二萬七千來會，劉曜部署十餘萬眾陣於洛西，步、騎協同會戰，不見有水戰之紀錄。〔註32〕因此，「水、陸赴之」之水，應指水運而言，大抵劉曜大軍分由水、陸兩路出發救蒲阪，進而再推進至洛陽也。漢趙殆無水軍，可能與他前期立國於平陽，後期偏據於關中的形勢有關，立國於內陸，遂不以建立水軍為要務。

至於後趙的立國形勢則不同，石勒以山東平原的襄、鄴為本部，東面渤海，以慕容鮮卑為勁敵，南臨江淮，以東晉為大患，故有建設水軍之必要。

〔註31〕〈石季龍載記上〉，卷一○六，頁 2774。

〔註32〕此戰曜、勒兩載記皆有敘述，而《通鑑》較為綜合，繫其事於晉成帝咸和三年七月至十二月，卷九四，頁 2960～2965。

揆諸後趙軍隊的發展,可以概見其水軍的建設與規模。

依照《通鑑》的編年記載,307年劉淵東征諸軍中,石勒以輔漢將軍·平晉王,「督山東征討諸軍事」,統所部七千人,為列將之一。其後強徵漢人,吞併友軍,至312年攻至淮域而壘于葛陂,乃有「課農造舟,將攻建鄴」的軍事計畫。造舟的目的,是要發展內河水運,抑或建立水軍?史未詳言。若以當時晉集大軍於壽春的情勢推之,兩者殆皆有可能。尋以大雨不止,糧草不足,乃納張賓之計,還軍攻鄴,進據襄國,以建立根本。此下即未見石勒有建設水軍的記載,但是似不能說他絲毫未進行。〔註33〕

前面引述石虎為攻遼東鮮卑慕容氏,而大事興造舟船,《通鑑》繫于340年(晉成帝咸康六年)前後。按石虎於333年兵變攝政,至337年正式稱大趙天王,全力控制內部之不暇,而未遑對外發動戰事;征遼之戰,實肇始于遼東鮮卑慕容氏與遼西鮮卑段氏之長期衝突。337年慕容皝自稱燕王後,遂欲聯趙攻段,這是石虎於翌年正月發動攻段氏的原因。此役,石虎動用了二趙唯一一次有明確陳述的水軍,〈石季龍載記上〉云:

> 季龍將伐遼西鮮卑段氏,……以桃豹為橫海將軍、王華為渡遼將軍,統舟師十萬出漂渝津;支雄為龍驤大將軍、姚弋仲為冠軍將軍,統步、騎十萬為前鋒,以伐段遼。

舟師十萬,其龐大可知,應非勿促之間所可建成,殆在勒、虎之間較長期始能建設者。是役趙軍採水陸兩路進攻,破段國;但因燕軍不依約出師,故石虎遂於同年五月乘勝伐燕,此役戰敗,乃有上述再謀伐昌黎之舉。石虎擁有龐大的水軍,第一次伐燕并無運用之紀錄,不過戰敗後尋即有部署水軍的計畫,前面已引述。觀其外島駐兵、高句麗運糧、海濱屯田,顯然屬於渤海行動的軍事計畫,也就具有了「海軍」的性質,不僅只是內河水軍之規模而已。

石虎下「令青州造船千艘」之事誠值注意,表示了他以青州(今山東半島北部一帶)作為造船與加強其「海軍」的基地。此國防構想之戰略目標,是欲

〔註33〕按石勒當時之形勢是四面受敵的,西面有劉聰,北面有劉琨、王浚及段氏鮮卑,東面有曹嶷,南面則為東晉,因而他佔據襄鄴為根本,積極從事內政建設以鞏固根本的國策,是正確的選擇。及至314年襲滅幽州之王浚,316年擊破并州之劉琨,318年進摧漢趙之平陽,形勢乃大為改善。翌年,佔據青州的曹嶷請勒以河為境;321年祖逖死,石勒自後乃有南侵之行動,至325年遂與晉以淮為境。既以河、淮分為東、南之界,因此發展水軍應是必要的,而且可能亦已實行,否則石虎初期即有水軍的記述則不可解。

由此基地隨時發動攻遼，取得渤海的行動自由權。340 年石虎下令七州徵兵，合鄴城舊軍滿五十萬，并動員舟船萬艘，「自河通海」以為後勤補給，顯示了因青州在黃河出海口，對「海軍」渤海計畫與由河至海後勤作業之重要性。

有外海能力應即表示有內河能力，但內河水軍情況不詳。前引〈季龍上〉所述石虎下敕，令「河南四州具南師之備」，秦雍四州嚴西討之資，青冀幽三五發卒，《通鑑》繫于 342 年（晉成帝咸康七年），亦即規劃河南四州針對江南，緣渤海三州針對遼東。此次軍事規劃行動，造成十七萬船夫因水沒、猛獸因素而死了三分之一，可見傷亡耗損的嚴重。這是否與後勤訓練不精，或制度作業不當有關？不得而確。要之死傷如此多人，疑其應有所關係；稍後石虎即下達上述的〈軍制〉，改以牛車為供輸工具了。

二趙水軍就史料所限，只能略述至此，接著欲論其陸軍。二趙就史料所視，基本上陸軍只有步、騎兩個兵種。

關於步兵，筆者前面疑其以漢族兵為主體，但是無意說二趙步兵皆為漢人，因有跡象顯示非漢族也有編為步兵的可能。茲舉 304 年劉淵初起時一例：當時劉宣說淵，謂「今吾眾雖衰，猶不減二萬」，劉淵遂令劉宣招集五部，二旬之間眾已五萬，〔註 34〕是則劉宣估計其起事主力約有二萬而已。劉淵尋即「命右於陸王劉景、左獨鹿王劉延年等率步、騎二萬」，參與王浚與司馬穎的戰爭。〔註 35〕此時漢人猶未有來附的紀錄，故五萬部眾應皆為胡人；而劉淵第一次遣兵即佔了全部兵力的五分之二，并已有步、騎兩兵種，是以此時的步兵，未必由漢人編組而成。其他巴、氐、羌等六夷，也未必全被編為騎兵，例如《十六國春秋·姚弋仲錄》載述弋仲於 333 年被石虎遷至清河時，他有步眾四萬餘人，可見步兵頗多，因此不宜有二趙步兵皆漢人的刻板印象。反倒是前述的後趙水軍，徵自緣海三州及河南四州，故除了督將之外，其餘恐怕皆為漢人，是漢人特有的軍兵種。

華北之被摧破，原因複雜，不過就戰爭而言，決不是因為胡羯有龐大的步兵，而是因其有精銳的騎兵。如前引〈元海載記〉述 309 年大發卒攻洛陽，劉聰等統率精騎五萬，而呼延翼則率步兵繼之。一次戰役而動用精騎五萬，是漢趙可見的最高紀錄，恐怕平陽本部仍有不少騎兵留守，故漢趙特有「騎

〔註34〕參《通鑑》晉惠帝永興元年八月條，卷八五，頁 2698～2700。引文〈元海載記〉不載。
〔註35〕參〈元海載記〉，卷一〇一，頁 2648。引文《通鑑》不載。

兵將軍」之軍號。〔註36〕

筆者無意說晉朝無騎兵，例如前述石勒破劉琨，即曾獲鎧馬萬匹，表示劉琨所部有重騎兵，只是恐怕為數不多，故需拓跋鮮卑之支援，始能守住晉陽也。晉軍以幽州王浚所部鮮卑、烏丸突騎最為著名，石勒即因飛龍山之役慘敗於王浚所部的鮮卑十餘萬騎，〔註37〕使他對王浚及鮮卑產生心理上的恐懼，不敢再輕易揮軍幽州。因此，西晉之亡，不在其是否有馬軍，而在其人謀不臧；反之，胡羯之興不在其是否有步兵，而在其有為數不少的精騎。311年寧平之役，是令晉朝以後對胡騎喪膽之一役，此役石勒「輕騎」追擊王衍所率的二十餘萬眾，「衍軍大潰，勒分騎圍而射之，相登如山，無一免者」，形同全殲。主力既殲，因而兩個月內洛陽遂破，懷帝被俘。〔註38〕經過此役，晉軍體驗了胡騎的威力，故東晉以後不敢輕言北伐，即使339年庾亮欲實行之，然而廷議時蔡謨猶以北馬南船之言，力主不宜以己短擊敵長，因而否決了庾亮的計畫。〔註39〕

漢趙在平陽有騎兵將軍的軍號，騎兵將軍劉勳追狙盜牧馬逃亡的右司隸部人，將其三萬餘騎殺了約一半，故理應是率騎追擊的，只是騎兵將軍是否在建制上是常備領兵將軍，所屬編制如何，其詳不得而知。後趙未見此軍號，是否撤銷了亦不詳。要之，二趙有馬兵，故有騎兵將軍實不足為奇。

騎兵有兩種，即重騎兵與輕騎兵。重騎兵指人、馬皆披甲的兵種，所謂「鎧馬」是也，有強大的打擊力。由於與工業及裝備有關，筆者懷疑二趙不可能全部皆為重騎，前面謂平陽精騎的最高紀錄為五萬；石勒與劉曜決戰時，步兵有六萬，而騎兵只有二萬七千，這些號稱「精騎」的騎兵，殆皆為重騎兵。前面又謂劉琨有鎧馬萬匹為石勒所獲，恐怕琨部重騎也不會太多。

重騎長於平原突陣，但其機動打擊性則不如輕騎。漢趙未見運用輕騎的記錄，而後趙則見有效的運用。除了前述追殲王衍之役外，尚有314年石勒以輕騎襲滅王浚，338年石虎遣輕騎二萬襲降段遼，皆為輕騎作戰輝煌之役，分別達成了亡西晉、滅幽州、破段國的目標。〔註40〕可證後趙明確建有輕騎

〔註36〕參〈劉聰載記〉，卷一〇二，頁2675。
〔註37〕參〈石勒載記上〉，卷一〇四，頁2711。
〔註38〕晉軍原由東海王越統率來討，越死於軍中，眾推衍為帥，在苦縣寧平城被石勒追殲（參《通鑑》晉懷帝永嘉五年四月條，卷八七，頁2760～2761）；引文則見於〈石勒載記上〉，（卷一〇四，頁2713）但此記未載其殲擊地點。
〔註39〕參《通鑑》晉成帝咸康五年三及四月條，卷九六，頁3027～3030。
〔註40〕此三役石氏載記皆有紀錄，王衍之役已見註38，王浚之役見〈石勒載記上〉（卷一〇四，頁2723），段遼之役見〈石季龍載記上〉（卷一〇六，頁2767）。

兵，而且甚為精銳。

　　二趙輕、重騎的建制不詳，但是有若干特別部隊殆為騎兵，如親御軍、龍騰軍、曜武軍、女騎等，茲略論之。

　　親御軍為漢趙移國於關中後所建，正式稱為親御郎，〈劉曜載記〉云：

　　　　召公卿已下子弟有勇幹者為親御郎，被甲乘鎧馬，動止自隨，以充
　　　　折衝之任。

　　此在劉曜統領二十八萬五千兵進攻涼州張氏之後，前論當時曜軍多氐、羌之兵，又有質任制度，故疑此軍是將國子、質子編建成軍，頗有六夷子弟。此軍是重騎軍，有郎官性質，所謂「動止自隨」者，蓋指郎官禁衛而言；不過也出充折衝之任，如同記載張氏復叛，曜遣「冠軍呼延那雞率親御郎二千騎絕其運路」，可以為證。

　　其次論後趙的龍騰軍。此軍建於石虎兵變之後，是將「直盪」改建為「龍騰」的。〔註41〕此軍原來的性質功能不詳，不過，當338年進攻段氏鮮卑時，石虎以募兵方式將其擴充，所謂「募有勇力者三萬人，皆拜龍騰中郎」是也，前已引之。是則龍騰軍不僅兵力頗為強大，有征遼選鋒隊的性質，而且因其皆拜為中郎，故也有禁衛軍的性質。郎衛是入侍天子，出充車騎之官，是以此軍很可能也是騎兵，不知追擊段遼的輕騎二萬，與此有關否。要之在石虎朝，龍騰在宮廷禁衛軍中，有舉足輕重的地位，有甚活躍的紀錄，〔註42〕其為後趙重要禁軍可以確定。龍騰軍有龍騰將軍、龍騰中郎之名號，龍騰將軍可能是龍騰中郎之統帥。

　　再次論後趙的曜武軍。前謂石虎曾「取州郡吏馬一萬四千匹，以配曜武關將」，則曜武殆為關名，駐軍以其名為番號。〈石季龍載記上〉曾載「季龍如宛陽，大閱於曜武場」。按鄴城內西北隅有銅雀臺、金虎臺與冰井臺，素號有「三台之固」；城西三里有桑梓苑，有臨漳宮，洪亮吉疑宛當作苑，苑陽或即華林、桑梓苑之陽也。〔註43〕是則，石虎可能從城西之臨漳宮，至同在城西

〔註41〕　參〈石季龍載記上〉，卷一〇六，頁2765。按：「直盪」蓋指直前盪敵之意，
　　　　　見《宋書‧孔覬列傳》（卷八四，頁2160），後趙用以為軍號也。

〔註42〕　〈石季龍載記下〉載石虎死前，張豺以龍騰五百人軟禁石斌，而另一部份龍騰
　　　　　約二百餘人，則拜石虎於西閣，請防政變；石虎死後，張離率龍騰二千斬關迎
　　　　　石遵，稍後冉閔大屠殺，龍騰與公卿萬餘人出奔襄國，成為反冉魏之中堅。此
　　　　　皆可見其在宮廷禁衛之重要性，與在政變行動中之活躍。

〔註43〕　洪亮吉疑宛陽當作苑陽，殆是；然而據其著，華林苑應在鄴北，而桑梓苑則在
　　　　　鄴西三里，故苑陽當以桑梓苑之南為近是。詳參其《十六國疆域志‧後趙》（收

的桑梓苑之南，曜武軍所在之曜武場閱兵也。曜武軍駐於京苑之闕，顯然甚為重要，故取州郡馬以配之。由是推之，曜武軍不僅是禁軍，而且還是馬軍，因此石虎稍後下令：「置左右戎昭、曜武將軍，位在左、右衛上。」左、右二衛西晉為甚重要的禁衛軍，而曜武將軍置於二衛將軍之上，其重要性可知。

復次論女騎。按石虎稱居攝趙天王時，令於鄴造東、西二宮等，「內置女官十有八等，教宮人星占及馬步射」。及至稱大趙天王後，乃「常以女騎一千為鹵簿」。〔註44〕是則，此軍為曾受軍事訓練的女騎兵，為儀仗部隊。

最後欲討論二趙是否有車兵。按前引〈軍制〉，令征士五人車一乘、牛二頭，其意殆為軍需運輸之用，非用於戰鬥；漢趙則無聞。石虎此外尚有一支獵車隊，〈石季龍載記上〉云：

> 季龍性既好獵，其後體重，不能跨鞍，乃造獵車千乘，轅長三丈，
> 高一丈八尺，置高一丈七尺；格獸車四十乘，立三級行樓二層于其
> 上，剋期將校獵。

同記下又載石虎曾「發近郡男女十六萬，車十萬乘，運土築華林苑及長牆于鄴北」，是則此龐大之車隊實為工程運輸的工具，可以無疑。總之，二趙未見戰車編組戰鬥之紀錄，故其陸軍建制中應無車兵此一兵種。

女騎既有馬步射之軍事訓練，則禁衛乃至一般戰鬥部隊也應有之，只是其詳不甚明而已。按胡人以馬上戰鬥為國，《史記·匈奴列傳》述其民族性云：

> 兒能騎羊，引弓射鳥鼠；少長則射狐兔，用為食；士力能毋弓，盡
> 為甲騎。其俗，寬則隨畜，急則人習戰攻以侵伐，其天性也。

此為其生活條件與戰鬥條件相結合為一致也，故戰技訓練是自然完成，漢趙未見軍事訓練的紀錄，其故恐在此。後趙石氏起兵則不然，他們初起的結合是雜胡，根據地又在漢文化的農業精華區，故未必全屬草原的民族性與風俗。是以〈石勒載記上〉載其獨立稱趙王之前云：

> 勒增置宣文、宣教、崇儒、崇訓十餘小學于襄國四門，簡將佐豪右
> 子弟百餘人以教之，且備擊柝之衛。

這是徵召將佐豪右之子弟在京讀書而兼為郎衛。這些子弟在其獨立稱趙王後，殆皆成為國子；〈石勒載記下〉復謂石勒稱趙王元年，「署前將軍李寒領司兵勳，教國子刺擊戰射之法」，則是施以軍事訓練也。〈石勒載記下·石弘附

傳〉謂「王陽教之擊刺」，則是石勒之世子也不免受戰技訓練，可以知後趙國子郎衛是需要受軍事訓練的。親御郎與司兵勳，或許是隋唐三衛五府中之親衛勳衛的濫觴。

二趙胡主及其子弟常有狩獵的紀錄，除了上引石虎建造獵車隊校獵之外，尚如〈石季龍載記下〉云：

> 命（太子）石宣祈於山川，因而遊獵，……建天子旌旗，十有六軍，戎卒十八萬，出自金明門。季龍……望之，笑曰：「我家父子如是，自非天崩地陷，當復何愁，但抱子弄孫日為樂耳！」宣既馳逐無厭，所在陳列行宮，四面各以百里為度，驅圍禽獸，皆暮集其所。文武跪立，圍守重行，烽炬星羅，光爛如畫，命勁騎百餘馳射其中，獸殫乃止。其有禽獸奔逸，當之者坐，有爵者奪馬步驅一日，無爵者鞭之一百。峻制嚴刑，文武戰慄，士卒饑凍而死者萬有餘人。……季龍復命（別子，太尉）石韜亦如之。

圍獵即為軍事演習的一種，其軍容之壯盛，軍令之嚴厲，由此可見一斑，也可見其常有軍事演習。

至於大閱，漢趙未見一次，後趙石虎時見兩次，〔註45〕殆為大規模之閱兵，亦是軍訓之一種。二趙軍事訓練與演習，史料僅見如此而已。

五、二趙的將軍與中、外軍

若以凡統領一軍即可謂之將軍，不必須有「將軍」之銜，則匈奴諸王長及萬騎、千騎長，亦得視為此草原遊牧帝國之將軍制度。劉淵曾歷任晉朝的將軍都督等官，故其對中國的將軍制度，應有一定的瞭解。然而，當304年八月，劉淵還至左國城時，格于部眾擁護他興邦復業之形勢，乃接受大單于之號，恢復了匈奴王長之制。如前述「命右於陸王劉景、左獨鹿王劉延年等率步騎二萬，將討鮮卑」；劉聰由右賢王「更拜鹿蠡王」等例是也。〔註46〕及至同年十月劉淵即漢王位，兼祧漢祚以號召晉人，始全面兼用漢式王朝體制，王長統兵及出征之事遂不復見載，而皆以將軍名號為之。

劉淵因兼祧漢祚，以漢為國號，因而初期似採西漢早期的三公制，以劉

〔註45〕參〈劉聰載記·劉粲附傳〉，卷一〇二，頁2678；〈石季龍載記上〉，卷一〇六，頁2771及2774。

〔註46〕劉聰在劉淵返回左國城途中，即被立為右賢王，故更拜之，詳〈劉聰載記〉，卷一〇二，頁2658。

宣為丞相，崔游為御史大夫，劉宏為太尉；但尋以漢官精簡，戰事方起，亟需用人酬官，故轉而採行魏晉現行制度，將軍之名號遂日猥，前謂石勒等攻魏趙地，下五十餘壘，皆假壘主將軍、都尉，而簡其強壯五萬為軍士，可見其例於一斑。按兩漢除了開國時期，將軍名號并不多，大司馬、大將軍與太尉不并置。〔註47〕今以〈元海載記〉為例，劉淵拜劉宏為太尉，稍後即見有建武將軍劉曜、武牙將軍劉欽、護軍馬景、前將軍劉景（尋拜大將軍）、大將軍劉和（尋拜大司馬）、大司馬劉洋、大司馬・大單于劉聰等晉制武官。大司馬、大司徒、大司空為漢中期以後之三公，但劉淵死前又置太宰、太傅、太保，顯然採用了魏晉公官之制。根據〈表一〉，此下二趙將軍名號，雖頗有特殊者，但是大體多同於魏晉，故其軍制摹倣魏晉，可以無疑。

按秦、漢將軍為領兵武官，至東漢頗有以榮譽授者，〔註48〕即開魏晉以降階官化、虛號化之先河。五胡將軍號沿繼於魏晉，故亦頗有此傾向。〔註49〕然而，二趙之將軍官，大抵為領兵官，常見其在京領兵，或統兵出征出鎮，乃至為重州刺史、重郡太守等記載，只是將軍之間的統率指揮系統不明而已。

二趙兵力龐大，實際上亦有「都督中外諸軍事」之職。此職據晉、宋官志，是「總統內、外諸軍」的統帥職，可證其軍隊——起碼中央軍——是援魏晉建制而分為中、外軍（或稱內、外軍）。

中、外軍的分別有二說：一者主張以是否職典宿衛而分，即中軍是指宮禁宿衛之軍，外軍是指京城外之衛戍部隊，而皆是禁軍。一者主張中軍是指京城內外駐軍，外軍是指在外之都督征鎮兵。〔註50〕筆者以為中、外乃相對之詞。載記有「禁兵」一名，殆指宮廷宿衛之兵，即是本文所稱之禁軍；石勒曾有夜出城門檢查「營衛」之舉，殆指京畿衛戍部隊而言，即是本文所稱之衛軍。《宋書・百官下》謂領軍將軍「掌內軍」，而護軍將軍「掌外軍」，比

〔註47〕參廖伯源〈試論西漢諸將軍之制度及其政治地位〉（收入《徐復觀先生紀念論文集》，台北：學生書局，民國75年）及其〈東漢將軍制度之演變〉（《中央研究院歷史語言研究所集刊》第六十本，第一分，1989年）。

〔註48〕同上註廖伯源後文將東漢將軍分為三類，即中朝將軍、征伐將軍及名譽將軍。所謂名譽將軍，是指朝廷為嘉賞大臣，提高其身分地位，授予將軍之號而不使領將軍之職事者（參頁155～157）。

〔註49〕參窪添慶文〈北魏初期の將軍號〉，《東洋文化》60（1980年2月），頁61～69。

〔註50〕參何茲全〈魏晉的中軍〉（《史語所集刊》第十七本），張焯〈漢代北軍與曹魏中軍〉（《中國史研究》1994年第3期）及越智重明〈領軍將軍と護軍將軍〉（《東洋學報》第四十四卷，1961年2月）。

較《晉書‧百官志》，知領軍將軍所掌乃京城內禁軍，護軍將軍所掌乃京城外衛軍，故第一說是可以成立的。魏晉將全國精兵集中部署於京城內外，是以禁、衛軍合起來實即中央軍，可以「禁衛軍」統稱之。至於都督與征鎮兵，其性質是中央軍外遣部隊，也就是本文所稱之中央派遣軍，派遣軍相對於仍駐京城內外的禁衛軍而言，蓋也可以稱為外軍，尤其都督兼統戰區內之州郡兵時更是如此，故第二說殆亦可成立。筆者甚至以為，中央軍禁衛軍與中央派遣軍實質皆是常制中央軍，相對而言，漢魏以來的州郡兵殆始是常制外兵。

　　挨諸軍制史，漢朝軍隊劃分為中央軍與地方軍，後者為郡國兵，前者為南、北軍；南軍領於衛尉，主宮殿宿衛，北軍領於中尉，主京畿衛戍。殿中諸郎衛最居禁中，由郎中令（光祿勳）所統領，兼有天子侍從性質，不盡為軍人。東漢雖採募兵制，事實上仍有州郡兵，末期牧、刺更因之坐大，形成割據局面，為治史者所週知。三國紛爭，地方去兵事實上是不可能之事，及至晉武帝平吳，始有偃武政策之推行。一般多信《晉書‧山濤列傳》之言，認為「吳平之後，帝詔天下罷軍役，……州郡悉去兵」。事實上據近人考證，全面罷去地方兵是從未實行的設想，而真正的情況是如同劉昭注《續漢書‧百官志》所言，只是「諸州無事者罷其兵，刺史分職，皆如漢氏故事」而已，可以考定未罷兵之州起碼有十州，幾佔西晉十七州的三分之二。〔註51〕魏晉既未罷州郡的地方兵，此相對於中央軍而言，也就是外兵了，否則在全國軍事體制上即無以區分。今魏晉之中、外軍規劃既不甚明，故論二趙之軍事體制即為不易，然而從少許史料中推論二趙的中、外軍，或許也能反過來窺見魏晉之中、外軍制度。

　　於此先論二趙的中軍。

　　按劉淵有眾五萬都於離石時，陸續來附者有數萬之眾，翌年司馬騰來攻，〈元海載記〉謂「元海遣其武牙將軍劉欽等六軍距」之。六軍通常為天子直轄部隊之泛稱，但也有可能劉淵此時已將其部隊整編為直轄的若干「軍」。是歲大饑，又謂「留太尉劉宏、護軍馬景守離石」，而遷黎亭就穀。據《晉書‧武帝紀》，護軍乃京城衛戍部隊之指揮官稱，〔註52〕故劉淵亦可能於城外駐軍，

〔註51〕詳楊光輝〈晉武帝『悉去州郡兵』辨疑〉，《社會科學戰線》，1984 年 3 期，頁160～163。
〔註52〕武帝於咸熙二年八月即晉王位，十一月「初置四護軍，以統城外諸軍」，（《晉書》卷三，頁 50）故嚴格而言，置護軍以分統城外諸軍，應為魏制或魏晉之間之制。

而以護軍領之；若是，則離石時期，漢趙已於其京城內、外分駐軍隊。及其死後不久，嗣主劉和即因親信以「三王總強兵於內，大司馬握十萬勁卒居於近郊，陛下今便為寄坐耳」為言而不安，〔註53〕引起兵變，使劉聰得以乘機竊位。

據筆者研究，劉淵死前刻意作了人事安排：以最高級武官錄尚書事的是劉聰，他的官職是大司馬·大單于·錄尚書事，故「大司馬握十萬勁卒居于近郊」指的就是他，蓋當時置單于臺於平陽西也。至於「三王總強兵於內」，所指欠明，蓋當時劉淵以北海王劉乂為撫軍大將軍·領司隸校尉，始安王劉曜為征討大都督·領單于左輔，喬智明為冠軍大將軍·領單于右輔，視其本官與兼領之職，殆皆非在內之禁軍官職；另外，永安王劉安國為右衛將軍，馬景為左衛將軍，雖是禁軍職，但不能算是三王；故總強兵之三王，應指武衛將軍·安昌王劉盛，武衛將軍·安邑王劉欽，及武衛將軍·西陽王劉璿。〔註54〕

按武衛將軍，《宋書·百官下》謂是魏之官制，主禁旅，晉不常置；《晉書·職官志》則謂領軍將軍魏始置，主五校、中壘、武衛三營，至晉則統二衛、前、後、左、右、驍衛等營，〔註55〕故幾乎可以確定三王以武衛將軍「總強兵於內」者，乃指分統京城內三武衛營禁軍而言。劉淵安排劉聰以大司馬統城外十萬衛戍部隊，安排三王以武衛將軍分統禁軍勁旅於城內，原本用意在穩定其死後過渡之局勢，則其中央禁衛軍的編建部署，由此可以窺見梗概。劉和發動攻擊劉聰等人時，是以脅逼當時已為領軍將軍的劉盛及其轄下諸武衛將軍等的方式，欲利用內軍攻外軍也。然而外軍有十萬之眾，禁軍雖勁，故旋被反攻撲滅，是可想而知的。

310年劉聰即位後的兩個最重要安排，是拜其弟乂（劉淵與單后之嫡子）為皇太弟·領大單于·大司徒，另拜己子粲為使持節·撫軍大將軍·都督中外諸軍事，亦即是將統領胡夷與統領軍隊分開由二人掌握的措施。以當時情況看，晉制都督中外諸軍事的機關稱為中外府，中外府所統領的軍隊，主要應是城內禁軍與城外衛軍，皇太弟則統東宮禁軍，而大單于殆是不領兵的，故後來

〔註53〕引文見〈元海載記〉（卷一〇一，頁2653），《十六國春秋·前趙錄二》將「寄坐」作「寄主」。

〔註54〕人事安排詳本書〈漢趙國策及其一國兩制下的單于體制〉篇。及至兵變時，劉盛已為領軍將軍，為京城內禁南軍的統帥。

〔註55〕詳《宋書·百官下·武衛將軍》條（卷四〇，頁1250），及《晉書·職官·中領軍將軍》條（卷二四，頁740）與《宋書·百官下·領軍將軍》條（卷四〇，頁1247）。

劉乂被廢時，所「坑士眾萬五千餘人」，殆皆為東宮親信與衛士；至於因此事件，造成「氐羌叛者十餘萬落」，則殆因劉乂是胡、氐混血兒，又是統領六夷的領袖故也。〔註56〕

降至314年劉聰大定百官，此即嘉平體制，〈劉聰載記〉述其要項云：

> 置太師、丞相，自大司馬以上七公，皆位上公，……置輔漢、都護、中軍、上軍、輔（撫？）軍、鎮（軍）、衛京（軍？），前、後、左、右、上（前面已有上軍？）、下軍，輔國、冠軍、龍驤、武牙大將軍，營各配兵二千，皆以諸子為之。……以其子粲為丞相‧領大將軍‧錄尚書事，……劉曜為大司馬。

按《通鑑》繫於晉愍帝建興二年正月，稱之為十六大將軍，但是筆者頗懷疑此段文字是否有官稱或文字上之誤，只因無更新的證據，故疑而未能遽決。〔註57〕要之，這些皇子擔任的某號大將軍營，各配屬二千兵，應即為一軍，且應皆為禁衛軍；以十六員大將軍計算，總兵力應有三萬二千人，或非禁衛軍之全部，〔註58〕但殆為天子之最親軍。當時劉粲已以丞相領大將軍，劉曜為大司馬，劉易為太尉，又以皇子各領一軍禁衛，故劉聰政權應有盤石之固。

又按，據《晉書‧職官志》所載禁衛軍名號，印證〈劉聰載記〉及〈劉曜載記〉，知在此大定百官之前後，尚見有中護軍、左衛、鎮軍、衛軍、右軍、武衛，乃至左中郎將、長水校尉諸號，可見禁衛軍制度基本上是仍襲魏晉的。此次定制中特別以十六王分別以某某大將軍名義各領營兵，只是禁衛軍特別的一部份，前引石虎命太子石宣遊獵，建天子旌旗，無獨有偶的也是建十六

〔註56〕劉乂事件參〈劉聰載記〉，卷一〇二，頁2675。又按劉乂被廢前，盧志等謂東宮「四衛精卒不減五千」（頁2667），故被坑的另一萬人應是其他親信或受連累者。

〔註57〕如都護、中軍、撫軍（今本校勘疑輔軍作撫軍，近是，劉粲即曾為撫軍）、前後左右軍、輔國、冠軍、龍驤、武牙，皆魏晉以來舊軍號，二趙諸載記亦頗見此號將軍；但是上軍之號則未之見，且與後面之上、下軍似有重複，故其軍號未詳。至於「鎮、衛京」更不明何意。按前趙有鎮軍將軍如王忠（頁2688）、劉襲（頁2693），後趙有夔安（2754）、張離（2787）；二趙衛軍之號通常也為衛將軍的簡稱，故「鎮、衛京」不能直說是鎮軍與衛軍之誤，因為沮渠蒙遜的從祖益子，就曾任鎮京將軍，可見確有過此一軍號（詳見《晉書‧沮渠蒙遜載記》，卷一二九，頁3195）。事實上晉制曾有「鎮衛軍」之建制（見《晉書‧職官》卷二四，頁741），後趙也曾有鎮衛將軍之稱號（詳正文後文），若謂「鎮衛京」為鎮軍之誤，則此時不足十六大將軍之數。

〔註58〕據〈劉聰載記〉述廢劉乂前，劉粲恐怕劉乂連繫大將軍與衛將軍兵變，因為此二將軍「并握重兵」也。

軍，故筆者疑此禁衛軍特別的建制部份，殆本於南匈奴十六王之遺制，而飾以魏晉之軍號。〔註59〕若是，則應是寓胡制於漢制之中，是胡制的漢制化也。

原本劉粲以撫軍大將軍‧都督中外諸軍事，總統內、外諸軍，改制後撫軍大將軍位階并不高於上述十六大將軍，故劉聰遷之為丞相‧領大將軍‧錄尚書事。二趙是以尚書臺掌理軍政的，大將軍雖為最高位階軍號，但既已落都督中外諸軍事，則已不能總統內外諸軍，這是挑撥離間得以入粲耳之原因。改制的同年底，劉聰進拜粲「相國‧總百揆」。相國自魏晉以來已非復人臣之位，總百揆即統領百官也，諸將領當然也歸其統率，表示聰有意確立其子的權位，以為其取代太弟之君位繼承資格而鋪路。〔註60〕

劉聰死於 318 年七月，劉粲嗣位，尋陷於內亂而被殺。十月劉曜即位，移都長安。據前引劉曜「盡中、外精銳水陸赴」戰之事看，可確定劉曜在長安內外也部署了中、外軍。例如〈劉曜載記〉載「曜遣劉岳攻石生于洛陽，配以近郡甲卒五千，宿衛精卒一萬」，可推見京城內外部隊之概況。中期以後，曜拜其征東大將軍劉岳為侍中‧都督中外諸軍事，始置中央禁衛軍統帥。不過，約同時他又以其子劉胤為侍中‧衛大將軍‧都督二宮禁衛諸軍事‧開府儀同三司‧錄尚書事。二宮是指天子之宮與太子東宮，故都督二宮禁衛諸軍事實即禁軍統帥。大約劉岳雖為中央禁衛諸軍的統帥，但常負責東征石勒，故另置一禁軍統帥以統率二宮禁軍也；城外諸軍似乎不由胤統率，而前述動止自隨的親御郎則似更為天子所統率。

319 年，石勒自稱大將軍‧大單于‧領冀州牧‧趙王，脫離劉曜而獨立，〈石勒載記下〉述其當時建置云：

> （於襄國）營東西宮，署……中壘支雄、遊擊王陽並領門臣祭酒，
> 專明胡人辭訟，……署石季龍為單于元輔‧都督禁衛諸軍事。

中壘、遊擊為禁衛軍之軍號，後趙京城內外居住胡夷甚多，且包括羯士在內多為禁衛軍士，後來冉閔大屠殺至二十餘萬人可以知之。支雄為月氏人，王陽殆

〔註59〕匈奴原為二十四王長制，及至南匈奴附漢後逐漸有變化，降至魏晉，據《晉書‧匈奴列傳》所述，當時行十六等王制度，皆用單于親子弟為之，故疑劉聰本於此。

〔註60〕《十六國春秋輯補》及《通鑑》謂粲同時兼領大單于，即將劉乂原本所兼領者削去，故引起東宮緊張，成為政變之導火線。不論劉粲是否另兼大單于，要之如太子太師盧志所言，今忽以粲居相國位，令其掌萬機，而以「諸王之營以為羽翼，此事勢去矣」，應最能窺見相國與軍隊的關係。說詳同註54。

為烏丸人，皆石勒初起時十八騎之一，〔註61〕故委此二禁將以京城胡人訴訟事務。當時石勒在襄國附近已有單于臺的建置，應為統領京畿胡夷的機關。胡夷既多為禁衛軍，故以石虎為單元于輔・都督禁衛諸軍事也。按石虎初為石勒之征虜將軍，313 年石虎領兵破鄴後即領魏郡太守，其後雖常在外專征，但仍鎮鄴三臺。魏郡為畿輔郡之一，故石虎恐是內調，以都督禁衛諸軍事統領京城內諸軍也。石虎尋拜為車騎將軍，在鄴有直轄的五十四營，故應是以重號將軍外調為畿輔衛軍之重要統帥，是以其常統兵征伐，所領即多為禁衛軍，如〈石勒載記下〉載「遣季龍統中外精卒四萬討徐龕」，又載「季龍統中外步騎四萬討曹嶷」等，皆是其例。

石勒既拜石虎為重號的車騎將軍，委以畿輔禁衛之任，卻又常令他出征，是則京畿防衛似有鬆動之虞。可能以此之故，石勒又拜其世子弘領中領軍，此為京城禁軍之法定統帥，顯示石勒有京城內、外分開部署的構想。326 年石勒又有遷都鄴城的計畫，遂令石弘出鎮鄴，〈石勒載記下〉云：

> 勒既將營鄴宮，又欲以其世子弘為鎮，密與程遐謀之。石季龍自以
> 勳效之重，仗鄴為基，雅無去意。及修構三臺，遷其家室，季龍深
> 恨遐⋯⋯。勒以弘鎮鄴，配禁兵萬人，車騎所統五十四營悉配之，
> 以驍騎領門臣祭酒王陽專統六夷以輔之。

按〈石勒載記下・石弘附傳〉載程遐為弘之舅，常與徐光言於石勒，謂虎專征歲久，雄桀殘暴，其諸子又皆預兵權，宜早除之。當時石弘是以衛將軍奉令出鎮鄴的，衛將軍位次車騎將軍，是以石勒此舉應是有假遷鄴而奪石虎兵權之意。石虎以重號的車騎將軍統領畿輔衛戍部隊，石弘則是以世子・領中領軍的禁軍統帥改拜為重號的衛將軍出代石虎，不但配屬禁軍以為防範，抑且盡奪車騎原統的五十四營，並另以原中領軍的直屬將領驍騎將軍王陽剝奪了石虎的六夷行政權。〔註62〕此是以禁軍（中軍、內軍）為後盾奪取衛軍（外軍）之兵權，是極不信任之舉，無怪石虎引為大恨，而種下日後兵變之禍。

330 年，石勒自稱大趙天王・行皇帝事，〈石勒載記下〉云：

> 立⋯⋯世子弘為太子，署其子宏為使持節・散騎常侍・都督中外諸

〔註61〕詳本書〈後趙文化適應及兩制統治〉篇。
〔註62〕單于臺政廳化，掌鎮撫百蠻，單于元輔輔之，〔註61〕拙文已論之；《晉書・職官志》謂驍衛為中領軍所統七軍之一（卷二四，頁 740），故王陽直轄於石弘也。

軍事‧驃騎大將軍，大單于，封秦王，左衛將軍斌太原王，小子恢
為輔國將軍‧南陽王，中山公季龍為太尉‧守尚書令‧中山王，石
生河東王，石堪彭城王；以季龍子邃為冀州刺史，封齊王，加散騎
常侍‧武衛將軍，宣左將軍，挺侍中‧梁王。

二趙尚書臺掌兵機行政，但石勒尋令太子省可尚書奏事，使「季龍之門，可設
雀羅」，是則不僅奪其衛軍營之統率權，又奪其尚書令之軍事行政權，遂更使
石虎快快不悅。石勒以世子弘奪石虎之軍政權，又使石宏統率中、外禁衛軍掌
握軍令權，他子石斌、石恢等亦為禁衛將領，理應可以無憂。不過，石虎雖以
其戰功威望而為唯一的無兵權公相，但對軍中仍有影響力，而其子石邃、石宣
等亦為禁衛將領，此即伏下禍根。及至333年石勒一死，遂蕭牆禍起，〈石勒
載記下‧石弘附傳〉云：

　　及勒死，季龍執弘使臨軒，命收程遐、徐光下廷尉，召其子邃率兵
　　入衛，文武靡不奔散。……弘策拜季龍為丞相‧魏王‧大單于，……
　　總攝百揆。……（立）子邃為魏太子，加使持節‧侍中‧大都督中
　　外諸軍事‧大將軍‧錄尚書事；宣為使持節‧車騎大將軍‧冀州刺
　　史，封河間王；韜為前鋒將軍‧司隸校尉，封樂安王；……季龍僚
　　舊昵悉署臺省禁要。

石虎親總百官，以其子分別掌握中外禁衛軍統率權，冀州行政權、及司隸治
安權，這就是石堪對劉太后所謂「眾旅不復由人，宮殿之內無所措籌」的形
勢。

　　石虎於337年正月自稱大趙天王，以石邃為太子，未知落都督中外諸軍事
否。要之，據〈石季龍載記上〉之載述，「邃自總百揆之後」，淫色驕恣，乃至
「欲行冒頓之事」，因而在同年六月一家為虎所殺，〔註63〕可見太子邃是實際
統領百官及統率軍隊的，否則決無力也不敢行冒頓之事。此後至349年石虎死
前四個月，未見再以都督中外諸軍事除人。

　　不過，此期間石虎的中央禁衛軍仍有值得注意的地方。

　　第一、石虎將直盪擴充為三萬人的龍騰軍，與曜武軍（前面皆已述）及其
「羯士」，殆即羯族之軍士，構成內軍的重要兵種；

　　第二、他調整軍制：「置左右昭戎、曜武將軍，位在左、右衛上。東宮置

〔註63〕行冒頓之事是指匈奴雄主冒頓殺父之事，可詳《史記‧匈奴列傳》；石邃被殺
　　　　繫年月，見《通鑑》晉成帝咸康三年六月條。

左、右統將軍，位在四率上。……置鎮衛將軍，在車騎將軍上。」〔註64〕

　　按晉制領軍將軍（資淺者為之稱中領軍）統率左、右衛，前、後、左、右軍，及驍衛七營，為京城禁軍。是則昭戎、曜武四軍，其位階尚高於二衛，任遇應甚為重要，恐為前秦四禁之濫觴。又車騎將軍是漢以來最常置的重號將軍，石虎當年也曾任之，統率五十四營，可見其重。今置鎮衛將軍居其上，亦可見此號將軍之重。石虎病危時，命石遵、石斌、張豺輔政，張豺即任鎮衛大將軍‧領軍將軍‧吏部尚書。張豺以此軍階兼領領軍將軍，故可以指揮龍騰軟禁丞相石斌，及配屬禁兵三萬而遣大將軍石遵還鎮關右也。〔註65〕

　　更值得注意的是太子及宗室的軍隊，在上述調整軍制之前，掌理軍政的張離，曾主導了削弱公府兵（因石虎稱天王，故降諸子為公）、強化東宮兵的政策，〈石季龍載記上〉云：

> 右僕射張離領五兵尚書，專總兵要，而欲求媚於（太子）石宣，因說之曰：「今諸公侯吏兵過限，宜漸削弱，以盛儲威。」宣……乃使離奏奪諸公府吏，秦、燕、義陽、樂平四公聽置吏一百九十七人，帳下兵二百人，自此以下，三分置一，餘兵五萬，悉配東宮。於是諸公咸怨，為大釁之漸矣。

東宮及公侯兵也是城內禁軍之一，故漢趙有都督二宮禁衛諸軍事之職；而奪公侯兵以強化東宮兵，所以才有東宮左、右統將軍的新建制。據《晉書‧百官志》，西晉東宮有左、右、前、後四衛率，各領一軍，兵力不詳；封建之大國有三軍，中軍二千人，上、下軍各一千五百人，共五千人；次國上軍二千人，下軍一千人，共三千人；小國一軍，有一千一百人。後趙的公侯軍兵力不詳，要之秦、燕等四公乃石虎之子，兵力削至二百人，其弱可知。漢趙劉乂被廢前，東宮「四衛精兵不減五千」，〔註66〕應是正常編制。然而後趙實行強化東宮兵及新建制之後，兵力空前龐大。〈石季龍載記下〉載石宣被殺後，「東宮衛士十餘萬人皆謫戍涼州」，可見其多。而且，這些「東宮謫卒高力」，皆是「多力善射，一當十餘人」的勇士，當其在謫戍途中造反時，先敗長安石苞的鎮兵，再敗李農統率來討的十萬中央步騎，最後始在大都督中外諸軍事石斌所統的精騎一萬及姚弋仲與苻洪部攻擊下失敗，可見其精良。

〔註64〕參〈石季龍載記上〉，卷一○六，頁2775。
〔註65〕參〈石季龍載記下〉，卷一○七，頁2787。
〔註66〕參〈劉聰載記〉，卷一○二，頁2667。

石虎死前一面派遣中央軍討伐東宮高力，一面以石遵、石斌及張豺輔政，劉后尋矯命以豺為太保‧都督中外諸軍事‧錄尚書事，實際掌握軍政大權。及虎死，張豺引張離為鎮軍大將軍‧監中外諸軍事‧司隸校尉，以為己副，此為「監中外諸軍事」之僅見，為中央禁衛軍之副統帥。此下後趙即陷於內戰，先後任過都督中外諸軍事的，計有石遵以丞相‧大司馬‧錄尚書事，石（冉）閔以輔國大將軍‧錄尚書事任之。〈石季龍載記下〉謂「閔既為都督，總內、外兵權，乃懷撫殿中將士及故東宮高力萬餘人，皆奏為殿中員外將軍……樹己之恩」。不過，他不能有效的指揮城內胡羯，故斬關踰城而出者不可勝數，遂使石閔「班令內、外趙人」進行種族屠殺，并篡位改國號為魏。

根據上面之分析論述，可以得出如下的初步判斷：

（一）二趙摹倣晉制而將龐大的中央軍隊集結於首都，因而亦分為中、外軍的建制。據劉曜統長安中外精兵赴戰，石勒夜出檢查營衛，石虎統襄國中外精兵出征，石閔總鄴城內外兵權諸例察之，中軍即內軍，即筆者所謂的京城內禁軍；外軍即京城外之衛戍部隊，即筆者所謂的衛軍。前列第一說應是精確的。

（二）在中央軍系統中，《晉書‧職官志》謂以領軍、護軍、左衛、右衛、驍騎、遊擊為六軍，其將軍各領營兵，這些軍號皆見於二趙。此外，中壘、中堅、武衛、五校等軍號也見於二趙，但統率不詳；後趙甚至有鎮衛將軍的建制，可能倣自晉制之鎮衛四軍。至於東宮及諸王公也有部隊，殆亦屬於中央軍系統之禁軍。又，漢趙有十六號大將軍各領營兵的建制，恐是南匈奴十六等王長的宗室軍事封建制之遺跡；後趙置左右昭戎、曜武四軍，軍階在二衛之上，恐怕是前秦四禁將軍之濫觴；此與東宮置左右統將軍，軍階在四率之上，皆為軍隊擴充政策下的特別建制，為魏晉所無。

（三）中軍之最內圈應是殿廷之內的郎衛，漢趙有親御郎，後趙有龍騰中郎、殿中將軍、殿員外將軍等建制，殆皆為由百官子弟組成的天子貼身或殿廷的侍衛部隊。親御郎與龍騰中郎，且是晉制所無的新建制，或許是隋唐三衛五府之濫觴。

（四）二趙有時置城內禁軍統帥之職，如漢趙有都督二宮禁衛諸軍事，後趙有都督中軍諸軍事、〔註67〕都督禁衛諸軍事等職稱應即是此例。

〔註67〕石勒親統大軍赴洛陽與劉曜決戰前，下令內外戒嚴，命左衛將軍石邃都督中軍諸軍事，詳〈石勒載記下〉，卷一〇五，頁2744。

　　（五）在外軍系統中，城外諸軍列布畿輔近郡，可能由其他雜號將軍分別統領之。他們似無常制的最高統帥，而是由君主視情況委任配屬的，如漢趙劉聰以大司馬握十萬勁兵於近郊，并指揮其反兵變；稍後劉粲因大將軍、衛將軍皆握勁兵，恐其協助劉乂，而爆發奪嫡政變；後趙石虎以車騎將軍統五十四營駐於鄴，後為太子弘以衛將軍名義奪領其所部等，皆是其例。大司馬、大將車、車騎將軍、衛將軍等武公官或重號將軍，皆可能是衛軍的高級統帥，實際領兵，但配屬營部的數目則無定制，也可能是全衛軍的最高統帥。

　　（六）中央禁、衛軍的最高統帥為君主本人，但君主常視情況特置都督中外諸軍事一職，特任他官領之。此他官多是武公官、重號將軍，或雜號將軍加大者，乃至非武官任之，因是特置，故無定制。例如石閔以輔國大將軍，石虎以單于元輔任之，皆是其例。後趙末張離以鎮軍大將軍，監中外諸軍事，為禁、衛軍之最高副統帥，則是僅見的特例。

　　於此，另有一個建制問題，因史料不足，未便詳論者，即將軍以下之建制單位及統指系統。據《續漢書‧百官一》，東漢領兵將軍皆有部曲，其統率系統為：將軍（營）──校尉（部）──軍候（曲）─屯長（屯）──軍士。是為五級建制。將軍營由多少部組成并無定制，大體除了直屬部曲外，由別營來配屬的即為別部司馬，「其兵多少各隨時宜」，這是一種彈性編組。魏晉基本上沿襲了此制度，而二趙又倣效了魏晉。〈石勒載記下〉載石「勒嘗夜微行，檢察營衛」，欲略守門者求出之事。此事反映了京城外部署了衛軍諸營的事實，所謂「營衛」是也。

　　將軍所統通常以其軍號而稱某某營，如大將軍營、車騎營、渡遼營等，每營兵力似乎也沒有固定的編制，如《續漢書‧百官一》并注，即說北軍五校營每營約七百人；前述劉聰嘉平體制之十六號大將軍營，每營兵額為二千人。不過，筆者認為將軍營亦即為一軍，前論東宮四衛率各領一軍，每軍兵額約千餘人；封建三等國，每軍亦約在一千至二千人之間，可以為證。

　　揆諸二趙，似有「軍」級的建制或稱呼，恐與戰時編制有關，如前面引述過，劉淵由匈奴制改變為漢制之初，即派遣其武牙將軍劉欽等「六軍」迎戰司馬騰軍；石宣遊獵時，統「十有六軍，戎卒十八萬」；皆是有軍級單位或稱謂之證。依照石宣之例，每軍約有一萬人強；依照劉淵命石勒等七將率眾三萬徇趙魏地之例，則每將平均統四千餘人（按石勒所部有七千人，是則他將未必有四千人，只是取其平均數）。可證每將軍雖統領一軍，因為除了直屬部曲外，

尚有別部配屬，故所統兵力確實是「各隨時宜」的，充份展現了彈性編組的原則。石虎以車騎將軍領五十四營，很可能每營即由一雜號將軍統領，即起碼下轄五十四個將軍，故疑其為衛軍統帥也。亦因此之故，筆者前面推斷二趙諸將軍大體皆領兵，故都督中外諸軍事也者，即都督中、外諸將軍所統領之「軍」是也；《晉書‧楚王瑋列傳》謂瑋勒本軍，矯詔召三十六軍，聲稱受詔都督中外諸軍事，應可作為確證。〔註68〕

六、派遣軍與州郡兵及其與二趙喪亂的關係

中軍若指中央軍，即指中央禁衛軍而言，相應的，其派遣軍亦應是中央軍，只是對於仍駐防於京畿的中央軍而言，它是派遣在外之性質，故也可視為外軍。中央派遣軍的統帥，往往逕以重號將軍充任之，劉聰、劉曜、石勒、石虎出征多為此例，載記明顯可見，不必贅舉；有時亦不必重號將軍充任，甚至無派遣軍之最高統帥，如前引石虎征鮮卑段遼之役，即可為例。

根據〈表二〉，二趙常派中央軍出征，必要時禁兵也在派遣之列，統帥則有時以某將軍或某大將軍帶都督之銜充任之，蓋倣自魏晉之制。前述的都督中外諸軍事與禁衛都督兩種稱號，皆非派遣軍統帥的職銜。中央派遣軍之統帥有時稱為都督，以其軍事行動及目標而論，則似乎有三種形式：

第一種為征討都督，即以執行某次征討行動為軍事目標者，其統帥例以某某將軍或假以使持節等名義，充任征討都督之任，通常事畢即撤，如〈表二〉之1、8、12、13、14、15等例即是。這種中央派遣征討軍團，有時也因行軍戰鬥之序列，出現「前鋒（大）都督」諸名，如〈表二〉之4、5二例是；或「督後軍」，〔註69〕乃至「攻戰都督」諸名。〔註70〕

第二種為戰區都督，即派遣至指定地區執行作戰任務者，其統帥職銜通常以「某某將軍督某地征討諸軍事」或「都督某地諸軍事」為名，如〈表二〉之2、3、11等例即是。這種性質的軍事行動，有時因目標達成而事畢即撤，如

〔註68〕按瑋時為衛將軍‧領北軍中侯，應即為北軍五校之總監，亦即其本軍，而以重號將軍領之。

〔註69〕例如〈元海載記〉謂劉聰等攻洛陽失敗，聰命其劉屬、呼近朗等「督後軍」（卷一○一，頁2651）；〈劉曜載記〉謂曜遠遣征西將軍劉貢擊陳安，「留（石）武督後眾」（卷一○三，頁2693）等例即是。

〔註70〕如石勒與段氏鮮卑戰，以孔萇為「攻戰都督」，見〈石勒載記上〉，卷一○四，頁2718。

〈表二〉之 11；有時因在此地區長期征戰而不能撤，以至變為軍區都督，如第 2 條之石勒即為顯例。

第三種為「行臺都督」，如〈表二〉之 16 即為其例，大約喪亂之際，為加重征伐之權威，以中央尚書臺官充任之，俾在戰地統一政、軍等各方面之事權，其性質也就如中央尚書臺出督征戰。二趙僅見此一例。

都督之另一種類型是軍區都督。所謂軍區都督，是指平常有一定的統轄區，并統率指揮此區內的軍隊，以執行鎮戍警防為主要任務者。其與戰區都督之差別，即為後者在指定區域，以戰鬥為主要任務，任務完成後即班師撤銷，而不作長駐者；若一旦奉命留駐，而且長駐化，其性質即變為軍區都督。

軍區都督是實施國家戰略的體制，是基於分區鎮防之構想而設計的。由於此類都督有固定數目的州郡為其統轄區，因此研究者一般稱之為州郡都督，論著頗多，而以嚴歸田師論之最詳密。據歸田師研究，魏晉軍區都督之督區有督數郡的，有督一州的，有督數州的；依名號輕重（統率權位輕重）則有都督、監、督三種；依專殺授權輕重則有使持節、持節、假節三種，但也有不予此項授權的。〔註71〕就發展角度而言，都督制事實上從漢朝的使者督軍制度演變而來，至晉定型為州都督型態，且由一州都督在西晉末演變為多州都督。〔註72〕

二趙以軍隊征天下，故其軍區都督制也傲自魏晉，根據〈表三〉之 1、3 及 19，有「監某某諸軍事」、「監某地諸軍事」之銜，且均無專殺授權。第 14 條之荊州監軍郭敬，恐為監荊州諸軍事的別寫，故尋授為荊州刺史。單以「督」為名之例較少，〈表二〉之 2，石勒督山東征討諸軍事即其例。至於都督則較為常見，或帶使持節或否。督將既擁節監督指揮轄區的州郡兵，故相對於中央即為地方兵。

二趙都督亦如魏晉，多以將軍充任之，督區小者督數郡，如〈表三〉之 3 程遐為寧朔將軍‧監冀州七郡諸軍事；或都督一州，如同表之 19 李農為使持節‧監遼西、北平諸軍事‧征東將軍‧營州牧；也有都督數州的多州都督，如

〔註71〕 參其《中國地方行政制度史》，尤其是乙部之《魏晉南北朝地方行政制度》上、下冊，台北：中研院史語所專刊之四十五Ｂ，1990 年。

〔註72〕 分詳廖伯源〈漢代監軍制度試釋〉（《大陸雜誌》七十卷三期，民國 74 年 3 月），小尾孟夫〈東晉における多州都督制〉（《史學研究》151，1981 年 5 月），及筆者之〈試論都督制之淵源及早期發展〉一文（收入拙著《中古大軍制度緣起演變史論》上冊，新北市：花木蘭文化事業有公限公司，219 年）。

同表之 7 楊難敵都督六州即是其例。值得注意的是，二趙固定的都督區并不常見，偶置之則多稱為監某地諸軍事，似有故意貶抑軍區都督權位之意，或許與鑒于石勒，曹嶷之尾大不掉因素有關。試以石勒為例，〈石勒載記上〉載其獨立前官銜依次為：

1. 劉淵授以輔漢將軍・督山東征討諸軍事・平晉王。（2709～2710）
2. 持節・平東大將軍，都督、王如故。（2710）
3. 持節・鎮東大將軍・汲郡公，都督、王如故。（2711）
4. 劉聰授以征東大將軍・并州刺史，他如故，勒固辭將軍。（2712）
5. 再授征東大將軍，固辭。（2713）
6. 三授征東大將軍・幽州牧，固辭將軍。（2713）
7. 兼併王彌，授鎮東大將軍・督幽并二州諸軍事・領并州刺史，持節、征討都督、幽州牧等如故。（2714）
8. 據襄國，授使持節・散騎常侍・都督冀幽并營四州雜夷征討諸軍事・冀州牧，進封上黨郡公，幽州牧及東夷校尉等如故。
9. 進侍中・征東大將軍。（見《通鑑》晉愍帝建興元年五月，卷八八，頁2800）
10. 滅王浚，授大都督陝東諸軍事・驃騎大將軍・東單于，侍中、二州牧等如故，加金鉦、黃鉞。（2724）
11. 賜以弓矢，加崇為陝東伯，得專伐封拜。（2724）
12. 聰病危，召勒大將軍・錄尚書事，受遺輔政，固辭。（2727）
13. 署大將軍・持節鉞，都督、二州牧等如故，增封十郡，不受。（2727）

是則石勒最初是以無專殺授權之雜號將軍為「督」出征的，不久即進為平東大將軍都督，而為持節都督，并依征、鎮、安、平位號轉遷，而且專殺授權則由持節而使持節，而持節鉞，其序進皆如魏晉制度。尤值注意的是，石勒原本是以授予夷狄酋長的雜號王（平晉王）為中央派遣軍之戰區征討都督，其後州都督化，由一州都督變為幽并二州都督，而仍兼為征討都督（見第 7 條），但已擺脫雜號王長身分而內臣建制化——即授汲郡公；及至石勒獲得根據地後，劉聰益不能控制他，乃授以山東四州，其戰區即其軍區，甚至最後授之大都督陝東諸軍事・東單于，即承認其山東勢力成為大軍區統帥兼胡夷領袖之事實也。

按《通鑑》繫第 10 條於晉愍帝建興二年（314 年）三月，督銜作「大都督・督陝東諸軍事」；及至兩年後之建興四年十一月愍帝降劉曜，劉聰拜曜為

假黃鉞・大都督・督陝西諸軍事・太宰・封秦王，以陝為界，分置東、西大都督，表面上法古之二伯分陝而治的構想，其實欲培植劉曜以分石勒之形勢。〔註73〕石勒之超級軍區，正見其非復人臣之任矣，故翌年即脫離劉曜之趙（前趙）而自立為王，自稱為趙（後趙）。

　　二趙都督制尚另有值得注意的，是其有夷部都督與羈縻都督。

　　夷部都督是指授予部落領袖以都督、督或監的官職，命之繼續統領原部落的制度，此即「都司」，應是一種以中國的都督制部勒非漢族部落的胡漢混合制度。二趙較早見之例子為鐵伐劉虎（見表三之 1）。劉虎號稱為北部帥劉猛之從子，所部為匈奴與鮮卑的混合部落，因以鐵伐為號。劉虎此部始臣附於拓跋鮮卑，後以眾落稍多而叛，為拓跋氏與劉琨所擊敗，遂走據朔方，歸附劉聰。劉「聰以虎宗室，拜安北將軍・監鮮卑諸軍事・丁零中郎將」，是則所部恐怕也有丁零族人。〔註74〕劉虎常率部進攻拓跋鮮卑之西部及其同盟劉琨，未聞劉聰積極出兵援助，故其與平陽的統治關係不詳，大抵劉聰授他以夷部都督，是要他在國防戰略上牽制拓跋鮮卑及劉琨而已。

　　劉聰稍後實行嘉平體制，將平陽本部核心區之六夷，以萬落為單位分屬二十個都尉統領，二十都尉則分隸於單于左、右輔，置於單于臺下直隸於大單于，此為單于臺都尉制，是嘉平體制兩制統治之胡制形式。〔註75〕平陽直轄地區事實上未見夷部都督制的記載，可能是在直轄核心區內，不必加重都尉職權之緣故吧。

　　平陽淪亡後，劉曜在長安建前趙，以來降的休屠石武為使持節，都督秦州隴上雜夷諸軍事・平西大將軍・秦州刺史・酒泉王（見表三之 8），則是另一例。當時陳安據秦州之上邽等地叛劉曜，眾十餘萬，休屠王石武殆是安部眾之一，以桑城降曜，故授以此官職。稍後石武率部自桑城攻安，是造成陳安兵敗被殺之要因。〔註76〕大抵石武率休屠部落來降，劉曜遂授他夷部都督，加重其

〔註73〕〈劉曜載記〉不載此官職，今據《通鑑》，分見建興二年三月及四年十一月條，卷八八，頁 2814 及卷八九，頁 2834。

〔註74〕詳《魏書・鐵伐劉虎列傳》，卷九，頁 2054。

〔註75〕註 54 拙文已詳論之，不贅；但據《史》、《漢》〈匈奴列傳〉，匈奴盛時也有都尉之官，故都尉制未必全採中國制。

〔註76〕事詳〈劉曜載記〉，卷一〇三，頁 2692～2694。據該卷〈校勘記〉，石武殆作石虎，與後趙之石虎同名，皆避唐諱。又按，陳安與石武交戰，安大罵武為「叛逆胡奴」，是知其原為安舊部；陳安在秦州反叛，石武據地在桑城而已，故雖署秦州刺史，應未統治秦州。

權位,使之號召雜夷也,故應是夷部都督之例。

漢趙夷部都督見例不多,但後趙石勒則似乎頗曾推廣,此與其以雜胡起事,所部種落龐雜的性質殆有關。據筆者估計,石勒獨立前,所部即有羯、匈奴、烏丸、巴、氐、羌諸族八、九十萬人以上,其後多集中部署於司、冀之地。〔註77〕319年稱趙王時,以襄國為中心,將畿輔郡擴充為二十四郡,其地即多有部落。〈石勒載記上〉稱其群臣請「以大單于鎮撫百蠻,罷并、朔、司三州,通置部司以監之」,很可能即基於并、朔與畿輔胡部繁多的緣故。

所謂部司,其詳不明,筆者懷疑是任命部落領袖以將軍或將軍都督,使領原部落居於原住地或遷徙於指定地區,以軍事組織部勒監臨之,使從事軍事任務或生產工作之制度。後趙到底在并、朔、司三州部署了多少此類部司,情況不詳,不過至少有下面三例可以概見:

例如并、朔自魏晉以來即多為非漢族種落居住的地區,前述之鐵伐劉虎居朔方,被劉聰拜為安北將軍‧監鮮卑諸軍事‧丁零中郎將,至其子務桓之時,又潛通後趙,石虎授以平北將軍‧左賢王,其後輾轉發展成為赫連氏之夏國,此為一例。〔註78〕司州畿輔之地,石虎受略陽氐苻洪之降,授洪為龍驤將軍‧流人都督‧命其率部遷徙至汲郡之枋頭。苻洪「累有戰功,封西平郡公,其部下賜爵關內侯者二千餘人,以洪為關內領侯將」,其後遷至使持節‧都督六夷諸軍事‧冠軍大將軍等官職,石閔甚至以其握強兵五萬,屯據近畿,竟勸石虎殺之,此為另一堅強例證。〔註79〕又如南安羌姚弋仲,在劉曜滅陳安時降,曜授以平西將軍,封平襄公,邑之於隴上,是授以將軍率原部落仍居原住地的秦州隴上雜夷之一。後來降後趙,石勒授以行安西將軍‧六夷左都督。石虎兵變後,命「弋仲率部眾數萬遷于清河,拜奮武將軍‧西羌大都督,封襄平縣公」,其後亦遷至持節,十郡六夷大都督‧冠軍大將軍等官職,也是另一強證。〔註80〕

羈縻之制,漢以來即施於四夷,至於施于邊地割據,陽為稱臣而其實不臣者亦有之,但授以都督等重號以羈縻之,其例則少見。〈表三〉之7,劉曜授仇池氐楊難敵使持節而又假黃鉞,拜侍中‧上大將軍而又都督六州,已是劉聰授

〔註77〕 詳同註61拙文。

〔註78〕 詳同註74之傳。

〔註79〕 詳《晉書‧苻洪載記》,卷一一二,頁3687。洪拜六夷都督,載記不載,見〈表三〉之18。

〔註80〕 詳《晉書‧姚弋仲載記》,卷一一六,頁2959~2960。

石勒金鉦黃鉞、陝東大都督、東單于以來的無奈羈縻之一例。之9的涼州張茂
則是另一例。這是漢趙無力征伐此二方的結果，其實授予他們都督等重號意義
也不大，他們事實上是獨立狀態的。

都督原是奉君命持節督軍的差遣職，所統的是中央派遣軍；而中央軍是指
京城內、外的軍隊，即中、外軍，包括畿輔近郡的部隊。此外，其他州郡究竟
有沒有軍隊，也就是有沒有地方軍？

按前論漢魏晉皆有州郡兵，即使晉武帝欲行偃武政策，事實上也未全面實
行。今據〈表三〉所示，二趙也是有州郡兵的。如第6條石虎率幽、冀之兵會
攻平陽，第11條劉曜命其鎮東將軍呼延謨率荊、司之眾與劉岳的中央派遣軍
會師攻洛陽，是漢趙幽、冀、荊、司四州有州兵之明證。又如第10條石勒徵
徐、揚州兵會攻下邳，第12條石勒命豫州刺史桃豹等各率見眾來會戰洛陽，
第15條關中、洛陽二鎮起兵討石虎，第16條石虎命石斌率精騎二萬并秦、雍
二州兵討伐羌人，第22條命石寧為征西將軍率并、司州兵二萬餘人為討涼兵
團之第二梯隊，第23條洛州刺史劉國等率洛陽之眾會石遵攻張豺，第24條石
沖除留戍兵外，率幽州五萬眾南討石遵，沿途會燕趙之眾至十餘萬之多，可見
石勒獨立稱王後，徐、揚、豫、秦、雍、并、司、洛、幽、冀十州皆有州兵。
幽州為防備前燕的前線，兵力更在五萬以上。

至於郡兵，第2條之河間、渤海、長樂三太守各率步騎三千左右執行鎮守
任務，第3條之程遐監冀州七郡諸軍事，則此七郡必有兵，第10條後趙將兵
都尉（都尉為郡級武官）石瞻攻下邳，汲郡內史石聰救石生，而前趙河南太守
尹平被攻反勝，則此數郡亦必有兵。此皆為二趙有郡兵之明證。

二趙州郡兵應是徵簡而來的，前面頗已論之；但也有中央派來鎮戍之例，
如第16條之涉歸、日歸奉命率眾戍長安，告發其上司鎮西將軍石廣潛謀不
軌，第23條石遵為大將軍鎮關右，中央配禁兵三萬以遣之，可能皆有中央駐
泊部隊的性質。此地區若有持節都督，則督區內不論中央軍或地方軍，應即
受其統率指揮。

根據上述諸例，州刺史、郡太守、將兵都尉，平常應即為其轄區的領兵長
官，戰時也統兵出戰。按魏晉刺史多加將軍之號，即為重號刺史，否則即為單
車刺史，郡太守也多因軍功加將軍、護軍之號。〔註81〕〈表三〉之5石勒授曹
嶷東州大將軍·青州牧，第13條以石邃為冀州刺史加武衛將軍，第15條以石

──────────
〔註81〕參前引嚴歸田師之書，頁112～113及231～234。

宣為使持節・車騎大將軍・冀州刺史，石韜為前鋒將軍・司隸校尉，第 20 條石虎以張離為龍驤將軍・雍州刺史，皆是重號刺史。太守加將軍者也有其例，如第 2 條以揚武將軍張夷為河間太守，第 4 條以李回為易北都護・振武將軍・高陽太守，即是其例。可見此方面也是倣自魏晉。

按嚴歸田師研究，魏晉刺史有三等：不領兵的單車刺史（位五品）、領兵刺史（多加將軍之號，位四品）及加都督的領兵刺史（持節都督位二品）。郡守、國相、內史位第五品，西晉末以降有加將軍者，且有加督、加都督者，品位不明。〔註82〕都督與刺史、守相品秩相差甚大，若〈表二〉諸例管窺，大約二趙刺史、守相不論加將軍否，都有平時領所部兵，戰時則領所部兵參戰之可能。重要之地，則有合數郡而置督軍之制，如第 3 條之程遐以寧朔將軍監冀州七郡諸軍事，第 19 條之李農以征東將軍監遼西、北平諸軍事。監督數郡諸軍事若有頭頂上司，殆即為軍區之持節一州都督或持節多州都督。因持節都督是奉君命來督軍的軍事使節，品位甚高，且常以重號將軍或其他從公級大將軍為之，故其頂頭上司理應即為君主本人；即使其時置有都督中外諸軍事，恐怕也不能節制之，蓋此職僅為中央軍區的統帥而已。

要之，二趙似乎除了夷部都督是胡漢混合的創制外，其征討軍有時命征討都督，有時逕命將軍，或刺史率領出征。州郡地方兵則分由刺史、守相節級統率，也常付予戰鬥任務，不僅止是地區的警備部隊而已。置有軍區的持節都督，就是區內州郡兵，乃至區內中央軍駐軍的統帥，制度不致與魏晉大異。

按都督中外諸軍事是中央禁衛軍的統帥，通常以大將軍、驃騎、車騎、衛將軍等重號將軍充任，而不常置；軍區持節都督則是一州或多州之統帥，通常以重號將軍或四征、四鎮充任，四安、四平及諸雜號將軍充任者較為少見，而亦是非常置制度。正常情形是：中央禁軍有常制性的統率系統，由領軍將軍以下諸禁軍將領統率指揮之；京城外以至畿輔近郡諸衛軍，平常亦各置雜號將軍統領之，其高級統帥即為大司馬或諸重號將軍，至於摹倣晉制領城外衛軍的護軍將軍則情況不詳。地方州郡兵則常各由州郡的刺史、太守統領，他們也多帶將軍號，刺史之軍號常為征鎮安平，有時也為重號將軍，這些重要武官及重州刺史，二趙常以宗室子弟任之。

就二趙比較而言，他們的共同點是在中央部署并維持著優勢數量的強大部隊，而且多為胡夷部落軍隊，這原出於固本強幹之戰略構想。強幹的戰略構

〔註82〕歸田師前引書，頁 111～113，227～238。

想，原應配以弱枝政策，始能保持國家安全；但是二趙因立國形勢之相異，在此方面遂有所差別。

劉淵、劉聰父子始終以平陽、河東為核心區，主要是晉的兩郡之地，也是其最直接有效的統治區，於此保持一支強大的中央軍，常常派遣出征洛陽與長安。不過，他們沒有征服洛陽後隨而遷都於此的構想，所以僅能有效的控制劉曜統領的關中西征軍，蓋因劉曜常駐河東，有出征不利則回防的地緣戰略之緣故。〔註83〕然而對於東征諸軍，情勢顯然不同。他們東出後即與平陽本部有太行之隔，故皆各在戰區內自為戰，就地發展，戰略關係遂與本部疏遠，如石勒、曹嶷之例，一旦茁壯至十餘萬人，平陽即鞭長莫及，不能控制。平陽雖是強幹，但石勒此陝東大都督也非弱枝，乃至平陽內亂而衰，則石勒之強枝遂乘時變成新幹。

當然，導至石勒有能力進兵平陽，固是漢趙上述戰略失衡之缺點所造成，但是使其有機會進兵摧毀平陽，則應是以中央軍權旁落為主要因素。漢趙於310年劉淵死後即因此發生首次兵變，就是前述嗣主劉和因「三王總強兵於內，大司馬握十萬勁兵居于近郊」，感到軍權旁落，如同「寄坐」之疑忌，促成大司馬劉聰兵變，政權易主；所以劉聰嗣位之後，乃以諸子分為十六大將軍，使各領營兵，以收分散制衡之效。不過降至318年聰死後，嗣主粲可能基于前面經驗，在誅其大司馬劉驥、車騎大將軍劉逞兄弟等後，卻將中央軍權從宗室子弟手中收回，而交與其心腹大將軍・錄尚書事靳準、車騎將軍靳明、衛將軍靳康兄弟。靳準兵變，盡屠平陽劉氏，政權再度易主，因而造成石勒的機會。〔註84〕

在強幹政策之下，中央集結龐大部隊，故軍權所託非人即會導至危機；危機發生而無強藩勤王，則會造成亡國，此理當為石勒所深刻體會。〔註85〕

〔註83〕淵父子之戰略構想，請參註 4 拙文。又即使後來劉曜俘愍帝，鎮長安，但是一者長安戰事從未平隱，再者長安畢竟距平陽較近便，另者劉曜是宗室，故本部仍易控制也。

〔註84〕據〈劉聰載記〉，聰所居螽斯則百堂火災，焚其二十一子，可能十六大將軍皆死於此難，才以劉驥為大將軍・都督中外諸軍事・錄尚書事・總攬政軍大權，死前乃拜之為大司馬。靳準兄弟則為劉驥兄弟死後最高級之將軍。

〔註85〕按〈劉曜載記〉，劉曜雖自長安率兵勤王，但一者急於即位，一者恐怕自忖實力不及石勒，故不敢進兵平陽。至於石勒，據〈石勒載記上〉所述，他早就圖謀平陽，故命將招誘平陽之亡叛者，待其可勝，遂進兵攻滅之。是以筆者推斷其對此有深刻體會。

是以當後趙穩定後，石勒命世子弘出鎮鄴，剝奪了石虎車騎將軍所統五十四
營兵權，種下了石虎懷恨兵變的危機。石勒稱帝後以弘為太子，另以他子石
宏為持節・散騎常侍・都督中外諸軍事・驃騎大將軍・大單于・秦王，可能
出鎮鄴以代太子弘。〔註86〕石勒不僅實行此人事措施，俾使中央軍可被穩定
控制；兼且他實行部司制，以軍事組織部勒胡夷部落，使他們在畿輔近郡統
率強大的軍力，成為中央的衛軍，如苻洪在枋頭握兵五萬，在制度上接受自
己（石勒長期以趙王領大將軍）及都督中外諸軍事之指揮。至於在外州，石
勒在兼併漢趙後，鑒於漢趙藩衛無力，又因領土廣大，四方受敵，故不得不
於要州重地部署重兵，而多以石氏子弟為將軍刺史統領之。〈石勒載記下〉可
考者如：石宏在鄴，輔國將軍・南陽王恢在兗，河東王生在雍，石朗在洛。
此為強藩的政策，其構想不但欲以之鎮防地方，抑且更欲以之藩衛中央，以
防中央之兵變。石勒〈遺令〉：「征鎮牧守不得輒離所司以奔喪。」正見其懼
怕死後情勢生變。石勒疾甚時，石虎詐召石宏、石堪（不詳鎮何州）還京，
勒見宏驚曰：「秦王何故來邪？使王藩鎮，正備今日！」是則可以推知石勒內
心所懼，其實在懼中央之兵變，故實行強藩政策以維持中央也。〈石勒載記
下・弘附傳〉載述當石虎兵變攝政後，被詐召還京的石堪向劉太后建議云：

> 先帝舊臣皆已斥外，眾旅不復由人，宮殿之內無所措籌，臣請出奔
> 兗州，據廩丘，挾南陽王為盟主，宣太后詔於諸牧守征鎮，令各率
> 義兵同討桀逆，蔑不濟也。

按中央禁衛軍已落入虎手，故石堪想潛出至兗州，召集擁兵諸藩入京勤
王，實行石勒生前部署的戰略構想，以挽救政權也；只因謀洩被殺，石恢被徵
還京，此有計畫的行動遂告幻滅。稍後雖石生、石朗二鎮分別起兵，但既無聯
合行動的計畫，又無盟主統一指揮，故不旋踵而被各個擊破，使石虎篡位得以
輕易完成。

強幹與強枝互相維繫互相制衡的國家戰略，未嘗不可以設計施行，只是除
了人為因素如將領素質與效忠等之外，尚需要有一些軍事條件。第一，它需要
有龐大的軍隊以作適當的分配；第二，沒有任何單獨一、二個強藩的軍力超過
中央軍；第三，任一強藩皆要有獨立作戰的能力，而勤王時則必須有聯合行動
的認識與計畫。不過，具備這些軍事條件的國家，也容易走向軍國主義，一旦

〔註86〕據〈石勒載記下〉，勒疾甚時石宏還京，石勒驚問「何故來邪」（頁2751），可
　　　　知其當時駐在外，很可能就是駐在大軍結集之鄴。

發生內戰，尤其是藩鎮聯合對抗中央，則戰爭將會極為慘烈。石虎時代的後趙，就不幸地步上了此途。

　　據〈石勒載記下‧弘附傳〉記載，時人對石虎的批評為「雄暴多詐」、「勇武權智」、「專征歲久，威振內外，性又不仁，殘忍無賴」云云，正是一個殘暴軍閥的寫照。然而〈石季龍載記上〉則謂石勒正因其「勇冠當時，……御眾嚴而不煩，莫敢犯者，指授攻討，所向無前，故勒寵之，……仗以專征之任」。石虎以征服屠殺為務，所以一再大舉徵兵，軍隊且至百餘萬人。他繼承了石勒的軍事政策與制度，而又強化之，既有精強龐大的中央軍實力，而藩鎮也有相當雄厚的戰力，前已論之。生前他以個人威權配合中央軍實力，遂能有效地控制全國；死後則戰禍屠殺，流民遍地，不旋踵而為外患慕容鮮卑所乘，以至亡國。茲就軍事因素，對其喪亂亡國略作析論。

　　石虎的中央禁衛軍數量不能確考，但是從前論太子石宣一次巡獵，即動員了十六軍十八萬卒，而東宮衛士因宣案謫戍涼州者亦有十餘萬人；內戰之末，冉閔猶能在中央動員「戎卒三十餘萬」，〔註87〕可見其眾。當石虎病危時，太子石世年幼，劉后鑒于宗室兵變之禍，與輔政的領軍將軍張豺合謀，命禁軍矯詔殺害另一受遺輔政的丞相石斌，并排出大將軍石遵；尋又矯詔拜豺為太保‧都督中外諸軍事‧錄尚書事。虎死世嗣，進豺丞相，豺以張離為鎮軍大將軍‧監中外諸軍事‧司隸校尉，為己之副。張豺與張離雖然掌握了中央軍，但此為亂事，引起不服。石遵在外放之中途，會合西征東宮高力叛亂而班師之姚弋仲、苻洪等諸軍，聯同洛陽之眾及親統的禁兵三萬，戎卒合共九萬返攻鄴都，此為內戰之始興，而且也是中央軍對中央軍，中央軍首次分裂。〔註88〕

　　張豺與張離疑皆為羯人，〔註89〕但鄴中之耆舊羯士不願為豺守城，踰城而出奔石遵，豺不能制止，尋而張離也率龍騰二千斬關迎遵，此事與種族問題無關，純屬政治認同的問題。基於城中禁軍之渙散分裂，逼使劉后與張豺停戰迎遵，第一階段之中央軍對中央軍戰事結束。然而石遵廢帝自立，并殺劉后與

〔註87〕詳〈石季載龍記下‧閔附傳〉，卷一○七，頁2794。

〔註88〕石遵被排出時配屬了禁兵三萬，班師部隊中，姚弋仲與苻洪皆為近畿部司，石閔據〈附傳〉應為遊擊將軍，是中央軍將領之一，武衛王鸞應是武衛軍無疑，其他諸將身份不明，但既班師首都，恐也屬禁衛軍將領，詳〈石季龍載記下〉，卷一○七，頁2788及2793。

〔註89〕參姚薇元《北朝胡姓考》，頁358～360。台北：華世出版社，民國66年6月初版。

廢帝，乃引起藩鎮入勤之機，幽州鎮將石沖（遵兄）帥眾五萬，聯合燕趙之眾凡十餘萬來討，長安的石苞也謀來攻，使戰爭具有了藩鎮對中央的第二階段性質，甚至因而引起東晉的北伐。由於後趙中央軍尚有強大力量，戰事很快就結束了，不過中央內亂卻方興未艾。原因在石遵以石閔為輔國大將軍・都督中外諸軍事之事上。

石閔是漢人，石虎之養孫，既總內外兵權，樹己之恩，引起石遵疑懼，稍奪其兵權，使石閔因怨恨而兵變弒遵，另立石鑒。石遵之死，在襄國的石祗與姚弋仲、苻洪等通和，連兵檄誅閔，出兵常至十餘萬；而在鄴的羯士三千人在龍驤將軍孫伏都等領導下，亦欲埋伏誅閔。是即數月前支持石遵攻鄴的部分禁衛軍已開始反對中央，尤其是反對石閔。中央軍的分裂引發了政權危機，並使內戰添加了種族問題的色彩，此為第三階段的特質。都督中外諸軍事已不能控制內、外諸軍，石閔在知悉胡羯不為己用的危機心理之下，動員了鄴城內外的趙人（漢族人）進行種族大屠殺，胡羯死者二十餘萬，最後連石鑒也弒了，并盡殪石氏。此舉不但不能解決問題，反而造成了「六夷據州郡擁兵者」皆響應石祗，聯合地一波波來攻，使戰亂擴充延長，內則生靈塗炭，外則慕容鮮卑有機可乘，終於國亡。

魏晉有強大的中央軍，曹丕與司馬懿皆靠控制中央軍而篡位建國。二趙倣此制，但因中央軍的控制者也易主導政局，故後趙想強化州郡藩鎮兵，使中央軍與地方軍產生戰略上相輔相成之結構與局面。石勒時全國總兵力尚不大，地方配屬的兵力似不多，固不足以藩衛中央，卻也不足以造成大內戰。及至石虎時採兵力擴張政策，地方兵力增多，一旦中央政變，中央軍分裂，他們基於上述戰略構想，單獨或聯合起兵勤王，則中央軍實無以制止之，石虎死後的大喪亂，正好給予了印證。

七、結　論

劉淵起事時之軍隊，基本上以匈奴屠各五部與及結合別部諸胡為主；稍後乃有漢人及其他非漢族來附，及至確立了平陽核心區，大量巴、氐、羌也徙居於此，遂使此區五胡六夷種落複雜。其後劉曜遷都長安，為因應情勢，「置左、右賢王已下，皆以胡、羯、鮮卑、氐、羌為之」，與及石勒以襄鄴為本部，將五胡六夷強遷於此區，其實皆是援劉淵、劉聰父子之前例。劉淵以平陽為本部，分別遣軍東、西征，有過「大發卒」的紀錄，只是情況不詳，其軍隊之種族結

構，實是相當複雜的。大抵言之，劉淵稱漢時期，是以召集舊部、賞募諸胡及徵發漢人的形式來組成其軍隊。劉曜遷至關中改國號為趙（前趙），屠各在人數上已非復優勢種落，更需大量徵發氐、羌為兵，至呈「精卒寡少，多是氐、羌烏合之眾」的形勢。至於石勒，本來就是羯族的小部落酋長，且與其部落已相失離散，故其初起時是以附于漢人及結合雜胡的形式為之。及至兵敗投奔劉淵，以說服及脅逼的方式，使上黨胡部及樂平烏丸成為其新的部屬，此後對并州山北諸胡，也採取了此方式作為募集的手段。至於稍後奉命以山東為東征戰區，他更採取強徵征服地之漢人，收編晉軍及流民，以至兼併友軍等形式擴大其軍隊，故其軍隊族屬結構，漢人佔了相當大的比例。石虎時實行擴充的軍事政策，以徵兵為主、募兵為輔的方式，大量擴建軍隊，竟至軍隊人數達百餘萬之多，漢族兵的比例遂更大；其徵兵方式包括了有條件徵兵與區域性徵兵兩種，而且有士家軍戶的世兵制傾向。

　　至於後勤軍需方面，二趙早期皆是以因糧於敵為主的，也就是奪佔敵人的物質以壯大自己，同時收削弱敵人實力的效果。平陽核心區由於大量聚集非漢人與漢人，為農牧交錯區，故有牧畜及農業，但是漢趙的抽稅紀錄，至劉曜遷都長安後始見。至於後趙在山東，獨立稱王前早已開始實行租稅制度，及施行閱實州郡人戶的戶口調查政策；獨立後更積極推行減租、勸農、定戶等措施，確立了農業政策與制度，以至倉廩充盛，為石虎日後擴充軍隊與窮兵黷武創造了有利的條件。在石虎擴張政策之下，後趙也實行了屯田政策及官牧制度，并且以青州為造船中心，建設以為「海軍」基地；至於兵甲製造，石虎則是分配於諸州為之，且曾有徵調五十萬人工作之多；其陸地運輸與物資，也曾以軍令方式向出征軍士強徵，甚至向民間徵發牛馬車糧，以補充其擴張政策下之軍馬和物資的不足。

　　中國傳統大抵只有水、陸兩個軍種。漢及前趙立國西北內陸，建設水軍非其急務，故未見水軍的記錄。後趙立國山東，前燕與東晉皆是其宿敵，是以有建設水軍之必要，石勒時即已開始建設內河行動的能力。石虎對燕的戰略之一是渡海進攻，故其水軍建設頗具「海軍」的規模，不僅曾在渤海有過出征舟師十萬的紀錄，而且有外島駐兵、越海補給、海濱屯田等措施，表示石虎時已由內河行動發展至外海行動，并具有執行此行動的能力與設施。大抵石虎以緣海三州為對燕的外海水軍規劃區，尤以青州為基地；另以河南四州為對晉的內河水軍規劃區，但水軍的訓練不詳，管理可能也不良。

　　至於陸軍方面，二趙皆有步、騎兩個兵種，漢且有騎兵將軍之軍號。二趙騎兵皆有重騎與輕騎之分，後趙尤擅輕騎作戰，亡西晉、滅幽州、破段國，皆以輕騎為主，戰役尤其輝煌。前趙的親御郎，後趙的龍騰中郎、曜武軍與女騎，皆為騎兵的特別兵種。前二者為郎衛軍，也兼有出征選鋒隊的性質；曜武軍為重要禁軍，左、右曜武將軍且位在左、右二衛之上；女騎則是曾受軍事訓練的宮廷女儀隊。筆者懷疑，二郎的郎衛軍，恐怕就是隋唐三衛五府制度的濫觴。

　　二趙皆有閱兵與狩獵的紀錄，是軍事訓練項目之一，石虎時狩獵的規模尤大，曾有一次狩獵就動用了十六軍十八萬士兵的記錄。石勒尤其重視國子的武技訓練，曾設置司兵勳作為訓練機關，施以擊刺戰射之法，雖其世子亦不免；至石虎時更推廣之，女騎也必須接受馬步射之訓練。

　　劉淵初起事時，由於以「復呼韓邪之業」為國策指導，故復用了南匈奴的王長制；稍後兼祧漢氏而即漢王位，國號為漢，故轉而兼採漢魏晉的將軍制，其軍號除了少數創制外，其餘大體同於魏晉，也有中、外軍與州郡兵之區分。大抵中軍是指京城內諸軍，也稱為內軍，而以宮廷禁軍為主；外軍是指京城外包括畿輔近郡諸軍，是首都衛戍部隊。此制正與魏晉相同。中軍以領軍將軍為常制性統帥，其下之左右二衛、武衛、驍騎、遊擊等號將軍也見諸記載，應如魏晉制般，皆為分領禁軍的常制指揮官。外軍則似乎未見以護軍將軍為重，諸「營衛」似乎皆以雜號將軍分領之，似如漢魏以來制度各稱為某將軍營；但是其上則常以大司馬或重號將軍作為高級統帥，如大司馬劉聰在近郊握兵十萬，車騎將軍石虎在鄴統領五十四營，皆是其例。至於州郡兵，大抵由其所在地之地方行政長官統領，州刺史及郡太守之領兵者亦多帶將軍號，為重號刺史或重號太守，但二趙似乎也有不帶軍號的地方長官，無論帶與不帶，皆是東漢末以來的慣例或制度。

　　二趙似有諸「軍」的建制，但是與將軍的「營」有何差別則不能詳。其以下的部曲建制，由於史料闕如，故更不能詳悉。二趙除了上述的親御郎、龍騰中郎與女騎為魏晉所無的特別建制外，劉聰實行的嘉平體制中，以諸子分為十六號大將軍，每營各配屬二千兵，也是魏晉所無的建制，殆本於南匈奴十六王長的制度變化而來，是宗室的軍事封建制之漢制化。至於石虎時公府皆各領兵，其性質則與此似乎不盡相同，蓋西晉封建制度中，王國公府亦各置兵，石虎殆取法於此；但是後趙以宗室子弟統兵出鎮，似乎是揉合匈奴宗室的軍事封建制與西晉的諸王出鎮制而雜用之。

　　二趙同時也摹倣魏晉採用了都督制。都督為軍事差遣職，多持節直隸於君主，二趙都督主要者計有三類：一是禁衛都督，一是征討都督，一是軍區都督。前二類於魏晉制，是因人因事而置的非常制，第三種則為常制，二趙倣行亦如之。

　　禁衛都督以都督中外諸軍事最重，乃是都督中、外諸軍的中央禁衛軍統帥：「都督二宮禁衛諸軍事」或「都督禁衛諸軍事」殆皆為宮廷禁軍之都督，是其次重者。征討都督亦有三種稱號：即逕以討伐行動為主的「都督征討諸軍事」；以指定戰區作戰為主的「都督某地征討諸軍事」；及為加重軍政權威，帶有中央尚書行臺性質的「行臺都督」，殆為北魏行臺制的濫觴。至於軍區都督，則是實行藩衛中央與分區鎮防國家戰略的體制，常以「都督某州某郡諸軍事」為銜，或督一州或督多州，常兼為本州牧刺，對其管轄區內的中央駐泊部隊及州郡兵行使統一指揮權。

　　上述三類都督外，另有兩類特別的都督值得注意：一為羈縻都督，一為夷部都督。

　　羈縻都督只是以都督重號，羈縻邊地表面稱臣的割據者，他們時叛時服，授予都督與否并無多大意義。夷部都督則不然，是指授予六夷部落領袖以都督之銜，使之統領原部落及附部雜夷乃至漢族流民，而部勒以中國軍制，俾能收為己用的一種胡漢混合軍管制度，殆為後趙擴大實施的部司制之體制，而為北魏護軍制所本。

　　二趙以尚書臺掌軍事行政權，故錄尚書事、尚書令、五兵尚書皆為國防重官；軍令權則操於上述將軍、都督之手，大抵與魏晉制同。不過，二趙也如魏晉般，在中央結集部署龐大而精良的軍隊，一旦有事，常由中央派遣精兵精騎出征。中央軍分為京城內禁軍與京城外衛軍，前者在數量上遠不及後者，故掌握衛軍者常能以兵變形式改易政權，若為都督中外諸軍事者則更不待論。後趙似乎有鑒於此，在仍然實行固本強幹的國家戰略之下，同時強化了都督制，使軍區都督與夷部都督握有頗強大的兵力，一者收鎮防地方之效，再者有藩衛中央，牽制中央兵變之效，此為石虎強幹強枝的戰略構想。但是，中央與地方軍力如何始能平衡，實為一微妙問題，若部署不當，強藩即尾大不掉，強藩之聯合行動以對抗中央，更是大內戰之契機，不幸石虎亡後，後趙即承受了此苦果，不但使種族屠殺、生靈塗炭之事發生，也讓較他弱小之前燕，有機會得以進兵入薊，稍事休息再揮軍南下，迅速而將後趙滅亡。

由此觀之，二趙雖頻年征戰，屠殺殘暴，而軍制亦頗有特殊建制者，但其做同魏晉軍制尚頗有條理，不致於如想像般野蠻黑暗也；只是在此軍制下兵權措置失宜，則二趙不免如魏晉般同陷於君弱國亂罷了。

表一　魏晉二趙將軍號對照〔註90〕

品秩	魏	晉	漢趙	後趙	備　註
一	黃鉞大將軍		*		石勒即曾受黃鉞，拜大將軍。
	大司馬	*	*	*	
	大將軍	*	*	*	
	太尉	*	*	*	
二	驃騎將軍	*	*	*	石勒署有上將軍一官，但位秩不詳，故詳見於此，勒2719。
	車騎將軍			鎮衛將軍	
	衛將軍	*	*	*	
	諸四征、四鎮將軍				按魏晉制，殆此項應為「諸四征四鎮將軍加大將軍」之誤。
	諸大將軍	*	*	*	
三	諸征、鎮、安、平將軍	*	*	*	
		鎮軍	*		
		撫軍		*	
		中軍	*	*	晉官志有中軍
		前後左右	*	*	
	中領軍	*	*	*	二趙有領軍將軍，即中領軍之資深稱號。
	龍驤將軍		*	*	

〔註90〕本表以《通典》卷三六所列魏官品，及卷三七所列晉官品為架構，《晉書》二趙諸載記見其軍號同者即列於同行；魏晉所無之軍號則推而暫列之；至於無法推估者，如漢趙之翼軍將軍、上大將軍、騎兵將軍，後趙之上將軍、東州、橫海、渡遼、前鋒、龍騰等號將軍，則不便妄列。該類將軍只要見其一號，即以＊號表示其有此類軍號，如有征西、鎮西之一號，即表示其有四征四鎮類之將軍。

	征虜將軍	＊	＊、討虜	＊	
	輔國將軍	＊	＊、安國、輔漢	＊	晉制排列作征虜，輔國、龍驤、中領軍。
		冠軍	＊	＊	晉官志有冠軍之號，通典未列之。
四	武衛將軍	＊	＊	＊	
				左、右戎昭將軍	
				左、右曜武將軍	
	左、右衛將軍	＊	＊	＊	
	中堅將軍	＊			
	中壘將軍	＊		＊	
	驍騎將軍	＊		＊	
	游擊將軍	＊		＊	
	前、左、右、後軍將軍	＊	＊	＊	
	寧朔將軍	＊	＊		
	建威、建武將軍	＊	建武	建節、建立、立義	
	振威、振武將軍	＊	＊		
	奮威、奮武將軍	＊		＊	
	揚武將軍	＊	＊		
	廣威、廣武將軍	＊	＊		
	左、右積射將軍	＊		＊	
	積射將軍	＊			
	強弩將軍	＊			
	五營校尉	＊	＊	＊	
	南、北、東、西四中郎將	＊		＊	

五	諸中郎將等	*	光國、左右	典農、左右、東宮左、右統軍	
	東宮衛率	*	*	*	
	北軍中候	*			
	禮見諸將軍	*			
	鷹揚將軍	*			
	折衝將軍	*			
	輕車將軍	*			
			武牙	*	
	虎烈將軍				
	宣威將軍		輔威、冠威		
	威遠將軍	*		鎮遠	
	寧遠將軍	*		*、寧西、寧南	
			材官		
	伏波將軍	*			
	虎威將軍	*			
	凌江將軍等	*			
	將兵都尉	*			
六	殿內將軍	殿中將軍		殿中、殿中員外將軍	

表二　二趙征討都督暨派遣軍

編號	西元	姓名	官　職	領牧刺否	派遣出征	出　處
1	306	劉景	使持節‧征討大都督‧大將軍	否	擊劉琨於版橋	元海 2650
2	307	石勒	輔漢將軍、督山東征討諸軍事‧平晉王	否	徇略山東	勒 2709 通 86:2732
3	307	王彌	鎮東大將軍‧都督緣海諸軍事‧東萊公	青徐二州牧	徇略二州	通 86:2734，及《晉書‧本傳》
4	309	石勒	輔漢將軍‧前鋒都督‧平晉王	否	率所部胡七千人，為劉聰前鋒攻壺關	勒 2710，通 86:2743

5	310	呼延晏	使持節·前鋒大都督·前軍大將軍	否	配禁兵二萬七千，與劉曜等攻洛陽，俘懷帝	聰 2658
6	311	石勒	持節·鎮東大將軍·都督幽、并二州諸軍事，征討都督等如故	幽州牧兼并州刺史	併王彌軍後	勒 2714，通 87:2769
7	312	石勒	使持節·散騎常侍·鎮東大將軍·都督冀幽并營四州諸軍事，餘如故	冀幽二州牧	據襄國後	勒 2718，通 88:2782
8	313	趙染	前鋒大都督·安南大將軍	否	劉聰遣車騎大將軍劉曜西征即位於長安之愍帝，曜承制加趙染此號，并配以精騎五千	聰 2664
9	314	石勒	驃騎大將軍·東單于·大都督陝西諸軍事，加金鉦黃鉞，餘如故	冀幽二州牧	滅王浚後	《通鑑》作大都督·督陝東諸軍事，89:2814，勒 2724
10	316	劉曜	假黃鉞·大都督·督陝西諸軍事·太宰·秦王	不詳	愍帝出降後	通 89:2835
11	320	游子遠	車騎大將軍·開府儀同三司·都督雍秦諸軍事	否	征討關中叛亂之四山羌、氐、巴、羯	曜 2687
12	339	夔安	征討大都督·太尉	否	統五將步騎七萬攻東晉荊、揚北鄙	季龍 2679，《通鑑》340 年九月謂尚書令夔安卒，96:3039，萬斯同〈偽趙將大臣年表〉亦作太尉
13	343	張伏都	使持節·都督征討諸軍事·平西將軍	否	晉聯燕、涼合攻後趙，石虎命伏都帥步騎三萬擊涼	季龍 2774
14	349	李農	大都督·司空·行大將軍	否	統衛軍張賀度、征西張良、征虜石閔等步騎十萬討反叛之東宮高力，失利；	

		石斌	大都督中外諸軍事‧大司馬‧燕王	否	以石斌統精騎一萬，率姚弋仲、蒲洪等部西援李農，滅高力叛兵。	
		蒲洪	車騎大將軍‧都督秦雍諸軍事‧略陽郡公	雍州刺史	殆為留駐，尋免督、刺東還	
15	349	李農	南討大都督‧司空	否	晉聞石虎死，北伐，趙主石遵命農率騎二萬討晉，晉敗退	季龍 2789
16	350	劉群	左僕射‧行臺都督	否	後趙分裂，襄國趙主石祗命石琨率眾十萬伐鄴，魏主冉閔命群帥步騎十二萬迎戰	季龍 2794

表三　二趙都督、重號刺守及州郡兵資料

（以下 A 表都督、督或監，B 表重號刺史，C 表重號太守，D 表州郡有兵）

編號	西元	史料類別	史　料　內　容	備　註
1	？	A（夷部）	劉聰以劉虎宗室，拜為安北將軍‧監鮮卑諸軍事‧丁零中郎將。	《魏書‧鐵伐劉虎列傳》
2	316	C,D	石勒以揚武將軍張夷為河間太守，參軍臨深為渤海太守，各率步騎以鎮靜二郡地方叛亂，使長樂太守程遐屯于昌亭為之聲勢。	三太守所領兵疑為中央派遣兵，見勒 2724
3	316	A	勒以右司馬程遐為寧朔將軍‧監冀州七郡諸軍事。	勒 2726
4	316	C	勒署李回為易北都護‧振武將軍‧高陽太守。	同上
5	318	B	曹嶷據青州，懼勒來襲，請通和，勒授以東州大將軍‧青州牧‧琅邪公。	勒 2727 通 80:2860
6	318	D	石虎率幽、冀之兵會石勒攻平陽。	勒 2728
7	322	A（羈縻）	仇池氏楊難敵降，劉曜署為使持節‧侍中‧假黃鉞‧都督益、寧、南秦、涼、梁、巴六州‧隴上西域諸軍事‧上大將軍‧益、寧、南秦三州牧‧領護南氐校尉‧寧羌中郎將‧武都王。	多州羈縻都督，曜 2691

8	322	A（夷部）	休屠王石武降，劉曜署之為使持節‧都督秦州、隴上雜夷諸軍事‧平西大將軍‧秦州刺史‧酒泉王。	名義上是州都督，其實只督其所部休屠，故殆為夷部都督，曜 2692
9	323	A（羈縻）	涼州張茂降，曜署之為使持節‧假黃鉞‧侍中‧都督涼南、北秦、梁、益、巴、漢、隴右西域雜夷匈奴諸軍事‧太師‧領大司馬‧涼州牧‧領西域大都護‧護氐羌校尉‧涼王。	多州羈縻都督，曜 2695
10	324	B、C、D	後趙將兵都尉石瞻攻晉下邳等地，勒徵徐、揚州兵會之于下邳；又司州刺史石生攻前趙河南太守尹平失利，後趙汲郡內史石聰馳救之。	勒 2740～2742，通 93:2920～2921
11	325	D	曜命其都督中外諸軍事劉岳統近郡及宿衛精兵攻後趙洛陽，其鎮東將軍呼延謨率荊、司之眾來會	曜 2697
12	328	B、D	石勒親統大軍與劉曜決戰于洛陽，命石堪、石聰及豫州刺史桃豹等各統見眾來會。	勒 2744
13	330	B	石勒稱天王，以石邃為冀州刺史，加散騎常侍‧武衛將軍。	勒 2746
14	330	A、B	勒稱皇帝，教荊州監軍郭敬攻晉襄陽，尋以敬為刺史。	石勒前曾攻上白乞活，獲故人郭敬，署為上將軍，悉免降者以配之，是郭敬曾以將軍領兵之證，故荊州監軍云者，殆是以某號將軍監荊州諸軍事也；尋為刺史也者，殆是指以將軍領刺史。勒 2719 及 2747，通 94:2977
15	333	B、D	石虎兵變攝政，以其子宣為使持節‧車騎大將軍‧冀州刺史，韜為前鋒將軍‧司隸校尉；時石生鎮關中，石朗鎮洛陽，皆起兵于二鎮以討虎。	勒 2754
16	336	D	虎遣其子章武王斌帥精騎二萬，并秦、雍二州兵以討叛羌。	季龍 2763

17	338	D	虎命襄城公涉歸、上庸公日歸率眾戍長安，二歸告鎮西將軍石廣潛謀不軌，虎追廣至鄴殺之。	按是年伐段氏鮮卑，徙其國民二萬餘戶於司、雍、兗、豫四州，疑二歸為鮮卑部落，故徙戍長安。季龍2767～2769 通96:3014～3016
18	338	A、B（夷部）	蒲（苻）洪初以龍驤將軍・流人都督率部東遷於汲郡之枋頭，此年以伐慕容皝功，拜使持節・都督六夷諸軍事，冠軍大將軍・西平郡公。石閔以其握強兵五萬，屯據近畿，勸石虎殺之，不果。349年又以討東宮高力功，晉車騎大將軍・都督秦雍諸軍事・雍州刺史，尋因石閔言罷秦雍都督。	此為由夷部都督變為二州都督之例，見〈苻洪載記〉；通96:3020，及98:3087與3091。
19	338?	A	虎以其撫軍將軍李農為使持節・監遼西、北平諸軍事・征東將軍・營州牧，鎮令支。	令支原為段氏國都，季龍2770
20	345	B	虎子義陽公鑒鎮關中，失關右之和，虎以右僕射張離為征西左長史・龍驤將軍・雍州刺史往察之。	季龍2777 通97:3062
21	345	A（夷部）	姚弋仲在隴上，石勒以為行安西將軍・六夷左都督，石虎兵變後，命其率部東遷清河，拜奮武將軍，西羌大都督・襄平縣公。是年晉為使持節・十郡六夷大都督・冠軍大將軍，使參議朝政。	〈弋仲截記〉，通97:3068
22	346	B、D	虎命其涼州刺史麻秋率諸軍十餘萬人擊嗣涼王張重華失利，乃以中書監石寧為征西將軍，率并、司州兵二萬為後繼，亦失利；復以孫伏都為征西將軍，帥步騎二萬會麻秋軍，仍大敗而退。	季龍2781，通97:3070～3076
23	349	B、D	虎疾甚，以石遵為大將軍鎮關右，石斌為丞相，張豺為鎮衛大將軍・領軍將軍，并受遺輔政。劉后與豺謀政變，使龍騰兵殺斌；遵自幽州至，配禁兵三萬遣之。遵在途聞石虎死，屯于河內，遇秦洛凱師姚弋仲等部，遂聯兵討豺，洛州刺史劉國等亦率洛陽之眾來會，戎卒九萬，進執豺斬之，尋廢帝自立。	季龍2786～2788 通98:3088～3090

24	349	D	遵兄沖時鎮薊，聞遵弒帝自立，乃留寧北將軍洸堅戍幽州，自帥眾五萬討遵，并傳檄燕趙，比至常山已有十餘萬眾。遵命石閔率精卒十萬擊俘之，賜死。	季龍 2789，通 98：3091
25	349	A	石閔在鄴屠殺胡羯，并以書命屯戍四方之趙人為將帥者誅所在胡羯。	季龍 2791～2792，通 98：3099～3100
26	350	A、D	石閔弒其主改國號曰魏，石祇即位于襄國，諸六夷據郡擁兵者皆應之。	季龍 2793，通 93：3105～3106

《國立中正大學學報》第 8 卷第 1 期，1997 年。

試論西魏大統軍制的胡漢淵源

一、前　言

　　本文所指的西魏大統軍制，就軍隊建制而言，即是宇文泰於西魏文帝大統十六年（550）所創置的二十四軍軍制。〔註1〕此建制尚需輔以宇文泰稍後於魏恭帝元年（554）推行的另一政策，此即所謂「魏氏之初，統國三十六，大姓九十九，後多絕滅。至是，以諸將功高者為三十六國後，次功者為九十九姓後，所統軍人，亦改從其姓」的軍人族屬身份改定政策；〔註2〕乃至其姪宇文護繼起執政而篡魏建周之後，於周明帝二年（558）三月詔令實行的「三十六國，九十九姓，自魏氏南徙，皆稱河南之民．今周室既都關中，宜改稱京兆人」的軍官改籍政策，〔註3〕始能說完整而奠定。對於此軍制，陳寅恪先生稱之為前期府兵制，謂是宇文泰「以周官之文比附鮮卑舊制」，〔註4〕然其說是否完全適當，尚可商榷。

　　由於陳先生解釋此制是鮮卑兵制，是部酋分屬制，因此後之論者對此制的研究，遂頗從北中國的部落制作概略分析，〔註5〕或偏重研究此軍制的兵

〔註1〕關於此軍制的創建，史傳僅謂「大統十六年以前」，《通鑑》則繫之於梁簡文帝大寶元年（550），近代諸研究府兵制的名家，如濱口重國、谷霽光等人，皆考訂於大統十六年。時值梁朝傾覆，高洋篡東魏而建北齊之年。筆者從之。

〔註2〕見《周書·文帝紀下》該年條，卷二，頁36。

〔註3〕見《周書·明帝紀》該年月條，卷四，頁55。按：軍人從主帥之姓，故主帥改籍也就等於軍人改籍。

〔註4〕詳其《隋唐制度淵源略論稿》（台北：里仁書局，民國71年9月）之〈兵制〉篇，下引其說同見此篇，不再贅註。

〔註5〕著名者如岑仲勉，雖也認為府兵制應是鮮卑兵制，但卻強調是上承北魏之制，

役制；〔註6〕或由於著眼於「府兵」之名，偏重於研究此軍制的史緣關係；〔註7〕或由於著眼於此軍制的層級節制體系，故偏重於研究此軍制的特殊組織形式。〔註8〕至於此軍制究竟源自何族的風習，「府兵」一名所代表的是漢制意義或胡制意義究竟如何，其層級節制體系仿自何族，何以以二十四軍團建制作為軍隊核心單位組織等等問題，則前賢多未論及或細及。是以筆者不揣淺陋，試由此申論，冀能補前賢之所未及。

二、大統軍制的建制與編階

關於大統軍制，今所能見的史料甚少，而基本上俱據《周書》卷十六及《北史》卷六十所述，至於《通典》乃是後人所載，內容不出前二書，而又頗有誤解，蓋可供作證詞參考，而未可強為證據。

按：《周書》卷十六末史臣曰：

> 初，魏孝莊帝以爾朱榮有翊戴之功，拜榮柱國大將軍，位在丞相上。榮敗後，此官遂廢。大統三年，魏文帝復以太祖（宇文泰）建中興之業，始命為之。其後功參佐命，望實俱重者，亦居此職。自大統十六年以前，任者凡有八人。太祖位總百揆，督中外軍。〔註9〕魏廣陵王

府兵之名則是由「府戶」所引生，因此以契丹、蒙古兵制與之略作比較。按：以後制推前制，恐怕在方法論上有些問題，不如以前制析後制，本文即採後法。岑說詳其《府兵制研究》，上海：人民出版社，1957年3月。

〔註6〕著名者如唐長孺，雖也認為府兵制應源於鮮卑兵制，但特從魏晉以降的華夏世兵制分析比較此制，而認為南北朝同源，並謂魏周府兵乃是舊制度的沿襲及發展；谷霽光繼之，作了更廣泛之分析。唐著請參〈魏周府兵制度辨疑〉一文（收入其《魏晉南北朝史論叢》，北京：生活・讀書・新知三聯書店，1955年），谷著請參其《府兵制度考釋》（台北：弘文館，民國74年9月）。日人氣賀澤保規之《府兵制の研究——府兵兵士とその社會》（東京：同朋舍，1999年2月）也頗從此角度論述。

〔註7〕岑仲勉、唐長孺等率先以此法論證府兵制之淵源，谷霽光繼之而發揮，均見前註所揭書文。

〔註8〕著名者如濱口重國之〈西魏の二十四軍と儀同府〉，收入其《秦漢隋唐史の研究》（東京：東京大學出版會，1980年9月）。谷霽光前揭書受其影響，繼之而修正發揮。

〔註9〕「督中外軍」《北史》或作「都督中外軍事」，曾引起中日學界辯論，其詳可參呂春盛《關隴集團的權力結構演變：西魏北周政治史研究》（台北：稻鄉出版社，民國91年3月）之附編三《宇文泰任都督中外諸軍事年代考》，頁367～376。筆者據魏晉將漢末以來軍制漸整齊為都督、監、督三級指揮官名號，又據三國時以來確有「監中外軍」、「督中外軍」等職稱，故論定宇文泰此時確實

欣，元氏懿戚，從容禁闥而已。此外六人，各督二大將軍，分掌禁旅，當爪牙禦侮之寄。當時榮盛，莫與為比。故今之稱門閥者，咸推八柱國家云。今并十二大將軍錄之於左。

使持節、太尉、柱國大將軍、大都督、尚書左僕射、隴右行臺、少師、隴西郡開國公李虎，

使持節、太傅、柱國大將軍、大宗伯（大宗師？）、大司徒、廣陵王元欣，

使持節、太保、柱國大將軍、大都督、大宗伯、趙郡開國公李弼，

使持節、柱國大將軍、大都督、大司馬、河內郡開國公獨孤信，

使持節、柱國大將軍、大都督、大司寇、南陽郡開國公趙貴，

使持節、柱國大將軍、大都督、大司空、常山郡開國公于謹，

使持節、柱國大將軍、大都督、少傅、彭城郡開國公侯莫陳崇。右與太祖為八柱國。後竝改封，此竝太祖時爵。

使持節、大將軍、大都督、少保、廣平王元贊，

使持節、大將軍、大都督、淮〔安〕王元育，

使持節、大將軍、大都督、齊王元廓，

使持節、大將軍、大都督、秦七州諸軍事、秦州刺史、章武郡開國公宇文導，

使持節、大將軍、大都督、平原郡開國公侯莫陳順，

使持節、大將軍、大都督、雍七州諸軍事、雍州刺史、高陽郡開國公達奚武，

使持節、大將軍、大都督、陽平公（《北史》作陽平郡開國公）李遠，

使持節、大將軍、大都督、范陽郡開國公豆盧寧，

使持節、大將軍、大都督、化政郡開國公宇文貴，

使持節、大將軍、大都督、荊州諸軍事、荊州刺史、博陵郡開國公賀蘭祥，

任「督中外軍」，請參拙文〈從督軍制、都督制的發展論西魏北周之統帥權〉，《中國中古史研究》8，民國97年12月。

使持節、大將軍、大都督、陳留郡開國公楊忠，

使持節、大將軍、大都督、岐州諸軍事、岐州刺史、武威郡開國公
王雄。

右十二大將軍，又各統開府二人。每一開府領一軍兵，是為二十四
軍。自大統十六年以前，十二大將軍外，念賢及王思政亦作大將軍。
然賢作牧隴右，思政出鎮河南，竝不在領兵之限。此後功臣，位至
柱國及大將軍者眾矣，咸是散秩（《北史》作「不限此秩」），無所統
御。六柱國、十二大將軍之後，有以位次嗣掌其事者，而德望素在
諸公之下，不得預於此列。

《北史》卷六十之末，中間增加一段，即：

是為十二大將軍。每大將軍督二開府，凡為二十四員，分團統領，
是二十四軍。每一團，儀同二人。自相督率，不編戶貫。都十二大
將軍。十五日上，則門欄陛戟，警晝巡夜；十五日下，則教旗習戰。

無他賦役。每兵唯辦弓刀一具，月簡閱之。甲槊戈弩，並資官給。

是知大統軍制形式上的統率建制起碼如下圖一。〔註10〕

陳寅恪先生謂此為「摹擬鮮卑舊時八國即八部之制者也」，又謂「以六柱
國分統府兵，以比附於周官六軍之制。此則雜揉鮮卑部落制與漢族周官制，以
供其利用」。按：道武帝推行「離散部落」的政策，約在同時置八部即八國，
是則陳先生此說無異表示八國即八部是實編之制，諸離散的部民歸由此八部
即八國統領；然而，六柱國軍淵源於北魏晚期先後由尒朱天光及賀拔岳統率的
西征野戰軍，大統前期幾經宇文泰擴充整備，此時確已成為具有總預備隊而兼
禁衛軍性質之中央野戰軍，陳先生謂其比附於周官天子六軍之制，此說與前說
相較，意謂大統軍制之六柱國軍實是揉雜魏初八國以及周官六軍兩制而成，是
否可信或可再檢討，但其建制則恐與魏初及周官不盡同，請容先從大統軍制之
核心建制單位切入討論。

〔註10〕所謂形式上的統率建制，是指純就《周書》、《北史》上述書面所載之此系統，
　　　　但是《周書・晉蕩公列傳》謂二十四軍總屬相府（請詳正文後文），顯示宇文
　　　　泰霸府之實際運作並非如此，起碼大統十六年以後之運作似非如此，情況稍
　　　　為複雜，不易兩三言論之，容後再論。

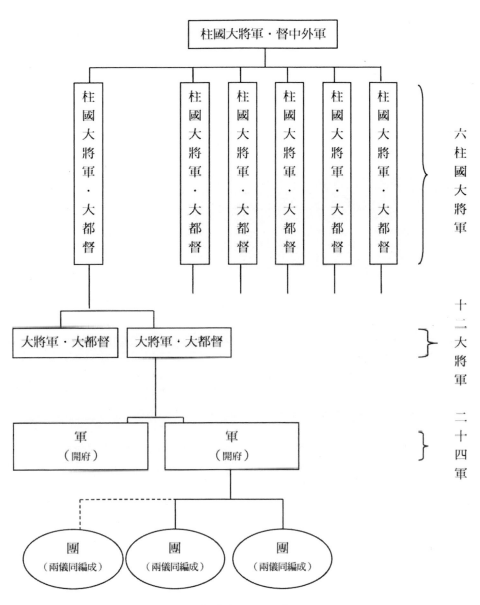

備註：虛線表示可能有三個團以上

圖一　大統軍制統率建制圖

　　按：軍與團可謂是大統軍制的核心建制單位名稱，至於所謂「開府」，則是指軍指揮官「使持節・侍中・驃騎大將軍・開府儀同三司・大都督」官名之簡稱；而「儀同」，則是團級兩指揮官「使持節・散騎常侍・車騎大將軍・儀同三司・大都督」官名之簡稱。正因如此，故遂逕以「開府」、「儀同」二名來稱呼軍與團兩級建制單位。

　　《周書》、《北史》二書敘述前期府兵建制的中上層組織止於此。實則團級是虛編單位（詳後），儀同之下尚有大都督、帥都督、都督三職，三都督之下尚有都將、別將、統軍、軍主、幢主五職。〔註11〕五職的指揮系統，漸成於北魏六鎮之亂以後，蓋以國內外烽煙四起，征戰不斷，以故基層軍職漸漸形成此五職，而隸屬於都督所指揮。魏末尚視戰事之情狀，或於都督之上更置大都督，〔註12〕此實援魏晉以降的野戰慣例而編置也。北魏晚期漸成之戰時野戰軍制，積久乃成常制，為北齊軍制所沿襲，並逐將都將、別將、統軍、軍主、幢主合稱為「五職」，作為軍制中的一種專稱。

　　大都督或都督統領五職指揮軍隊作戰，隨著戰事之日亟而持久，魏末大軍的指揮體系，已漸以「大都督——都督——五職」的形式為常態，特宇文泰專政西魏，兵少國弱，復經大敗，故對東魏的國家戰略改採守勢，亟需徵募關隴豪右以及鄉兵作兵力補充。率領鄉兵之帥，最初未必即遽為帥都督，〔註13〕但其後則以任「帥都督」為多。〔註14〕帥都督一職為宇文泰所特創，率鄉兵從征之餘，其職尋亦列入正式建制編階的序列，亦即形成「都督——帥都督——大

〔註11〕　五職在西魏北周隋初未廢，偶見於列傳及墓誌，其廢罷是在隋煬帝改定大業軍制之時。此應與大業軍制既行，而五職的職位已衰微有關。

〔註12〕　魏末廣置行臺，原作處分戰地政務之用，或與大都督分置，或並置。行臺不列於正式軍制的建制序列，嚴耕望先生於其《中國地方行政制度史——魏晉南北朝地方行政制度》（臺北：中研院史語所專刊之四十五 B，民國 75 年 9 月）下冊即有專章討論，於此暫不論。

〔註13〕　例如《周書》卷三十六本傳載河內溫人司馬裔，於魏孝武帝西遷後潛歸鄉里，大統三年，乃於溫城起義，眾寡不敵，義徒死傷過半。及至西魏大軍東征，裔率所部從戰河橋，自此頻與東魏交戰，每有克獲。「六年，授河內郡守。尋加持節、平東將軍、北徐州刺史。八年，率其義眾入朝。太祖（宇文泰）嘉之，特蒙賞勞。頃之，河內有四千餘家歸附，竝裔之鄉舊，乃授前將軍、太中大夫，領河內郡守，令安集流民。十三年，攻拔東魏……三城，……加授都督。十五年，太祖令山東立義諸將等能率眾入關者，竝加重賞。裔領戶千室先至，太祖欲以封裔。裔固辭曰：『立義之士，辭鄉里，捐親戚，遠歸皇化者，皆是誠心內發，豈裔能率之乎。今以封裔，便是賣義士以求榮，非所願也。』太祖善而從之。授帥都督，……十六年，大軍東伐，裔請為前鋒……，拔其五城。魏廢帝元年，徵裔，令以本兵鎮漢中。除白馬城主，帶華陽郡守，加授撫軍將軍、大都督、通直散騎常侍。二年，轉鎮宋熙郡。尋率所部兵從尉遲迥伐蜀，……行蒲州刺史。尋行新城郡事。魏恭帝元年，授使持節、車騎大將軍、儀同三司、散騎常侍、本郡中正」。是為領鄉舊之將由都督、帥都督、大都督而遷使持節·車騎大將軍·儀同三司·散騎常侍仍領大都督之顯例。

〔註14〕　「帥都督」一名，魏周碑誌常書作「師都督」，蓋為魏碑書法之寫法。

都督」的正常敘遷序列。〔註15〕此變化自大統十六年以前即然，史例常見，不贅引。

　　近人研究府兵制者，常疑大統十六年府兵正式建制之前後，鄉兵是否已列屬為府兵，若否則何時列屬？竊意根據上述兩條腳註觀察，帥都督於大統初已漸列入軍制的正常敘遷序列，復從二十四軍「分團統領」、「自相督率」之制度觀察，則以某號將軍任帥都督之主帥，與其長期所領的本軍鄉兵，固已統屬於儀同府，類如部酋與部民之制矣，此與「諸將功高者為三十六國後，次功者為九十九姓後，所統軍人，亦改從其姓」性質幾乎類同，是以列屬於漸形成的府兵之制不但可能，而且適宜，庶幾不使原為補充主力損失之鄉兵，成為並非主力部隊的後備兵，而自成一軍事系統也。〔註16〕按：「鄉兵」一名至隋文帝開皇軍制時仍見，揆其所以長期稱為「鄉兵」也者，蓋在宇文泰創建帥都督以及鄉兵之當時，應是為了與其原所統六鎮以及關隴專業胡兵作分別。六鎮以及關隴胡兵在周隋史書頗以「軍士」、「軍人」見稱，蓋其沿北魏之習，住於軍坊而為府戶也；至於鄉兵，雖也隨軍征戰，但因其原有鄉里之籍，以故直稱為「鄉兵」耳。至於鄉兵長期由其地之鄉望（帥都督）統領，負有征戰以及外駐之職責，是則宇文泰當初殆即有意使之同於部民與酋長的關係，〔註17〕納之為正規的軍隊。大抵軍國危機之際，仰仗帥都督及其鄉兵孔急，故宇文泰當時殆無種族歧視或兵種歧視的意識形態，如東魏高歡集團之輕視漢兵者，因此據《周書》所載漢人帥都督與胡夷將領間的敘遷，胡漢隔閡排斥並不顯明。及至隋文帝開皇九年平陳之後，翌年五月下乙未詔云：

〔註15〕較顯著之例除了前註司馬裔之例以外，尚如京兆藍田舊望之王悅。《周書》卷三十三本傳謂宇文泰初定關隴，悅率慕鄉里從軍，大統元年，由平東將軍屢遷「帥都督，加衛將軍、右光祿大夫、都督（按：應是大都督之誤）」；又「率所部兵從大將軍楊忠征隨郡、安陸，竝平之……尋拜京兆郡守，加使持節、車騎大將軍、儀同三司、散騎常侍，遷大行臺尚書」；「又領所部兵從達奚武征梁漢。……及梁州平，太祖（宇文泰）即以悅行刺史事。招攜初附，民吏安之。魏廢帝二年，徵還本任。屬改行臺為中外府，尚書員廢，以儀同領兵還鄉里。」
〔註16〕菊池英夫稱鄉兵是編戶民丁的義務兵役，與宇文泰原有的鮮卑主力性質不同；鄉兵由團級的儀同統領，所有儀同府兵之總合即為二十四軍云云。詳其〈北朝軍制に於ける所謂鄉兵について〉，日野開三郎編輯《重松先生古稀記念九州大學東洋史論叢》，（福岡：九州大学文学部東洋史研究室，昭和32）。此說頗有顧名思義之嫌。
〔註17〕唐長孺前揭文已論之，但其謂胡兵皆是騎士，漢兵則是步兵，或可再商榷。要之，前註所引的司馬裔及王悅，即為統領稱為本兵、部兵的所屬鄉兵征戰外駐，而仍有鄉里之籍的顯例。

> 魏末喪亂，宇縣瓜分，役車歲動，未遑休息。兵士軍人，權置坊府，
> 南征北伐，居處無定。家無完堵，地罕包桑，恒為流寓之人，竟無
> 鄉里之號。朕甚愍之。凡是軍人，可悉屬州縣，墾田籍帳，一與民
> 同。軍府統領，宜依舊式。罷山東河南及北方緣邊之地新置軍府。

此處的「兵士軍人」連稱，論者多無達解，竊意蓋是指鄉兵與軍人而言，軍人隨軍府征防而居於權置的軍坊，而鄉兵亦常從征而隸於所屬的軍府，久之遂亦居處無定，所以「恒為流寓之人，竟無鄉里之號」，因此始需要推行「凡是軍人，可悉屬州縣，墾田籍帳，一與民同」的政策，以俾配套隋文帝前些時推行的「武力之子，俱可學文」的偃武修文政策也。〔註18〕

由於夏人從軍日多，甚至造成北周中期「夏人半為兵矣」的結構重大改變，故帥都督與鄉兵早已在宇文泰之時列入新建的府兵體制，〔註19〕因此大統軍制的戎秩，從柱國至都督凡有七級，至若從柱國至幢主的職級，則共有十二級之多。

不過，值得注意的是，大統軍制實際的軍職等級其實只有五職——都督——帥都督——大都督八級。此八等職級的軍官皆各帶命秩略相對應的軍號，而本身自成戎秩系統，至大都督級則已常由漢魏以來的重號將軍（或加大）如四征將軍、車騎將軍、驃騎將軍充任，而且採取北魏後期以來漸成慣例的文武雙授形式。〔註20〕純以漢魏以來的重號將軍任大都督，此是軍職為大都督級之最下位者。其上之轉遷次序皆有重號將軍加大的軍銜（軍號），由下到上依次為：

「使持節・散騎常侍・車騎大將軍・儀同三司・大都督」（即儀同）
「使持節・侍中・驃騎大將軍・開府儀同三司・大都督」（即開府）
「使持節・大將軍・大都督」

〔註18〕乙未詔見《隋書・文帝紀下》該年月條，卷二，頁34～35；「武力之子，俱可學文」之詔，見同紀開皇九年四月條，頁32～33。

〔註19〕此以西魏末使持節・車騎大將軍・儀同三司・大都督強獨樂率部從柱國大將軍・大都督宇文貴鎮蜀時，為宇文泰廟造像立碑，所部有八督將，一人是大都督、一人是帥都督，六人為都督，最為佳例。故該碑稱「樂等與大都督夫蒙儁、帥都督楊哲、都督呂璨、都督治石崗縣傅元緒、都督治陽安縣史于德、武康郡丞劉延治、懷遠縣劉開、都督王祥、都督馮延、都督鄭業等，……為王（宇文泰）敬造佛二尊」云云。見〈強獨樂文帝廟造像碑〉，收入《全北齊北周文補遺》（西安：三秦版社，2008年6月）之《全後周文》，頁9～10。又可參菊池英夫前揭文。

〔註20〕文武雙授形式之說請參閱步克《品位與職位——秦漢魏晉南北朝官階制度研究》（北京：中華書局，2002年2月）之第九章。

「使持節・柱國大將軍・大都督」

等四級。也就是說，重號將軍大都督之上，軍官編階尚分有車騎大將軍、驃騎大將軍、大將軍以及柱國大將軍四級，而皆可帶大都督，因而統率的職級也就無異增加了四級，共為五級大都督；但最高的兩級——大將軍與柱國大將軍——位階已極高，在公級與上公之位，故均不採取雙授制任命。

由此可知，大統軍制的戎秩從柱國至都督雖有七等，但軍職實際上則有十二級之多，即（某號將軍帶）五職——（某號將軍帶）都督——（某號將軍帶）帥都督——（某重號將軍帶）大都督——車騎大將軍・儀同三司・大都督——驃騎大將軍・開府儀同三司・大都督——大將軍・大都督——柱國大將軍・大都督是也，只是北周所論次的西魏督將戎秩，通常自都督級始，亦即從都督、帥都督、大都督、儀同大都督、開府大都督、大將軍大都督以至於柱國大都督，凡七等級而已。〔註21〕論次戎秩以督軍指揮官為重，表示在軍事序列中，這些官職既是散官——自成督將敘遷的散階序列——而同時也是實官，為實際督軍之職級序列，所以周隋稱之為「散實官」，自成軍事人事行政系統，至於都將以下五職皆為鬥將，則殆不預在此列。

或許用民國抗戰以來常見近制之將、校、尉軍階系統作一概略比方，則更易令人理解。

假如儀同是軍的合成單位，如師，則其主帥（師長）的編階殆為少將；軍之主帥為開府，其軍階則可方之於中將；由此上推，其上之大將軍・大都督或可方之為兵團司令，軍階可方之於二級上將；而柱國大將軍・大都督或可方之為野戰軍（戰區、方面軍）司令，軍階可方之於一級上將或特級上將（大將或元帥）。

反之，儀同級以下，大都督——帥都督——都督或可方之為旅、團、營建制，主帥編階則可方之為上校、中校、少校；至於五職，殆已是連、排、班、組的主官，編階已是上尉、中尉、少尉、士官之比了。

將、校、尉等軍階猶如魏周戎秩的各級軍號，固然屬散官（軍階）系統之性質，然而各級軍號帶大都督（含帥都督、都督）銜者，則無異是軍、師、旅、團諸長的實職（軍職）。如此的戎秩帶大都督銜，自身既是散官而同時也是實官，自成敘遷的散實官系統。此理既明，也就難怪濱口重國謂日本經「大化改

〔註21〕周武帝改革，增上儀同、上開府、上大將軍及上柱國，故晚周及隋朝戎秩有十一等級。

新」、「唐化運動」之後，據《養老》等律令依中國形式組建軍隊，其原理有暗合於日本近今軍制者矣。〔註22〕此即是西魏府兵制之特殊建制體系。

於此，筆者有必要進一步說明，西魏大統軍制是中國中古時期軍事制度上的卓越創制。此制在建制上實為漢表胡裏的軍制，且是承接北魏末期戰亂之局所出現的諸多弊象——如官爵日益猥濫，高官大號繁多，軍隊渙散反叛，都督授予紊亂等等亂象——經由掌權者切實整頓改革而成。這些亂象弊政，東魏的掌權者高歡意存姑息，需至其子高澄繼起專政，始予以大力改革，並要降至北齊建祚後，始克繼承北魏太和軍制而完成《河清律令》下的軍制；因此，相對於西魏宇文泰大統軍制的改革，東魏軍制可謂缺乏創意。〔註23〕

至於史稱宇文泰「以漢魏官繁，思革前弊」，「恆以反風俗，復古始為心」，「乃擯落魏晉，憲章古昔」。〔註24〕純就大統軍制之建制表面看，前引陳寅恪先生謂此為「摹擬鮮卑舊時八國即八部之制者也」，恐怕尚值商榷；又謂「以六柱國分統府兵，以比附於周官六軍之制。此則雜揉鮮卑部落制與漢族周官制，以供其利用」，則蓋可成立。其說相較於濱口重國所謂之「恰與《周禮》六軍如出一轍，這種戰時的編成方式相似，是西魏強烈模仿周制的反映，西魏二十四軍源自《周禮》六軍系統，大概可以作為二十四軍的特徵之一」，〔註25〕則濱口可謂較為深入而適當。就筆者觀之，周官六軍之制是常制建制，大統軍制表面看有可能仿之；但是大統軍制實際仍依沿魏晉以來的軍號

〔註22〕 參濱口重國前揭文。

〔註23〕 一個國家建立軍隊，除了因應實際需要之因素外，尚需考慮歷史傳統、他國現況、國力條件等因素，並綜合而融會之，思考出切實可行的創制。東魏軍制大體沿襲太和以來軍制，自陳寅恪（參前揭書）、濱口重國（參〈東魏の兵制〉，收入其前揭《秦漢隋唐史の研究》）以還即已被周知。就東魏中央軍制而言，高氏最明顯的創制乃是創建京畿大都督府，用以保衛鄴都以及監護皇帝。其實若為了達成此目的，則京畿大都督府與護軍將軍府、四中郎將府大可不必並置，只要加強護軍將軍及四中郎將之親信人選即可；反觀宇文泰直以丞相府直轄的二十四軍取代護軍將軍府及四中郎將府兵，又直以二十四軍輪配給領軍府以作番上宿衛兵，並以諸婿分充禁軍將領，在制度上與手段上可謂妥適而靈活多了。高氏沿襲太和制度之餘如此創置京畿府，反而成為日後兵變致亂的制度性因素之一，可謂缺乏創意而埋下此危機也。

〔註24〕 引文分見《周書‧文帝紀下》魏恭帝三年正月條（卷二，頁36），九月條及紀末史臣曰（均見頁37）。

〔註25〕 濱口引文據夏日新所譯濱口重國之〈西魏の二十四軍と儀同府〉一文，收入《日本學者研究中國史論著選譯》（北京：中華書局，1993年8月）第四卷，頁183。

以及北魏晚期的軍制而作改革，而且較「漢魏官繁」更繁，以故成為甫一篡
周建隋的隋文帝所改革之對象，可見此軍制實際上不全以比附周官六軍之制
為主，似更談不上強烈模仿周制。後來隋文帝推行「復廢周官，還依漢魏」
的政策，〔註26〕除了革除大統軍制的胡裏因素而還於漢魏的部曲制精神外，
其之所以亦改革大統軍制的漢表形式，實在是為了此制的官號過繁以及層級
過多。茲據《隋書‧百官下》所載開皇軍制十二衛府之左衛府建制，製圖如
下，將之與圖一作比較，兩者的差異即可了然於目。至於隋軍的戰時編制更
精簡，以煬帝征遼之野戰編制為例，更是只有軍——團——隊三級而已。

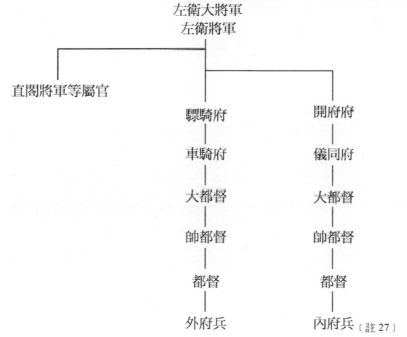

圖二　隋開皇軍制左衛府統率建制圖

三、大統軍制的漢制史源與漢表特徵

　　《新唐書‧兵志》載謂：「府兵之制起自西魏、後周，而備於隋，唐興因
之。」此是概略言之。實際上，唐之府兵不因十二衛府而見稱，而是指折衝
府之兵。唐折衝府沿於隋煬帝的鷹揚府，隋煬帝的鷹揚府則是合併隋文帝的

〔註26〕　見《隋書‧百官志上》卷二十六，頁720。
〔註27〕　本圖所謂的內、外府兵，在開皇時代前者是指百官子弟擔任的充員兵，後者是
　　　　　徵募而來的一般府兵，此為常制建制；而煬帝戰時編制，則同見於拙著《隋史
　　　　　十二講》（北京：清華大學出版社，2012年1月），頁39～40及頁230～231。

驃騎府與車騎府二府而成，乃是大業軍制對開皇軍制統率系統進一步的精簡。至於驃騎府與車騎府，則是沿自西魏北周的開府府與儀同府而來，〔註 28〕而其下之三都督，則已成為無府員職額的光棍戰鬥督將。

　　唐長孺於其〈魏周府兵制度辨疑〉一文中，開章即斷言「所謂府兵即是屬於軍府的兵。……所謂軍府是指地方長官帶軍號統兵，開府置屬官之謂。……總之軍府所統之兵即可稱為某府兵。」〔註 29〕其實不論是否兼領地方長官，魏晉將軍開府所統之兵即為隸屬於其軍號之府兵。按：東漢將軍領營統部曲，故將軍所領曰營，著名的如黎陽營、度遼營等是也，而鮮少稱為某府；而且重要或領兵將軍始開府治事，並非所有將軍皆開府，故「開府」是隆重的授權，一般將軍實難得之。〔註 30〕因事關本文的論述，故將《續漢書・百官志》所載略錄於此：

> 將軍，不常置。本注曰：掌征伐背叛。比公者四：第一大將軍，次驃騎將軍，次車騎將軍，次衛將軍。又有前、後、左、右將軍。蔡質漢儀曰：「漢興，置大將軍、驃騎，位次丞相，車騎、衛將軍、左、右、前、後，皆金紫，位次上卿。典京師兵衛，四夷屯警。」……長史、司馬皆一人，千石。從事中郎二人，六百石。掾屬二十九人。令史及御屬三十一人。本注曰：此皆府員職也。……其領軍皆有部曲。大將軍營五部，部校尉一人，比二千石；軍司馬一人，比千石。部下有曲，曲有軍候一人，比六百石。曲下有（純）〔屯〕，（純）〔屯〕長一人，比二百石。……其別營領屬為別部司馬，其兵多少各隨時宜。門有門候。
>
> 其餘將軍，置以征伐，無員職，亦有部曲、司馬、軍候以領兵。

可見將軍不常置，除少數重要或領兵將軍之外亦未必開府置佐以治事，至漢末

〔註 28〕唐長孺前揭文對此曾有論述，但在其《唐書兵志箋正》（北京：中華書局，1962年 9 月，新一版）論述唐初重建的十二軍時，以論驃騎府為主，忽略了車騎府的重要性，以致對車騎將軍的職責功能一再誤解；谷霽光前揭書曾徵引唐著，仍犯此錯誤，以故有「隋代軍府乃專指府兵制度中的驃騎府或鷹揚府而言，……軍府即驃騎府、車騎府的專稱」的矛盾敘述。筆者已曾於拙著〈從戰略與政局論唐初十二軍之興廢〉（已收入拙著《中古大軍制度緣起演變史論》，新北市：花木蘭文化事業有限公司，2019 年 3 月）一文作了辯證，於此不贅。

〔註 29〕見該文頁 250～252。

〔註 30〕廖伯源之《歷史與制度——漢代政治制度試釋》（臺北：臺灣商務印書館，1998年 5 月）一書，收有其〈試論西漢諸將軍之制度及其政治地位〉、〈東漢將軍制度之演變〉二文，可供參考。

建安初仍然。不過，自建安中以至魏晉，因戰事頻繁，各級指揮官帶軍號而開府者漸多，遂漸漸形成以其軍號名軍府、以其軍府之名稱其屬兵的慣例，愈後愈成固定形式。又隨著實行區域防禦戰略體制的創行與普及，大防區的督軍（都督）固帶軍號，而中小防區有責督軍的州郡行政長官也以帶軍號為常，用以督部內諸軍。〔註31〕由是觀之，某某將軍府之兵稱為某某府兵，實因將軍之軍號而來，制度上原與地方行政長官無關，蓋此為由將軍開府領營兵以至將軍開府領府兵之發展也。因此，所謂「府兵」，實是一種軍隊通稱，故謂是指「軍府所統之兵即可稱為某府兵」者，甚是；然而軍府僅指將軍府，所領之兵即是其府兵，而與地方長官所主的州府、郡府乃至縣府無涉，只是魏晉以降地方長官多帶軍號，可能容易令人誤以為州府、郡府之兵即是府兵耳。〔註32〕

　　「府兵」之所以作為將軍府（軍府）之兵的通稱既明，則何以變成專指魏周隋唐兵制的專稱，又何以是漢表胡裏的軍制？於此請容先論漢表的問題。

　　按：陳寅恪先生指出北魏孝文帝斟酌魏晉以及南朝前期的制度進行漢化改革，已為世所周知。茲以《魏書·官氏志》所載〈太和後令〉、《周書·盧辯列傳》以及《五代史志（以下隨例稱《隋書》）·百官志下》，分別代表太和軍制、大統軍制以及開皇軍制的將軍名號與位階，約略作成下表以便觀察。

表一　太和、大統以及開皇軍制間之軍號職位以及與其他要官比較表

品／命	太和軍制	大統軍制	開皇軍制
正一品 （北周制正九命）	太師、太傅、太保， 太尉、司徒、司空， 大司馬、大將軍	柱國大將軍， 大將軍	太師、太傅、太保， 太尉、司徒、司空
從一品 （九命）	儀同三司、諸開府， 都督中外諸軍事， 驃騎大將軍、車騎大將軍、衛大將軍，四征大將軍	開府、儀同三司 驃騎、車騎等大將軍	上柱國

〔註31〕分裂離亂之世，州都督制的形成其實是為了施行區域防禦戰略，故是區域防禦戰略體制，請詳拙著《中古大軍制度緣起演變史論》之第一篇論文〈試論都督制之淵源及早期發展〉。

〔註32〕嚴耕望先生於其《中國地方行政制度史──魏晉南北朝地方行政制度》下冊之〈約論〉，特稱此府州僚佐為雙軌制，並謂州有蠻夷者，刺史又帶蠻夷校尉等號，而另置校尉府，因而有三個府的僚佐系統，頁901～903。其詳細論證則可參該書之第二章。

品				
正二品 （正八命）	尚書令 驃騎將軍、車騎將軍、衛將軍， 四鎮大將軍，四征將軍， 諸將軍加大者		驃騎、車騎等將軍	尚書令 柱國
從二品 （八命）	尚書僕射、中書監 四鎮將軍，中軍、鎮軍、撫軍 三將軍， 領軍、護軍將軍 司州牧		大都督 四征將軍， 中軍、鎮軍、撫軍三 將軍等將軍	尚書左右僕射 上大將軍 雍州牧
正三品 （正七命）	吏部尚書、九卿、中書令、侍 中、列曹尚書 四安將軍、四平將軍，前、左、 右、後將軍， 中領軍、中護軍， 左、右衛將軍 河南尹、上州刺史		帥都督 四平，前、後、左、 右將軍	六部尚書，九卿 大將軍 左右衛、武衛、武候、 領左右等大將軍 京兆尹，上州刺史
從三品 （七命）	散騎常侍、四方郎將，國子祭 酒、御史中尉、大長秋卿、將 作大匠 征虜將軍，冠軍、輔國將軍 武衛將軍 中州刺史		都督 冠軍、輔國等將軍	散騎常侍、國子祭酒 ，御史大夫，將作大 匠， 上開府儀同三司 左右衛、武衛、武候、 領左右、監門等將軍 中州刺史
正四品 （正六命）	上階 （周命秩 此下無上 下階之 分）	驃騎、游擊將軍， 城門校尉	鎮遠、建忠等將軍 別將	開府儀同三司 驃騎將軍 下州刺史
	下階	鎮遠、安遠、平遠、 建義、建忠、建節， 立義、立忠、立節， 恢武、勇武、曜武、 昭武、顯武將軍 下州刺史、上郡太 守		左右監門郎將

從四品 （六命）	上階	中堅、中壘將軍， 前軍、左軍、右軍、 後軍將軍	中堅、寧朔等將軍， 左、右中郎將	上儀同三司 城門校尉 上郡太守
	下階	寧朔、建威、振威、 奮威、揚威、廣威 將軍，建武、振武、 奮武、揚武、廣武 將軍 左、右中郎將		上鎮將、直閤將軍
正五品 （正五命）	上階	寧遠、鷹揚、折衝、 揚烈將軍	寧遠、揚烈等將軍 統軍	儀同三司 車騎將軍
	下階	射聲、越騎、屯騎、 步軍、長水校尉 中郡太守		
從五品 （五命）	上階	伏波、陵江、平漢 將軍	伏波、輕車等將軍	 中郡太守
	下階	輕車、威遠、虎威 將軍 洛陽令		 中鎮將、上鎮副 大興、長安令
正六品 （正四命）	上階	宣威、明威將軍	宣威、明威等將軍	翊軍、翊師將軍 大都督 下郡太守
	下階	虎賁中郎將、羽林 監、冗從僕射、駙 馬都尉 下郡太守、上縣令		四征將軍，內（中） 軍、鎮軍、撫軍三將 軍 下鎮將，中鎮副
從六品 （四命）	上階	襄威、厲威將軍	襄威、厲威將軍 軍主	四平將軍，前軍、後 軍、左軍、右軍將軍 帥都督 上縣令
	下階			冠軍、輔國將軍 下鎮副

正七品 （正三命）	上階	威烈、威寇、威虜、 威戎、威武將軍， 武烈、武毅、武奮 將軍，積弩、積射 將軍	威烈、討寇將軍 幢主	鎮遠、安遠將軍
	下階	討寇、討虜、討難、 討夷將軍 中縣令		建威、寧朔將軍 都督 上戍主
從七品 （三命）	上階	盪寇、盪虜、盪難、 盪逆將軍	蕩寇、蕩難將軍 戍主	寧遠、振威將軍 中縣令
	下階	奉朝請		奉朝請 伏波、輕車將軍
正八品 （正二命）	上階	殄寇、殄虜、殄難、 殄夷將軍， 殿中將軍	殄寇、殄難將軍	宣威、明威將軍 別將
	下階	 下縣令		下縣令 襄威、厲威將軍 中戍主，上戍副
從八品 （二命）	上階	掃寇、掃虜、掃難、 掃逆將軍	掃寇、掃難將軍 戍副	威戎、討寇將軍 上關令
	下階	厲武、厲鋒、虎牙、 虎奮將軍， 員外將軍		盪寇、盪難將軍 員外將軍 統軍 中關令，上津尉
正九品 （正一命）	上階	曠野、橫野將軍	曠野、橫野將軍	殄寇、殄難二將軍 下關令，中津尉
	下階	 殿中司馬督		掃寇、掃難將軍 殿內司馬督 軍主 下戍主

從九品 （一命）	上階	偏將軍、裨將軍	武威、武牙將軍	曠野、橫野將軍
	下階	員外司馬督		偏、裨二將軍 員外司馬督 幢主

備註：1. 西魏晚期至北周採命秩制，正六命以下無上、下階之分。
　　　2. 列入中央及地方他官是為方便比較觀察文武官的位階。

　　據此表，可見太和、大統以及開皇之軍號與位階，大體是與魏晉南朝前期一脈相承，並顯示大統軍制諸軍號及諸都督未因魏末任之者人數大增而貶值。與太和軍制相較，大統軍制仍在全體官僚體系中具有很高的位階，只是開皇軍制將此戎秩系列改為散官，又取消了驃騎大將軍、車騎大將軍、衛大將軍，四征大將軍等系列官職，而將實際領兵軍官的位階壓低而已，此是大統軍制之外表為魏晉以降漢式表徵之一。

　　不過，北魏晚期，嚴耕望先生已指出軍府、州府之外，另有督府出現，於是出現將軍府、都督府、州吏三個系統。〔註33〕按：都督在漢魏間原為戰時編制，最初地位不高，約屬校級編階。〔註34〕魏晉以降，征伐野戰軍從統帥以下各種領兵指揮官，或稱都督或僅稱監或稱督，而皆帶軍號，以故漸有「將督」或「督將」之稱，為史書所常見，筆者姑稱之為軍都督（野戰軍指戰都督），此與州都督不同。州都督是因應分區防禦而產生，故分區防禦戰略施行後始出現州都督（軍區都督）。州都督均帶軍號而置軍府，是為統府，有時也被稱為督府，至晉成為「常都督制」。北魏末戰亂頻繁，因此亦頻繁派遣征伐野戰軍，以故征伐野戰軍諸軍率先恢復昔時的戰時編制，而以守土為主要責任的州都督以及其下的刺史郡守等，尋亦因戰亂延及其地，故其轄區內之部隊也全軍野戰編制化，改制亦如之，〔註35〕以故各級與各兵種指揮官遂

〔註33〕參嚴耕望先生前揭書下冊，頁525～529。
〔註34〕例如初平二年，「陳郡太守胡軫為大督護，呂布為騎督，其餘步騎將校都督者甚眾」（《吳書‧孫堅傳》注引《英雄記》，卷四十六，頁1098）；又如建安十八年時，吳將甘寧「先以銀盌酌酒，自飲兩盌，乃酌與其都督」（《吳書‧甘寧傳》，卷五十五，頁1294）。事例尚多，不贅引，其詳請參註31拙著之第一及第二篇論文。
〔註35〕嚴耕望先生謂「『都督諸軍事』與『當州都督』性質本相同，蓋『都督諸軍事』已相沿漸成具文，故多難之際又加『當州都督』，以增強刺史之軍事權力」（同註33，頁527）。筆者以為，州都督與軍都督二者性質任務不同，前者執行分區防禦，至北周改稱為總管前猶是如此；後者則掌征伐，於魏末戰亂頻繁時可得隨時指揮野戰。「當州都督」蓋是州郡長官於戰時，直接指揮其轄州軍隊作戰時所兼的軍都督。

普遍出現當州都督、當郡都督、防（鎮）城都督、防鄉都督，以至其他各種兵種、各種名目都督或大都督之職稱，用以節級指揮，至於其較重要或較高級之大都督、都督，甚至置督府以治軍指戰。〔註36〕

　　如估計造於北齊天保二年（西魏大統十七年，551）的《楊就等造像記》，〔註37〕是「假節、車騎大將軍、□□（梁雀？）鎮將、帶汝北太守、新除長平子、濮陽縣開國侯楊就，率督將文武」所造；內謂楊就「遂與鎮城四備都督、參僚、縣令□維等，同在斯城……各減資儲，敬造石像一軀」云。按：北朝之鎮分有相當於州級與郡級兩種，〔註38〕汝北郡屬北荊州，故其上必置有執節之都督或刺史，今汝北太守帶軍號而兼鎮將，列名於本鎮鎮城的督將，除軍府幕僚及縣令之外，諸督將繫銜較清楚者計有：

衛大將軍、梁雀鎮鎮城都督、襄邑子鮮于稚
衛大將軍、梁雀鎮副鎮城都督、邵陵子元思邕
衛將軍、右光祿大夫、梁雀鎮西面都督趙婆羅門
安東將軍、滄州前長史、東面都督耿天光
冠軍將軍、東荊州前騎兵參軍、南面都督魏同軌
鎮遠將軍、譙州前倉曹參軍、東面都督呂顯明
蕩寇將軍、前永安副鎮將、北面都（下闕）
寧遠將軍、員外給事中、西面都督趙（下闕）
廣武將軍、員外奉車都尉、北面都督庫狄（下闕）
安□將軍、前南陽太守、立義都督申紹業

是則一郡級鎮之諸「督將」，依軍號輕重列名其中，至有以重號（大）將軍任之者。鎮將的大營所在城，竟置有鎮城正副都督，似為鎮軍在中央指戰的都督；而「四備」則分四方部署，起碼每方各有都督兩員。此即是府州鎮城之下，編置有中央及四備都督的戰時編制。都督本是軍隊指揮官的職稱，故此編制應是鎮區內全軍實施野戰編制，用以應付危急狀態的臨時戰時措施。值

〔註36〕張金龍於其《魏晉南北朝禁衛武官制度研究》（北京：中華書局，2004年11月）內，稱此變化現象為都督制的卑微化（見頁901～917）。此說恐怕是一種誤會。蓋都督本是軍隊指揮官的職稱，故此變化應是全軍（包括軍區防禦軍）普遍施行野戰編制化而已，觀表1所列三都督之品秩，應可證知其不致於卑微貶值。

〔註37〕見《全北齊北周文補遺》，頁156～157。

〔註38〕請參周一良之《北魏鎮戍制度考及續考》一文，收入其《魏晉南北朝史論集》，北京：北京大學出版社，2000年10月第二刷。

得注意的是，諸督將之外，繫銜者尚有「梁雀鎮長史郭景□」等人，表示此時期鎮將蓋亦開府置佐，以助主帥處理軍事。鎮府尚且如此，何況州郡之軍區都督耶？不過，此鎮將置府似為戰術單位，而其他督將則似為戰鬥人員，因而後者不置府。此類例子正史不多見，然石刻史料則零星所在多有，不贅舉述。

魏末以來此種戰時編制，因戰事頻繁而常置。在東魏方面，魏齊之間因高隆之的表請而將之改革，《北齊書‧高隆之列傳》載其事云：

> 魏自孝昌已後，天下多難，刺史太守皆為當部都督，雖無兵事，皆立佐僚，所在頗為煩擾。隆之表請自非實在邊要，見有兵馬者，悉皆斷之。〔註39〕

汝北郡所在之梁雀鎮，正是現有兵馬的邊要，以故仍然未罷其佐僚也。

至於西魏北周，都督、刺史、郡守之下亦編置各級各種野戰及兵種（大）都督，如《周書‧于謹列傳》載謹從爾朱天光討平夏州賊而授大都督，其後宇文泰為夏州刺史，「以謹（時為衛將軍）為防城大都督兼夏州長史」，最是顯例，情況與東魏北齊相彷彿，且漸成常制化。是則，大統軍制下的府兵，究是將軍府之兵抑或是都督府之兵？

根據表一，知悉各級將軍主要為敘階之用，又根據《周書‧盧辯列傳》，知悉伏波、輕車等五命以上將軍始置有命秩的府僚，只有開府府及儀同府不以軍號名其府佐；而三都督雖位在五命之上，但卻未見置府。復據前述大統軍制僅述至軍、團級，乃知帶大都督之九命驃騎大將軍（開府府）與車騎大將軍（儀同府）所統的軍或團，始是實際的軍隊核心建制單位，因而例加開府或儀同之銜以置府領兵。由此可知，此之府兵，依例是驃騎、車騎二大將軍府之兵，但實質上是既非大都督府之兵，也非驃騎或車騎大將軍之兵，而是開府府與儀同府的府兵，以故「府兵」既是西魏北周軍隊的統稱，而也同時是專稱，遂成常制。所以該傳最後特載云：

> 周制：封郡縣五等爵者，皆加開國；授柱國、大將軍、開府、儀同者，並加使持節、大都督；其開府又加〔驃騎大將軍、侍中；其儀同又加〕車騎大將軍、散騎常侍；……以此為常。

開府與儀同位為從公，但非武官，是則軍、團級單位之名何以稱為開府與儀同，而不逕稱驃騎與車騎，如魏晉或開皇之制？

〔註39〕見《北齊書‧高隆之列傳》，卷十八，頁236。

　　竊意充任大都督軍職者，魏周之制實自四征以及車騎、驃騎等將軍以上皆可任之，因此宇文泰對驃騎大將軍特加侍中‧開府儀同三司，對車騎大將軍特加散騎常侍‧儀同三司之銜，用以區別雙授以大夫銜的驃騎將軍與車騎將軍所置之府。即是由於侍中‧驃騎大將軍‧開府儀同三司‧大都督全銜中，以「開府儀同三司」之名與驃騎將軍之「驃騎」軍號分別最為明顯，不會混淆，同理散騎常侍‧車騎大將軍‧儀同三司‧大都督與車騎將軍亦然，以故前者所統單位遂稱為開府府，後者則稱為儀同府，以與驃騎（將軍）府及車騎（將軍）府作區別。此區別無異是以九命大將與正八命以下的將軍作區別，表示前者是領兵核心單位，而後者僅是其下之各級一般領兵單位而已。

　　因此，大統軍制下作為中央軍之府兵，通言之仍可視為依魏晉以來慣例，指將軍府之兵，而非都督府之兵。〔註40〕然而，此軍制下的府兵卻專以開府府與儀同府所領之兵作為基準，故前引《北史》卷六十之末，謂二十四開府「分團統領，是二十四軍。每一團，儀同二人。自相督率，不編戶貫」，蓋指此高級領兵核心單位（開府）與基礎領兵核心單位（儀同）之間的關係，以及其統率指揮的運作也。之所以如此設計，主因蓋是宇文泰意欲將大將軍以上將領塑成一個高級政軍合一的軍事集團，柱國大將軍任以三公六卿之官，大將軍任以上大夫少卿級之官，分掌政務，以故將中央軍──二十四軍即是中央全軍的統稱──之實際統率權分委於二十四開府，而總屬於自己，以切實掌握之。《周書‧晉蕩公（宇文護）列傳》所謂「自太祖（宇文泰）為丞相，立左右十二軍，總屬相府。太祖崩後，皆受（宇文）護處分，凡所徵發，非護書不行」，〔註41〕即是此制度精神旨意之實錄。此設計是以柱國大將軍及大將軍在朝共同領政，

〔註40〕 嚴耕望先生以獨孤信與柳虯為例，謂信於大統六年為隴右十州大都督、秦州刺史，「以虯為二府司馬」，「所謂二府即將軍府與都督府也」（同註33，頁528）。筆者按：據信傳，信時任使持節‧侍中‧驃騎大將軍‧開府儀同三司‧大都督，然嚴先生卻未指明柳虯所任之都督府，究是隴右十州大都督府抑或秦州之當州大都督府。前文已述軍都督與州都督有別，州都督魏晉以來例不置府，其府實為將軍府，及至魏末，軍區內防禦部隊普遍野戰編制化，始見有當州都督等都督府，因此，柳虯所任之二府司馬，恐怕是獨孤信的開府府（當時也確是驃騎大將軍的將軍府）司馬與秦州當州都督府司馬。據虯本傳：「（大統）四年，入朝，太祖欲官之，虯辭母老，……久之為獨孤信開府從事中郎。信出鎮隴右，因為秦州刺史，以虯為二府司馬。」依漢晉以來州郡不置長史，而北魏末某州刺史常兼當州都督的慣例，柳虯此時應是由開府從事中郎遷為開府府司馬，而兼為秦州當州都督府的司馬也。

〔註41〕 參《周書‧晉蕩公列傳》，卷十一，頁168。

除非奉命征戰否則不領兵，而日常統領軍隊的職責乃委諸總屬於霸主自己的二十四開府，表面上頗似姬周高官在朝為卿、在軍為將的政軍合一制度，但是實際上則並不盡然。因為柱國大將軍及大將軍日常既與軍隊統率系統分離，則所謂六軍、十二軍遂成虛編，此所以後來宇文護能輕易誅除趙貴、獨孤信等頂級大將也。

由於常制領兵核心單位專以開府府及儀同府為準，是以府兵之名乃由通稱變為專名，亦即是專指開府府及儀同府所領之兵，與魏晉南朝的制度遂漸有所別。《後魏書》載云：

> 西魏大統八年，宇文泰仿周典，作六軍，合為百府。大統十六年，
> 以民之有材力者為府兵。〔註42〕

可見建府以及專稱其為府兵乃是漸次完成的改革，非一蹴即成。又由於二十四軍只有二十四個開府府，是則不論府兵初建時是否置有百府或恰滿百府之數，〔註43〕要之此所謂「百府」之府，當指基礎領兵核心單位的儀同府而言，復因置有百府之多，決非北鎮軍人所能充員，以故勢需納入鄉兵——民之有材力者——以充之，是則鄉兵雖仍有鄉兵之名，但已成為正式的府兵，殆可無疑。

據此進一步分析，《周書·盧辯列傳》最後特載謂「授柱國、大將軍、開府、儀同者，並加使持節、大都督」，實即指謂柱國大將軍、大將軍、開府、儀同四級軍官以其將軍府領兵，而加使持節、大都督職銜以使之隨時督軍指戰也。這也就是表示「將軍統率、都督指揮」原則之意，正合魏晉以來都督制「統指分離而合一」於一人的慣例。因此，北魏末以來地方軍隊雖有當州或當郡督府之置——其實仍是以某將軍帶刺史或帶郡守而為都督置府，西魏亦沿襲之，但此時作為中央軍的六柱國十二大將軍二十四軍，各級督將卻未見置有督府，反而恢復了將軍府領兵的常制，至於大都督、帥都督、都督此三都督之意義則蓋為各級作戰指揮官而已，是以柱國、大將軍、開府、儀同此四級將

〔註42〕此處的《後魏書》，是據《玉海》（京都：中文出版社，中日合璧本，1986年10月再版）卷一三七《魏六軍·府兵》條所引，唐長孺疑其是否為魏澹的著作，又疑夾注所述的郎將統府說不正確，皆是，請詳唐氏前揭文，頁260～269。

〔註43〕中唐撰就的李繁《鄴侯家傳》，謂「初置府不滿百，每府有郎將主之，而分屬二十四軍。……仍加使持節，大都督以統之。……共有眾不滿五萬」（文見《玉海》卷一三八《唐關內置府·十道置府》條）。唐長孺駁其郎將主府說，甚是；唐先生又指出《太平御覽》引《後魏書》及《通鑑》所載大統八年作六軍，並無「合為百府」之說，疑此說僅是李繁片面之辭云，皆詳其前揭文。

軍若不帶「使持節・大都督」之職銜者，則雖置將軍府而不統兵指戰，僅是散秩罷了，以故降至隋唐遂命文武官皆加此散階戎秩，是亦制度之一變。

大統軍制之所謂府兵，既專以開府府與儀同府所領之兵作為基準，及至開皇軍制之改革，將侍中・驃騎大將軍・開府儀同三司・大都督的官名精簡並降為驃騎將軍，散騎常侍・車騎大將軍・儀同三司・大都督精簡並降為車騎將軍，其下之三都督均直由職稱改為官名而兼職稱，亦即使其性質仍然保持既是散官，而也是實官的散實官。因此，原開府府遂正名為驃騎府，儀同府遂正名為車騎府，繼續成為實際領兵的核心單位，仍為府兵專名之所繫。此為北朝府兵之大統軍制第一次重大而顯著的改革。其後隋煬帝第二次改革而成大業軍制，主要是將開皇驃騎府與車騎府兩級單位作進一步合併，精簡為鷹揚府，改成只有一個級別的核心單位，而主帥則降稱為鷹揚郎將，三都督之大號亦改降為校尉、旅帥及隊正，猶如漢朝軍制之部、曲、屯而已，遂使府兵制進一步正常化；而其野戰的軍、團、隊編制，則仍是戰時編制。唐太宗第三次改革，貞觀軍制僅再將鷹揚郎將降稱為折衝都尉，置府領兵，其餘建制則因沿大業軍制之舊，可謂略無新意。

要之，自隋文帝以來的三次改革，或許與君主意欲壓抑武將的構想有關，但皆欲促成府兵制度的正常化。因此，大業軍制與貞觀軍制軍府主帥官名雖已改降，又無將軍之號，似違漢魏以來將軍置府領兵的制度，然而漢制郎將、都尉亦多領兵，且因隋唐府兵制與大統軍制的史緣關係，以故府兵仍指鷹揚府（折衝府）此核心建制單位所領之兵也。

綜而論之，軍隊的常制建制，置府領兵的基本制度，自漢制將軍領兵至隋開皇時猶無改變，甚至大業軍制之以郎將領兵，貞觀軍制之以都尉領兵，其實亦為漢制。因此，大統軍制下之三都督本身均不置督府，實是從北魏晚期喪亂以來，可能曾由當州當郡都督置府指戰的戰時權宜措置，回歸正常化改革的重要第一步，隋文帝以下僅是本此再改革而已。據此，大統軍制都督以上之所以掛（大）都督銜，則是因承沿北魏晚期以來戰時編制由各級都督指戰的慣例與趨勢，故授予各級將軍此職銜，用以方便其率軍指戰耳。至於儀同以上各級大將軍之所以均掛大都督銜，則更是因北魏晚期以來，戰爭頻繁而亦升遷頻繁，眾將輕易遷至大都督，於是眾大都督間如何統屬，平時既成問題，戰時更成問題，是以乃有宇文泰的軍事創制。此創制除了沿用魏晉以降都督制「統指分離而合一」之原則外，重要特色尚有：

　　（一）諸（大）將軍除了須帶督銜始能統兵指戰之外，〔註44〕於大都督以
上之級別，分別授予儀同、開府、大將軍以至柱國大將軍等不同官位，將之排
序為四等級，既用以作為明敘遷的戎秩，亦用以作為明統屬的職級，以故包括
此四級以下之諸（大）將軍領三都督職銜在內，凡共有七級之多，此系戎秩於
國家人事行政體系特稱為「散實官」。

　　（二）此體制是逕以侍中・驃騎大將軍・開府儀同三司・大都督之一級作
為常制軍級建制單位，名為開府府，以散騎常侍・車騎大將軍・儀同三司・大
都督之一級作為團級合成單位，名為儀同府，以便府兵的常制統領。

　　（三）常制一軍由若干團組成是軍事上的彈性編制，雖降至唐制之軍（折
衝府）、團（校尉）建制仍保持此原則，以故史書對軍領團的數目不予記載。
亦即一軍殆未必固定由一個團（兩儀同）或二個團（四儀同）組成，此與軍級
以上單位採二進位的編建甚不同，當戰事發生而需組成征伐軍時尤然。至於儀
同府所領兵史亦未詳，觀前引西魏末使持節・車騎大將軍，儀同三司，大都督
強獨樂所部，即領有八員督將，一人是大都督、一人是帥都督，六人為都督；
而觀察柱國大將軍于謹平梁之役，所統即有楊忠等三個大將軍（見下），亦即
起碼有六個開府以上，此皆是視戰爭規模的大小而依彈性原則以配置。

　　（四）由於一團固定由兩個儀同府組成，以故儀同府之主帥車騎大將軍・
儀同三司・大都督的地位僅是侍中・驃騎大將軍・開府儀同三司・大都督的
偏將，為偏將級將領而非主將級將領。〔註45〕煬帝遼東之役，野戰軍團之
「團」，地位相當於常制的鷹揚府，團長職稱為「偏將」，蓋沿儀同府主帥為
備將之慣例也。

〔註44〕車騎大將軍以外的雜號將軍也有加大而帶大都督者，但職權不能與車騎大將軍
　　　　以上比。如儀同以下之大都督，即使以衛大將軍（漢制衛將軍是位次車騎將軍
　　　　的重號將軍，加大亦然）等號充任之，然皆是儀同級之下的統兵戰鬥官而已。
〔註45〕按：除了柱國大將軍是魏末特置而位在丞相上之外，大將軍則自漢魏晉以來
　　　　即屬公級官，驃騎大將軍與車騎大將軍則比公，其他諸大將軍、將軍若特授
　　　　「開府」時則均是位為從公的大將主將之任。今在大統軍制中，比公的車騎大
　　　　將軍僅是偏將之任。據《李椿墓誌》：椿為八柱國之一李弼之子，周武帝保定
　　　　初為大都督，六年為使持節・車騎大將軍・儀同三司，建德「五年，周武帝平
　　　　齊，仍居偏將……留鎮相州」，（見《全隋文補遺》卷二，頁150～151，西安：
　　　　三秦出版社，2004年3月）。是可證明使持節・車騎大將軍・儀同三司・大都
　　　　督於大統軍制實為偏將級將領。開皇軍制因取消虛編的團，故車騎將軍遂成
　　　　為驃騎府下級直屬單位車騎府之主帥；當其不獨立領府時，則車騎將軍即是
　　　　驃騎府的副帥，仍是偏將性質。

因此,地方動亂之外的較大型戰爭,極少由偏將級別而又領兵不多的儀同獨立領軍出征。據《周書》所載,指揮較大戰爭的統帥,常是開府級以上,此時一個開府或有統領三個以上儀同者,此即軍團的彈性編制,前引《續漢書·百官志》載謂將軍領有本營部曲,「其別營領屬為別部司馬,其兵多少各隨時宜」,正是指此軍制學上的部隊配屬關係、兵力配置彈性原則以及兵力運用集中原則。同理,若更大型的戰爭爆發,則視需要而由大將軍·大都督統若干軍團,乃至由柱國大將軍·大都督統若干大將軍所領的軍團出征。此類例子《周書》多見,最著名的戰例是西魏恭帝元年(554),遣柱國大將軍于謹統大將軍宇文護、大將軍楊忠、大將軍韋孝寬等步騎五萬討梁,擒梁元帝而殺之的戰役,〔註46〕是為柱國大將軍戰時領三大將軍出征之明例。《周書》所載一個儀同常見是統率千人左右的千人營主,是則于謹所統應有五十個營,但未必平均分由宇文護等三大將軍統率。據此可見大統軍制立,則軍隊在平時與戰時,諸大都督間之統屬關係甚為明確,以及授予大都督銜之意義其實是表示統率指揮之授權也。

大統軍制的漢表形式已如上述。因此,軍官名號全採漢(含魏晉)制、軍官官位高而繁、建制級別多,以及由帶(大)都督銜之諸(大)將軍置府統領所屬府兵並實際指戰,是其四大特色。在建制級別多此特色之內,將開府府與儀同府二級建制規劃為核心領兵單位,復將二十四個開府府分為左、右各十二軍序列,竊疑與胡制史緣有關,故下節續論之。

四、大統軍制的胡制史源與胡裏特徵

本文前言提及大統軍制就軍隊建制而言,即是宇文泰於西魏文帝大統十六年所創置的二十四軍制。此建制尚需輔以宇文泰稍後於魏恭帝元年推行的軍人族屬身份改定政策;乃至其姪宇文護於周明帝二年三月實行的軍官改籍政策,始能完整而奠定。

對於此軍制,陳寅恪先生稱之為前期府兵制。陳先生先於《歷史語言研究所集刊》7-3 發表〈府兵制前期史料試釋〉一文而提出此問題,後據此文增寫成《隋唐制度淵源略論稿》之〈兵制〉篇。內中所論府兵前期為鮮卑兵制,是部酋分屬制,屬特殊貴族制,為兵農分離制;後經周武帝、隋文帝施加變革之

〔註46〕 見《周書·文帝下》該年十至十一月條(卷二,頁 35～36),並參此四大將之本傳。

後，始變為華夏兵制，成為君主直轄制，屬比較平民制，為兵農合一制，並稱此集團為「關隴胡漢混合集團」（簡稱關隴集團），其說已為世所周知，亦為此後研究者所遵奉不替。但是，試從另一個角度看，除了「從容禁闥」的魏宗室拓跋欣不算，這支軍隊從時任使持節・太師・柱國大將軍・丞相・督中外諸軍事・錄尚書事・大行臺・大都督・安定郡公而「總百揆，督中外軍」的最高統帥宇文泰以下，諸高級將領若換回當時之胡姓作觀察，則六柱國大將軍當時的姓名殆分別是：

大野虎、徒河弼、獨孤信、乙弗貴、万忸于謹、侯莫陳崇。

十二大將軍則分別為：

拓跋贊、拓跋育、拓跋廓、宇文導、侯莫陳順、達奚武、李（拓跋？）遠、豆盧寧、宇文貴、賀蘭祥、普六茹忠、可頻雄。

是則此十九員大將若依姓名觀察，是漢人集團耶，是胡人集團耶，或是胡漢混合集團耶？若依政策之實質作觀察，恐怕是傾向一個胡人集團。〔註47〕周一良謂「北周的統治者也是出身北鎮的胡族。對于漢族庶民施行胡化辦法，編入部落式的軍隊」，此說庶幾近矣；但其又謂宇文氏漢視、反對門閥，〔註48〕此則恐怕尚需商榷。蓋據前引《周書》卷十六末史臣曰，謂大統十六年以前所任八柱國，「當時榮盛，莫與為比。故今之稱門閥者，咸推八柱國家云」，是則表示宇文氏殆援鮮卑舊俗，塑造一個新的胡族軍事門閥系統歟？以充斥胡姓臣僚之朝廷和華夏南朝爭正統，此與北魏孝文帝之政策相違，其情勢正逆可知，此就難怪隋文帝甫登基即下詔恢復漢姓以及還依漢魏矣。退一步言，即使開府與儀同級之將領的確也吸收了一批漢族人氏，〔註49〕而宇文泰

〔註47〕 此十九員大將除了拓跋贊、拓跋育、拓跋廓為元魏宗室外，其餘皆在大統十六年前後賜復姓，只有李遠不詳。按：李遠是李賢之弟，兄弟在西魏北周一門貴盛，《周書・李賢列傳》謂「其先隴西成紀人」云，魏恭帝時賜姓拓跋氏。另據出土之《李賢墓銘》（見趙超，《漢魏南北朝墓誌彙編》，天津：天津古籍出版社，1992年6月，頁482～484），知其先世實是部落酋長，冒稱李陵之後耳。大野虎即唐高祖的祖父李虎，普六茹忠即隋文帝之父楊忠，陳寅恪先生已疑其皆非漢人，徒河弼即李弼，恐出自徒河鮮卑，因以賜為姓。至於王雄，《周書》本傳謂「字胡布頭，太原人也」，魏恭帝元年，賜姓可頻氏，殆與太原烏丸有關歟？此外眾人率多胡人，以故筆者乃有此疑。讀者尚可依其姓氏查姚薇元的《北朝胡姓考》（臺北：華世出版社，民國66年6月），當可印證諸姓的淵源。

〔註48〕 詳其〈北朝的民族問題與民族政策〉，收入周一良前揭書。

〔註49〕 呂春盛的《關隴集團的權力結構演變——西魏北周政治史研究》（台北：稻鄉出版社，民國91年3月）之表3-4及3-5，分列有大統十六年時之開府與儀

當初也的確有將之混合為一個集團的構想，但是終歸仍是對之普遍實行賜復姓措施，欲將此等將領導向既定的族屬認同以及鄉里認同，塑造一個「胡族軍事部落聯盟集團」，寬言之或是一個新的「胡人為表之胡漢混合軍事部落聯盟集團」而已。胡族生活條件與戰鬥條件一致，社會以部落為主體而全兵皆民，宇文泰既「以諸將功高者為三十六國後，次功者為九十九姓後，所統軍人，亦改從其姓」，則是以軍隊為主體，而以軍組部，以軍合盟，用以自成一個軍事閥閱集團，此則頗沿北魏門閥主義之舊轍，〔註50〕只是宇文泰特重可使其「槍桿子裏出政權」的新門閥罷了。不論「恆以反風俗，復古始為心」的宇文泰是否有「返祖」取向，〔註51〕要之其此改革，展示的意義正是欲在軍事性改革之內，同時使之具有政治性與社會性。

宇文泰這種具有社會政治意義的改革構想，與魏初由大鮮卑山遷至雲代而使諸部人稱為「代人」，用以團結建國；〔註52〕孝文帝將「代人」遷至河南而稱之為「河南人」，用以施行漢化，實有異曲同工之妙。尤其周明帝之明詔「今周室既都關中，宜改稱京兆人」，則更是顯示直接受到孝文帝政策的啟示。只是宇文泰將軍隊部落化，則頗與道武帝的「離散部落」政策反其道，而卻勢不能不如此。因為道武帝的「離散部落」是要使部落兵脫離其部落而置於中央掌控之下，用以加強建立中央集權的王朝；而宇文泰此時的中央朝廷則仍是（西）魏朝，當然不能使之加強而令己削弱，以故僅能於朝廷之外另建一軍事同盟集團，以己為盟長，始能實行其原先確立的「挾天子以令諸侯」之開國國策。在此情勢下，「恆以反風俗，復古始為心」，而有意「擯落魏晉，憲章古昔」的宇文泰，找到的先例則是「魏氏之初」的部落聯盟組織，遂引以為改革的指導原則。

南北朝以前北方游牧民族無文字，族人的共同記憶即其歷史，因此拓跋鮮卑何時有過統國三十六、大姓九十九的規模，實則《魏書》所記亦已不能明。

同人物，可參考，見頁 84 及 99。

〔註50〕關於北魏門閥主義，谷川道雄於其《隋唐帝國形成史論》（東京：筑摩書房，昭和 46 年 10 月）之第二篇第一、二兩章有論述，不贅。此書李濟滄有譯本，上海：上海古籍出版社，2004 年 10 月。

〔註51〕從「返祖」觀點論宇文泰此政策，可參朴漢濟，《西魏北周時代胡姓的重行與胡漢體制——向「三十六國九十九姓」姓氏體制回歸的目的和邏輯》，《北朝研究》，1993 年第 2 期，頁 71～81。

〔註52〕參康樂《從西郊到南郊：國家祭典與北魏政治》（台北：稻禾出版社，民國 84年 1 月）之導言與第二章。

蓋北魏建國稱帝前，拓跋鮮卑領袖世號「可汗」，〔註53〕建國後皆追諡為皇帝。據《魏書・序紀》所載，可知的第一任可汗是成皇帝拓跋毛，當時已以「聰明武略，遠近所推，統國三十六，大姓九十九，威振北方，莫不率服」；但同書〈官氏志〉則載謂「初，安帝統國，諸部有九十九姓。至獻帝時，七分國人，使諸兄弟各攝領之，乃分其氏。自後兼并他國，各有本部」云。

　　安皇帝拓跋越是第五任可汗，其時尚未從大鮮卑山（今大興安嶺北麓）「南遷大澤（今呼倫貝爾湖）」，生活空間未廣，能否有此組織規模已屬可疑，更何況第一任可汗之時。恐怕從第六任宣皇帝拓跋推寅南遷，至十四任聖武皇帝拓跋詰汾時再南移，「始居匈奴之故地」後，乃有可供發展的廣闊腹地，以及壯大部落的可能，以故史載至第十五任始祖神元皇帝拓跋力微而強大。拓跋力微時當漢、魏之際，其時小種鮮卑軻比能「控弦十餘萬騎」，主盟諸部落，故需至魏明帝青龍三年（235）中，幽州刺史王雄遣勇士刺殺軻比能後，拓跋力微始有可能代之而崛起。〔註54〕然而，此規模在何時發生並不是本論題的主要問題，其主要問題厥在「統國三十六，大姓九十九」或「三十六國，九十九姓」究竟有何社會政治意義，何以有助於創建大統軍制。

　　按：漢魏晉之世北方游牧民族之所謂「國」，猶即部落之「部」，故《周書・獨孤信列傳》載「獨孤信，雲中人也，本名如願。魏氏之初，有三十六部，其先伏留屯者，為部落大人，與魏俱起」。由是以知，魏氏之初的三十六部即是三十六國，柱國大將軍之一的獨孤信原部就是其中之一國。至於《周書・文帝紀上》開章即述匈奴宇文部「其先出自炎帝神農氏，為黃帝所滅，子孫遯居朔野。有葛烏菟者，雄武多算略，鮮卑慕之，奉以為主，遂總十二部落，世為大人。其後曰普回，因狩得玉璽三紐，有文曰皇帝璽，普回心異之，以為天授。其俗謂天曰宇，謂君曰文，因號宇文國，并以為氏焉」。其冒託漢族先聖先王之說雖不可信，〔註55〕但北族以部為國，以國部為氏，因而號為「宇文國」的習慣則可信，以故《晉書》乃有平州刺史・東夷校尉崔毖「陰結高句麗及宇文、段國等，謀滅（慕容）廆以分其地。太興初，三國伐廆」之文。〔註56〕

　　然則，此時期的鮮卑舊俗如何？

〔註53〕見米文平〈鮮卑石室的發現與初步研究〉，《文物》，1981 年 2 月。
〔註54〕軻比能事參《三國志・烏丸鮮卑東夷傳》，卷三十，頁 838～839。
〔註55〕曹仕邦〈史稱「五胡源出中國聖王之後」的來源〉對此頗有申論，見《食貨月刊》（復）4-1，民國 63 年 12 月。
〔註56〕段國即鮮卑段部。引文見《晉書・慕容廆載記》，卷一百八，頁 2806。

《後漢書‧烏桓鮮卑列傳》載云：

> 烏桓者，本東胡也。……俗善騎射，弋獵禽獸為事。隨水草放牧，居無常處。……有勇健能理決鬥訟者，推為大人，無世業相繼。邑落各有小帥，數百千落自為一部。大人有所召呼，則刻木為信，雖無文字，而部眾不敢違犯。氏姓無常，以大人健者名字為姓。大人以下，各自畜牧營產，不相徭役。……俗貴兵死，……其約法：違大人言者，罪至死；若相賊殺者，令部落自相報，不止，詣大人告之，聽出馬牛羊以贖死；其自殺父兄則無罪；若亡畔為大人所捕者，邑落不得受之，皆徙逐於雍狂之地。

烏桓、鮮卑同屬東胡，由漢至魏習俗未改。〔註57〕是知此時期的鮮卑舊俗，是游牧尚武之民族。其社會政治制度是落之上分為部、邑二級。部之領袖漢人譯為大人，實則其語殆稱為可汗，推選而出；邑之領袖則為小帥，殆是氏族長之流。部落政簡，可汗命令嚴明而部眾不敢違犯，故知可汗與小帥應是平時領民、戰時領兵的領袖，此符合大統軍制政軍合一的設計要旨。至於部眾氏姓無常，以大人健者名字為姓，各自營生，不相徭役，若相賊殺者令部落自相報，則有邑落自治的特色，亦符大統軍制的兵隨帥姓、自相統攝的體制。

由此揆諸「統國三十六，大姓九十九」或「三十六國，九十九姓」，可見三十六國即是三十六部，而九十九姓恐怕皆是邑帥之姓。所謂「魏氏之初，統國三十六，大姓九十九，後多絕滅。至是，以諸將功高者為三十六國後，次功者為九十九姓後，所統軍人，亦改從其姓」的軍人族屬身份改定政策，淵源呼之欲出，蓋有軍人族屬身份模仿部落返祖回舊之意義也。此意義之最重大處，厥在宇文泰要模仿「統國三十六，大姓九十九」，亦即要以自己作為胡式的聯盟盟主，而統領三十六部及九十九姓，構成一個「盟長—部酋」或「大可汗—可汗」的部落聯盟政治結構。宇文泰以此結構於朝廷之外自樹勢力，一者用以遂行「挾天子以令諸侯」的戰略構想，另者用以示別於高歡父子之壓抑以及屠戮此等元魏鮮卑高門的政策，〔註58〕以便引誘號召仍在山東之元魏鮮卑高門

〔註57〕烏丸即烏桓。陳壽於《三國志‧烏丸鮮卑東夷傳》序末云：「烏丸、鮮卑即古所謂東胡也。其習俗、前事，撰漢記者已錄而載之矣。故但舉漢末魏初以來，以備四夷之變云。」因此傳注引《魏書》的載述同於《後漢書‧烏桓鮮卑列傳》，應俱據《東觀漢記》為史源，故知東胡由漢至魏習俗未改。

〔註58〕高歡父子之壓抑以及屠戮此等元魏鮮卑高門，可詳周一良前揭〈北朝的民族問題與民族政策〉一文，頁138～139。

後裔也。因此《北齊書‧杜弼列傳》載云：

> 弼以文武在位，罕有廉潔，言之於高祖（高歡）。高祖曰：「弼來，
> 我語爾。天下濁亂，習俗已久。今督將家屬多在關西，黑獺（宇文
> 泰）常相招誘，人情去留未定。江東復有一吳兒老翁蕭衍者，專事
> 衣冠禮樂，中原士大夫望之以為正朔所在。我若急作法網，不相饒
> 借，恐督將盡投黑獺，士子悉奔蕭衍，則人物流散，何以為國？爾
> 宜少待，吾不忘之。」

是則高歡對宇文泰實施此政治作戰的用意，顯然也知之甚稔。

　　至於此結構相應於大統軍制下高級將領的位階身份，彼等實另含有姬周
式「霸主─諸侯」之意義，而由此過度為北周式的「天王─諸侯」關係。觀下
表可知其具有此種姬周政治的特色。

表二　大統軍制下高級將領位階與三公六卿比較表

命　秩	三公六卿王朝官	大　統　軍　制	備　　註
正九命	太師、太傅、太保	柱國大將軍，大將軍	天子三公以柱國大將軍任之
九命		驃騎大將軍，車騎大將軍	
正八命	少師、少傅、少保	驃騎將軍，車騎將軍	三孤以柱國大將軍或大將軍任之
八命		四征將軍，中軍、鎮軍、撫軍將軍，大都督	
正七命	大冢宰、大司徒、大宗伯、大司馬、大司寇、大司空	前、後、左、右將軍，帥都督	六卿以柱國大將軍任之
七命		冠軍、輔國將軍，都督	
正六命	小冢宰、小司徒、小宗伯、小司馬、小司寇、小司空	鎮遠、建忠將軍，別將	少卿位上大夫，以大將軍任之

本表據王仲犖《北周六典》（台北：華世出版社，民國 79 年 1 月）卷十《命品》而製。

　　儒家如孟子所謂：「天子一位，公一位，侯一位，伯一位，子男同一位，
凡五等也。」〔註59〕宇文泰既欲托古改制，若信其言，則天子與諸侯蓋是各位
差一等，而諸侯則是凡有四等位。是則大統軍制之正九命柱國大將軍及大將軍
的大都督，封爵皆為開國郡公，蓋可位比姬周的公位；以下遞減，九命驃騎大

〔註59〕見《孟子‧萬章下》，台北：新文豐出版公司《重刊十三經注疏》版（下引諸
　　　　經版本同此），民國 67 年 1 月再版，頁 31。

將軍、車騎大將軍領大都督蓋比侯位，諸將軍領八命大都督蓋比伯位，諸將軍領正七命帥都督、七命都督蓋比子男位。

由於西魏帥都督常是領有一支鄉兵以作為本兵之主帥，體制仿佛前述「諸將功高者為三十六國後，次功者為九十九姓後」所統的本軍，即本部落兵，〔註60〕因此無異也是諸侯，位為封君，前註所引司馬裔等已可看出。茲為論證分析之需，姑再引述之，用以察見此等漢族豪右將領與其所統鄉兵的政治以及軍事性質。《周書·司馬裔列傳》載云：

> 司馬裔字遵胤，河內溫人也，晉宣帝弟太常馗之後。……起家司徒府參軍事。後以軍功，授中堅將軍、員外散騎常侍。及魏孝武西遷，裔時在鄴，潛歸鄉里，志在立功。大統三年，（宇文泰）大軍復弘農，乃於溫城起義，遣使送款。與東魏將高永洛、王陵等晝夜交戰。眾寡不敵，義徒死傷過半。及大軍東征，裔率所部從戰河橋，……六年，授河內郡守。尋加持節、平東將軍、北徐州刺史。八年，率其義眾入朝。太祖嘉之，特蒙賞勞。頃之，河內有四千餘家歸附，竝裔之鄉舊，乃授前將軍、太中大夫，領河內郡守，令安集流民。十三年，……加授都督。十五年，太祖令山東立義諸將等能率眾入關者，竝加重賞。裔領戶千室先至，太祖欲以封裔。裔固辭曰：「立義之士，辭鄉里，捐親戚，遠歸皇化者，皆是誠心內發，豈裔能率之乎。今以封裔，便是賣義士以求榮，非所願也。」太祖善而從之。授帥都督，……

> 魏廢帝元年，徵裔，令以本兵鎮漢中。除白馬城主，帶華陽郡守，加授撫軍將軍、大都督、通直散騎常侍。二年，轉鎮宋熙郡。尋率所部兵從尉遲迥伐蜀，……行蒲州刺史。尋行新城郡事。魏恭帝元年，授使持節、車騎大將軍、儀同三司、散騎常侍、本郡中正。

〔註60〕西魏將領之統有本軍亦稱本兵，如《周書·趙貴列傳》謂趙貴原任侍中·驃騎大將軍·開府儀同三司，高仲密以北豫州降，宇文泰率師迎之，戰於邙山。「貴為左軍，失律，諸軍因此竝潰。坐免官，以驃騎、大都督領本軍。尋復官爵，拜御史中尉，加大將軍」（卷一十六，頁262）。又如《周書·郭彥列傳》載郭彥為太原陽曲人，「大統十二年，初選當州首望，統領鄉兵，除帥都督、持節、平東將軍。……進大都督，遷車騎大將軍、儀同三司、司農卿。是時，岷州羌酋傍乞鐵忽與鄭五醜等寇擾西服。彥從大將軍宇文貴討平之。魏恭帝元年，除兵部尚書。仍以本兵從柱國于謹南伐江陵。進驃騎大將軍、開府儀同三司」（卷三十七，頁666～667）。

司馬裔所統的「本兵」，就是其溫城起義以來之義徒義眾，至大統十五年宇文泰竟以盟主（霸主）之姿，將之「封裔」；雖裔固辭，然仍一直由其統領，故裔與諸侯及酋長無異，而如封君也。

又如《周書‧王悅列傳》所載：

> 王悅字眾喜，京兆藍田人也。少有氣幹，為州里所稱。魏永安中，爾朱天光西討，引悅為其府騎兵參軍，除石安令。太祖初定關、隴，悅率募鄉里從軍，屢有戰功。大統元年，除平東將軍、……四年，東魏將侯景攻圍洛陽，太祖赴援。悅又率鄉里千餘人，從軍至洛陽。將戰之夕，悅罄其行資，市牛饗戰士。乃戰，悅所部盡力，斬獲居多。六年，……遷大行臺右丞。十年，轉左丞。久居管轄，頗獲時譽。……
> 十四年，授雍州大中正、帥都督，加衛將軍、右光祿大夫、（大？）都督。率所部兵從大將軍楊忠征隨郡、安陸，竝平之。時懸兵深入，悅支度路程，勒其部伍，節減糧食。及至竟陵，諸軍多有匱乏，悅出稟米六百石分給之。太祖聞而嘉焉。尋拜京兆郡守，加使持節、車騎大將軍、儀同三司、散騎常侍，遷大行臺尚書。又領所部兵從達奚武征梁漢。……及梁州平，太祖即以悅行刺史事。……。魏廢帝二年，徵還本任。屬改行臺為中外府，尚書員廢，以儀同領兵還鄉里。
> 悅既久居顯職，及此之還，私懷怏怏。猶陵駕鄉里，失宗黨之情。其長子康，恃舊望，遂自驕縱。所部軍人，將有婚禮，康乃非理凌辱。軍人訴之。悅及康竝坐除名，仍配流遠防。

王悅實以鄉望率募鄉里從軍，不論其軍職由都督、帥都督、大都督或本官升至使持節‧車騎大將軍‧儀同三司‧散騎常侍，職官歷地方長官抑或行臺大員，其一直統領的「所部兵」，即由此千餘人組成之鄉里，也就是其本兵。因此當行臺廢時，得「以儀同領兵還鄉里」。是則王悅之與「所部軍人」，亦猶部酋之與部民、封君之與邑人而已。情況如此，以故降至泰子周武帝保定二年閏正月時，「詔柱國以下，帥都督以上，母妻授太夫人、夫人、郡君、縣君各有差」。〔註61〕

於此，再據《周禮‧春官宗伯》載其屬官典命之職云：

> 掌諸侯之五儀、諸臣之五等之命。上公九命為伯，其國家、宮室、

〔註61〕見《周書‧武帝紀上》該年月條，卷五，頁66。按：帥都督在天和五年四月被權臣宇文護一度中廢，至武帝誅護親政之建德二年正月復置。

車旗、衣服、禮儀，皆以九為節。侯伯七命，其國家、宮室、車旗、
衣服、禮儀皆以七為節。子男五命，其國家、宮室、車旗、衣服、禮
儀皆以五為節。王之三公八命，其卿六命，其大夫四命。〔註62〕

可見姬周各等諸侯的命秩，各比天子公卿大夫之命秩高一級，觀上表所顯示西
魏北周高級將領官位之位差設計，正是師法此意。

　　大統軍制之目的既是欲建立一個朝廷以外，帶有諸侯暨部落性質的勢力
集團，則「位總百揆，督中外軍」的太師・丞相・柱國大將軍宇文泰，居此集
團之中，顯看無異就是霸主（盟主），隱看則無異為天王，領兵的六柱國大將
軍以下各級督將，則無異如同各級諸侯或各部落酋庶長；至於擁有封爵而名義
上作為封君的其他諸侯，在西魏北周其實皆為虛封，〔註63〕與姬周天下秩序為
「天王—諸侯」的實質體制相去甚遠。從下面所引誥令的稱呼情況觀察，亦可
窺見此意。

　　《周書・蘇綽列傳》謂宇文泰欲革晉季以來文章競為浮華之弊，因魏帝祭
廟，羣臣畢至，乃命綽仿姬周文體而為大誥，作為範式奏行之。其詞冗，僅分
段略錄如下：

惟中興十有一年，仲夏，庶邦百辟，咸會於王庭。柱國泰洎羣公、
列將，罔不來朝。時廼大稽百憲，敷于庶邦，用綏我王度。皇帝曰：
「……」

六月丁巳，皇帝朝格於太廟，凡厥具僚，罔不在位。

皇帝若曰：「咨我元輔（指宇文泰）、羣公、列將、百辟、卿士、庶
尹、御事，……凡爾在位，其敬聽命。」

皇帝若曰：「柱國（指宇文泰），唯四海之不造，載繇二紀。天未絕
我太祖列祖之命，用錫我以元輔。國家將墜，公惟棟梁。皇之弗極，
公作相。百揆譬度，公惟大錄。……若伊之在商，周之有呂，說之
相丁，用保我無疆之祚。」

皇帝若曰：「羣公、太宰、太尉、司徒、司空。惟公作朕鼎足，以弼
乎朕躬。……」

〔註62〕見《周禮》（《重刊十三經注疏》），頁33。
〔註63〕北朝封爵制度的變化，請詳王安泰，《再造封建——魏晉南北朝的爵制與政治
　　　　秩序》（臺灣大學出版中心，2013年5月）第二章，西魏北周部分則詳見頁
　　　　104～109。

> 皇帝若曰：「列將，汝惟鷹揚，作朕爪牙，寇賊姦宄，蠻夷猾夏，汝
> 徂征，綏之以惠，董之以威。……
>
> 皇帝若曰：「庶邦列辟，汝惟守土，作民父母。……齊之以禮，不剛
> 不柔，稽極於道。」
>
> 皇帝若曰：「卿士、庶尹、凡百御事，王省惟歲，卿士惟月，庶尹惟
> 日，御事惟時。歲月日時，罔易其度，百憲咸貞，庶績其凝。……」
>
> 皇帝若曰：「惟天地之道，一陰一陽；禮俗之變，一文一質。……戒
> 之哉！戒之哉！朕言不再。」
>
> 柱國泰洎庶僚百辟拜手稽首曰：「……咸昭奉元后之明訓，率遵於道，
> 永膺無疆之休。」
>
> 帝曰：「欽哉。」

誥文中提到的「庶邦百辟」，蓋是指「庶邦列辟，汝惟守土，作民父母」之地
方長官，而非指國公郡公之流。至於所謂「羣公」，也蓋是指位在丞相上或位
為三公之柱國大將軍及大將軍，故與「太宰、太尉、司徒、司空。惟公作朕
鼎足，以弼乎朕躬」等最高級執事官相提並列。觀此誥文，由是以知此時宇
文泰與魏帝、諸高級將領之關係，無異像是東周「天王—霸主—諸侯」架構
的重現。誥文的羣公、列將無異等同或實際上就是庶邦諸侯，而位居天子之
卿士、庶尹以及凡百御事之上。至於純擁封爵名號的其他封君，誥文中提也
不提，可證其虛。

又，當魏恭帝三年宇文泰薨後，其嗣子宇文覺嗣位並為太師·大冢宰，尋
即被封為周公，同月受禪建周，於翌年（557）元月即天王位。此時是宇文護
主政，除了繼續宇文泰模仿姬周由高級將領，亦即諸侯，分任王廷三公六卿的
政軍合一政策之外，同時開始晉升諸最高級將領為開國公，故詔言「惟天地草
昧，建邦以寧。今可大啟諸國，為周藩屏」云云；復於翌月以柱國大將軍·楚
國公趙貴謀反而誅之，下詔竟云：

> 朕文考（宇文泰）昔與羣公洎列將眾官，同心戮力，共治天下。自
> 始及終，二十三載，迭相匡弼，上下無怨。是以羣公等用升余於大
> 位。朕雖不德，豈不識此。是以朕於羣公，同姓者如弟兄，異姓者
> 如甥舅。冀此一心，平定宇內，各令子孫，享祀百世。〔註64〕

〔註64〕二詔詳《周書·孝閔帝紀》元年春正月及二月條，卷三，頁46～48。

蘇綽為大誥時大統軍制尚未正式成立，但已顯見有將宇文泰與諸高級將領的「共治天下」的部落聯盟關係，包裝成姬周式霸主—諸侯之政治意義；至於此二詔之頒發，則已可謂將此意義表現無遺。此所以宇文泰奉魏太子西巡至原州時，令驃騎大將軍·開府儀同三司李賢「乘輅，備儀服，以諸侯會遇禮相見」也。〔註65〕

顯然，宇文泰為了實行其「挾天子以令諸侯」的開國國策，很早就有意將其與諸將的部落聯盟關係，仿造成一個「霸主—諸侯」的政治形式以及政軍合一的勢力結構；及至魏恭帝三年正月正式推行周禮而建六官，宇文泰成為太師·大冢宰，柱國大將軍李弼、趙貴分為太傅、太保，柱國大將軍獨孤信等則分為其他卿官，而實際上是五府總於天官（大冢宰），於是「霸主—諸侯」以及政軍合一的形式結構乃告完成。〔註66〕至於篡魏建周後，元首改稱天王而不稱皇帝所再完成的「天王—諸侯」封建王朝形式，遠則因於宇文泰當初是被諸將（群公）擁護而崛起，而與群公「等夷」以「共治天下」，不敢自大之事實，此為陳寅恪先生所已論及；近則因於群公支持篡魏建周之事實，此則為周孝閔帝宇文覺詔書所謂「羣公等用升余於大位」之言已經明告。基於其父子兩人此現實環境，必須與群公列將「共治天下」，因此始有依《周禮》而改革，用以形成「天王—諸侯」封建王朝的形式制度，以內寓拓跋鮮卑舊俗的「盟長—部酋」或「大可汗—可汗」部落聯盟於其中。其初意是否為了與齊、梁爭正統，恐有待再商榷。

至此似需進一步追問，群公列將何以具有此等實力，隱然促使制度朝此方向發展？

按：大統軍制除了上述拓跋鮮卑的遠源之外，殆尚有一個北魏建國以來的近源，甚至六鎮之亂以來的最近源制度，均有助於大統軍制的創建。此即北魏建國以來的領民酋長與領民庶長之制，以及六鎮之亂以來的流民大都督與流民都督之制。前謂道武帝推行「離散部落」的政策，然而王朝北邊之粗獷部落仍許保有其組織，以助防邊柔然之侵略，此即純部落式的領民酋庶長制，二者等級之差別或如鮮卑舊俗之大人（可汗）與邑帥歟？又，六鎮之亂以來，北鎮鎮民大量南流。由於北鎮鎮民率多是府戶軍人，故魏廷分置流民大都督或流民

〔註65〕《周書·李賢列傳》，卷二十五，頁416。
〔註66〕表 2 所示的三公及三孤並無實權，實權在六卿官，而六官卻總於身任天官大冢宰的宇文泰，以故「霸主—諸侯」的政治形式以及政軍合一的勢力結構得以告成。

都督以統領之，其組織性質介於部落與軍隊之間，為十六國以來即有的故智。
〔註67〕在此兩種體制的基礎上，對原即各握本軍而推戴宇文泰的群公列將而
言，實是順勢而為的變化，均大有助於大統軍制的創建與施行。蓋「諸將功高
者為三十六國後，次功者為九十九姓後，所統軍人，亦改從其姓」的軍人族屬
身份改定政策，與領民酋庶長之制相仿佛，可謂是仿領民酋庶長制；諸將各以
三都督職銜分領所部，則又無異是仿流民（大）都督制而變化也。

　　筆者以為，群公列將原先各擁兵力以推戴宇文泰，是促成宇文泰在上述兩
種體制的基礎上，因勢利導建立大統軍制胡式內裏結構之主因，用以「與羣公
洎列將眾官，同心戮力，共治天下」，實行其「挾天子以令諸侯」的開國國策。
茲再試論之。

　　按：大統軍制的領兵核心單位分為開府府與儀同府兩級，似乎源於東胡舊
俗領民領軍的可汗與小帥兩級之制。殆是可汗為大將、小帥為偏將，三十六開
府〔註68〕方之於三十六部可汗、九十九儀同〔註69〕方之於九十九小帥之制的
翻版歟？至於「分團統領，是二十四軍。每一團，儀同二人。自相督率，不編
戶貫」，不就是昔日邑落自治的寫照乎？至於「無他賦役。每兵唯辦弓刀一具，
月簡閱之」，則正是部民皆為自由牧民，戰時自備資裝、全兵皆民的部落兵制。
前引王悅等例，猶依稀可見此體制的影子。

　　尚有可進而言者，史謂北魏分裂之際，「是時六坊之眾，從武帝而西者，
不能萬人，餘皆北徙，並給常廩，春秋二時賜帛，以供衣服之費。……及文宣
受禪（即高洋建齊），多所創革。六坊之內徙者，更加簡練，每一人必當百人，
任其臨陣必死，然後取之，謂之百保鮮卑」。〔註70〕六坊之眾是隨孝文帝遷都
而入軍的代來人氏，顯示高歡對之亦極為重視，但也頗為畏忌。觀前揭〈杜弼
傳〉載弼以文武在位罕有廉潔，言之於歡時。高歡竟答以「今督將家屬多在關

〔註67〕其詳請參周一良〈領民酋長與六州都督〉一文，收入其前揭書。氐羌於晉世由
　　　　關隴東遷山東時即採用此種組織，請詳本書〈漢趙時期氐羌的東遷與返還建
　　　　國〉篇。
〔註68〕《宋書‧百官上》謂重號及將軍加大率多開府，故筆者這裡是指十二大將軍及
　　　　二十四開府。蓋軍團之軍務上至大將軍級而止，前引《北史》所謂「都十二大
　　　　將軍」是也；至於六柱國主要是充任三公六卿以佐宇文泰執政，而儀同則僅是
　　　　偏將級軍官。
〔註69〕濱口重國前揭文主張一軍有兩團，一團有兩儀同，二十四軍共有九十六儀同，
　　　　約可參考；然而大統十六年時到底編有多少儀同，史未詳載，筆者前面已推一
　　　　軍未必皆定編兩團，故此處僅是估測。
〔註70〕《隋書‧食貨志》，卷二十四，頁676。

西，黑獺（宇文泰）常相招誘，人情去留未定。江東復有一吳兒老翁蕭衍者，專事衣冠禮樂，中原士大夫望之以為正朔所在。我若急作法網，不相饒借，恐督將盡投黑獺，士子悉奔蕭衍，則人物流散，何以為國」？據此可知，高歡此時內心忌憚，實行的是姑息政策。因此，北齊建祚之後，文宣帝高洋竟至僅選用此中之勇力者，任其臨陣必死，其餘人等乃至北魏元勳貴族，類皆受到迫害。例如《通典‧食貨三‧鄉黨》載云：

> 宋世良獻書，以為魏氏十姓八氏三十六姓，皆非齊代腹心，請令散配郡國無士族之處，給地與人，一則令其就彼仕宦，全其門戶；二則分其氣勢，使無異圖。文宣不納，數年之後，乃濫戮諸元。與其酷暴誅夷，未若防其萌漸，分隸諸部。〔註71〕

按：北魏帝室十姓為紇骨氏、普氏、拓拔氏、達奚氏、伊婁氏、丘敦氏、侯氏、乙旃氏、車焜氏；勳臣八姓為穆陵氏、步六孤氏、賀賴氏、獨孤氏、賀樓氏、勿忸于氏、紇奚氏、尉遲氏。〔註72〕三十六姓則不詳，或許可從上述諸賜復胡姓的柱國及大將軍略推見之。這些北魏核心姓族，在北齊因畏忌而受到屠毒與迫害；而其在關西之家屬，則因籠絡而受到興復與重用，一來一往之間，禍福榮辱大相逕庭。由於在關西者成為構成魏周隋唐門閥的主幹，以故唐之史臣在《周書》卷十六末曰：「當時榮盛，莫與為比。故今之稱門閥者，咸推八柱國家云。」禍福榮辱之間，其關鍵竟與宇文泰自感實力不足，思有以拉攏關隴胡漢而團結之，乃本復古主義，塑成一仿古集團，用以安撫號召關隴胡漢的意念有關。

又，宇文泰此「外周內胡軍事封建部落聯盟集團」之胡式軍制史緣，恐怕不僅止於北魏拓跋鮮卑一源，似乎也與前引《周書‧文帝紀上》所述匈奴宇文部先世遷至朔野時，其領袖葛烏菟「雄武多算略，鮮卑慕之，奉以為主，遂總十二部落，世為大人」的歷史經驗有關。蓋部落常為軍事單位，以故宇文部先世曾總十二部落殆即曾總十二軍。鮮卑十二部落的劃分，是否與匈奴單于分置左右十二國部（詳後）的舊制有關，史不能明。要之據《周書‧劉亮列傳》載云：

> 及太祖置十二軍，簡諸將以將之，亮領一軍。每征討，常與怡峰俱

〔註71〕見《通典‧食貨三‧鄉黨》（杭州：浙江古籍出版社，1988年11月），卷三，典22。

〔註72〕勳臣八姓之漢姓為穆、陸、賀、劉、樓、于、嵇、尉，據《魏書‧官氏志》比較得其原來胡姓，參卷一一三，頁3005～3015。

為騎將。魏孝武西遷，以迎駕功，除使持節、右光祿大夫、左大都
督、南秦州刺史。大統元年，以復潼關功，進位車騎大將軍、儀同
三司。

此事既發生在宇文泰接掌賀拔岳關西大都督所部之後，而在魏孝武帝西遷長
安之前，是則宇文泰為關西大行臺‧關西大都督時，已部署有十二野戰軍的
建制，或許即與先世曾總十二部落的歷史經驗有關。及至大統三年八月，泰
「率李弼、獨孤信、梁禦、趙貴、于謹、若干惠、怡峰、劉亮、王德、侯莫
陳崇、李遠、達奚武等十二將東伐」，沙苑大捷，西魏「進太祖柱國大將軍，
增邑并前五千戶。李弼等十二將亦進爵增邑。并其下將士，賞各有差」。〔註73〕
是則此十二將統領之軍應即為先前建置的十二軍，此役是以十二個建制軍的
型態全軍東伐，可以無疑。其後在大統軍制成立時，十二將中除了戰死者之
外，李弼、獨孤信、趙貴、于謹、侯莫陳崇皆已成為柱國大將軍，而李遠、
達奚武亦成為大將軍。可見此十二將殆在先前即已各握兵力，是擁戴宇文泰
為帥，幾與泰「等夷」，令泰不敢輕視而收編攏絡為十二軍主帥的人物。或
許宇文部先世曾總十二部落即十二軍是大統軍制十二大將軍建制的遠源，而
此關西大行臺‧關西大都督麾下，稍後總屬於丞相府的十二野戰軍則是十二
大將軍建制的近源。

　　不過，此關西大行臺‧關西大都督麾下，稍後總屬於丞相府的十二軍建置，
雖或與大統軍制中央二十四軍的整編擴充有關，但是二十四軍的創建史緣，似
乎更與全盛時的匈奴軍制有關。

　　蓋後世匈奴人雖役屬於拓跋鮮卑，但在北朝卻屢屢起事，六鎮之亂即由沃
野鎮的匈奴人破六韓拔陵（破落汗拔陵）所率先造反，顯示匈奴人的族類意識
恐怕並不低。〔註74〕宇文泰身為匈奴裔鮮卑人，先世曾以匈奴部酋的身份總
領十二部鮮卑，既記得曾總十二個鮮卑部落的經驗，則當也記得匈奴全盛榮光
時期的軍制，何況宇文泰是一個常讀經史，並常與屬下討論研究的人，〔註75〕

〔註73〕　事詳《周書‧文帝紀上》大統三年八月至十月條，卷一，頁23～24。
〔註74〕　匈奴人在北朝屢屢起事，請詳前揭周一良之〈北朝的民族問題與民族政策〉一
　　　　　文；但周氏多從階級鬥爭角度作解釋。
〔註75〕　《周書‧薛善列傳‧弟慎附傳》謂「慎……起家丞相府墨曹參軍。太祖於行臺
　　　　　省置學，取丞郎及府佐德行明敏者充生。悉令旦理公務，晚就講習，先六經，
　　　　　後子史。又於諸生中簡德行淳懿者，侍太祖讀書。慎與李璨及隴西李伯良、辛
　　　　　韶，武功蘇衡，譙郡夏侯裕，安定梁曠、梁禮，河南長孫璋，河東裴舉、薛同，
　　　　　滎陽鄭朝等十二人，竝應其選」。見卷三十五，頁624～625。《北史》同傳同。

是則匈奴全盛時的軍制如何？彼必知之。茲據《史記‧匈奴列傳》所載，略述其軍制如下：

> 置左右賢王，左右谷蠡王，左右大將，左右大都尉，左右大當戶，左右骨都侯。匈奴謂賢曰「屠耆」，故常以太子為左屠耆王。自如左右賢王以下至當戶，大者萬騎，小者數千，凡二十四長，立號曰「萬騎」。……諸左方王將居東方，……右方王將居西方，……而單于之庭直代、雲中：各有分地，逐水草移徙。而左右賢王、左右谷蠡王最為大（國），左右骨都侯輔政。諸二十四長亦各自置千長、百長、什長、裨小王、相、封、都尉、當戶、且渠之屬。

《漢書》同傳與此傳相同，稍異處是「左右賢王、左右谷蠡最大國」以及「二十四長亦各自置千長、百長、什長、裨小王、相、都尉、當戶、且渠之屬」兩句。

筆者雅不欲涉入匈奴國體、政體、軍制諸多問題之辯論，只是認為單于既置賢王、谷蠡王、大將、大都尉、大當戶、骨都侯六官，且分左、右置，是則合共十二國，〔註76〕而以左右賢王、左右谷蠡最為大國。竊意此十二國部之主既由單于分置，「各有分地，逐水草移徙」，是則表示此應為匈奴的游牧軍事封建制，而分地內諸游牧部落以及軍隊均受其總領。由此觀之，六官比之於六柱國，是虛置的名號，用以佐政；十二國始是實體，用以領軍治民，蓋為二十四軍「都十二大將軍」之所仿。

至於「自如左右賢王以下至當戶，大者萬騎，小者數千，凡二十四長，立號曰『萬騎』」，語意晦澀，頗為費解。蓋十二國部理應統有十二軍，今言「左右賢王以下至當戶，大者萬騎，小者數千，凡二十四長」，似乎以解釋為十二國部之下各有兩軍，一軍編制大者萬騎、小者數千為宜；而二十四長即是此二十四軍之軍長。若是，則單于之左、右方面各置六國，合共左、右十二國；每一國之下轄編兩長，是則共下轄左、右二十四長即左、右二十四軍。

至於《史記‧匈奴列傳》謂「二十四長亦各自置千長、百長、什長、裨小王、相、封、都尉、當戶、且渠之屬」，而《漢書》則謂「二十四長亦各自置千長、百長、什長、裨小王、相、都尉、當戶、且渠之屬」，其間似有問題。

第一個問題在標點似誤，即「什長、裨小王」間應標逗號或分號為宜。

〔註76〕左右骨都侯輔政並不表示其不統國部，情況猶如西魏柱國大將軍、大將軍諸大都督之既輔政而又領本兵也。

蓋逗點或分號之前殆是敘述二十四長所領之軍的建制，即每軍下轄若干千長、百長、什長之建制。北亞游牧國家的軍隊編建慣例採十進位，如北魏時，東胡之苗裔柔然名主社崙「并諸部，凶勢益振。北徙弱洛水，始立軍法：千人為軍，軍置將一人，百人為幢，幢置帥一人」，〔註77〕即是其例。若是，則匈奴左、右二十四長即左、右二十四軍，「立號曰『萬騎』」，各下轄若干千長、百長、什長之建制可明。蓋十二國之主統有二十四長即二十四軍，因國部大小不一，是以其下轄之軍所統的千長數目亦不一，大國之一軍恐滿或超過十個千長之數，小國之一軍恐不滿十個千長之數，總之皆「立號曰『萬騎』」，以故謂「大者萬騎，小者數千，凡二十四長」。由是觀之，匈奴軍制軍級兵力規劃是採彈性原則，而千長以下各級建制單位，則是採十進制定編。

　　至於逗點或分號之後的「裨小王、相、封、都尉、當戶、且渠之屬」，《漢書》將「相、封」改為「相」。竊意先秦的丞相官本稱「相邦」，漢初避高帝劉邦之諱改為「相國」，至武帝時定名為「丞相」；而匈奴全盛正值此時，亦有「相邦」之官，近代出土有「匈奴相邦印」即可為證。〔註78〕是則《史記》書曰「相封」，當是「相邦」之誤，若非史公避諱，則是後人避諱或傳寫之誤；而《漢書》逕將之改為「相」，恐怕也是出於避諱，但反而近真。據此可知，所謂「裨小王、相、都尉、當戶、且渠之屬」，應皆是仿自匈奴單于分封制之具體而微制度，用以協助二十四長領治部民之官屬。亦即二十四長之每長，皆各自置有兩系官屬，一系為直轄領兵的千長、百長、什長；另一系為治民的裨小王、相、都尉、當戶、且渠，使軍民分治而統屬於長。此是匈奴地方統治的政軍組織，頗似魏晉南朝及北朝，州都督轄下同時置有軍府與州府，且是軍民分治之制；而魏周之前期府兵制其實也是軍民分治之制，（大）都督雖出任地方行政長官，然其所部仍與屬民分治。

　　據上析論，就軍制方面而言，匈奴全盛時，作為天子的單于，〔註79〕在其統治的廣闊領土上，除單于本廷直屬之外，分於東西兩方各置賢王、谷蠡王、

〔註77〕參《魏書·蠕蠕列傳》，卷一百三，頁2290。

〔註78〕「封」之一字，《史記》注引《集解》徐廣曰：「一作『將』。」按：撿諸《史記》、《漢書》，匈奴當時殆無「將」之一官，徐廣不知何據，今不取。王國維撰〈匈奴相邦印跋〉一文，對六國及匈奴有相邦之官作了辯證，該文收入其《觀堂集林》（北京：中華書局，1994年12月版）頁914～915。

〔註79〕《漢書·匈奴傳上》載謂「單于姓攣鞮氏，其國稱之曰『撐犁孤塗單于』。匈奴謂天為『撐犁』，謂子為『孤塗』，單于者，廣大之貌也，言其象天單于然也。」見卷九十四上，頁3751。

大將、大都尉、大當戶、骨都侯六王官，分為左、右置，合為十二國。大抵每國之下各置兩長，故左、右十二國共有二十四長，即左、右二十四軍。每軍之下約採十進制，而各轄若干千長、百長、什長的建制軍隊；每軍兵力規劃則採彈性原則，以故一軍兵力配置大小不一，「大者萬騎，小者數千」，要之皆「立號曰『萬騎』」。因此，二十四長即二十四軍應即是其政軍核心單位，負有對其分地的領兵與治民雙重責任，領兵系統有千長、百長、什長之屬，治民系統有裨小王、相邦、都尉、當戶、且渠之屬，雖是軍民分治，但卻政軍合一於各二十四長。由是，於其各自分地之上，左右各二十四長實際統合其轄下的政軍，以聽命於所屬的左右十二國，而無論左右十二國或六王官，地位雖崇高而其實皆是單于分封，用以共治的諸侯。由此層層節制，使全匈奴統歸於單于。此殆是游牧國家的軍事封建制，可使《史記‧匈奴列傳》所謂北狄千年以來各種部落「時大時小，別散分離」的問題得以解決，國家得以形成與穩固，乃至進入全盛。

　　至此，可以將匈奴軍制與大統軍制作一比較。

　　首先，匈奴天子（單于）之下置有六王長，此為協助單于統治之最高級長官。六王長左右分置，各有分地而為十二國。大統軍制置有號稱領軍的六柱國，但六柱國例充三公三孤或六卿，實際上是協助統治而平時不蒞軍的最高級長官，有大事始奉命領軍出征，平時軍務則委諸所屬的十二大將軍，亦即因六柱國政務繁重，故實際軍政權委之於十二大將軍，所謂「都十二大將軍」是也。是則匈奴軍制與大統軍制二者對此之設計頗為類同。

　　其次，匈奴十二國之下分轄二十四長，二十四長各下轄若干千長，大者萬騎，小者數千，立號曰「萬騎」，為領兵的核心單位，且因兼治部民之故，故其性質應是基本的戰略單位。大統軍制十二大將軍各下轄二開府，凡二十四開府，為常制領兵的高級核心單位；而且二十四軍之下「每一團，儀同二人。自相督率，不編戶貫。都十二大將軍」，以故亦頗有基本戰略單位的性質，因而特授軍長驃騎大將軍以「開府」，使為獨當一面的大將。匈奴二十四長每長由若干千長組成之數目不定，大統軍制每軍由若干儀同組成之數目也不定，均採兵力配置彈性原則。依濱口重國的計算，每軍有兩團，每團有兩儀同，即每軍有四儀同，〔註80〕此假說並無確證，後來卻也為中日學者所採信；但史書並沒有每軍有兩團之記載，意即每軍下轄團數不一定，並非採二進位，因此不予

〔註80〕參濱口重國之前揭文。

載述，此正是匈奴軍制二十四長轄下採取彈性原則編組的複製。另外值得注意的是，匈奴由單于而六王長而十二國而二十四長，凡四級即達基本戰略單位；大統軍制則由督中外軍事而六柱國而十二大將軍而二十四開府，亦四級即達基本戰略單位。至於匈奴二十四長下轄的兩系屬官排序，是先軍官然後纔是治民官；而大統軍制整體而言，武官之命秩率高於文官，〔註81〕是則此二制內涵重武輕文之意亦頗相仿佛。

　　再次，匈奴之千長殆是常制領兵的最高戰術單位主帥，故由若干千長組成一個軍，因此始有「大者萬騎，小者數千，凡二十四長」之制。大統軍制下的儀同府為基礎領兵核心單位，是軍團的合成單位，二十四開府（軍）之下是虛編的團，每軍由若干團組成數目並不固定，要之每團由兩個儀同組成，每軍由一個以上的團合成，是為軍團。至於匈奴之千長蓋是二十四軍長的偏將，而儀同約領千兵，類似千長，亦為二十四開府的偏將，是則兩者在此級俱有最高戰術單位的性質也類同。

　　復次，匈奴千長以下的百長、什長之屬，殆為戰鬥單位；而大統軍制儀同以下的大都督、帥都督、都督，似無固定之規劃兵力，故均只是基層戰術單位，乃至只是戰鬥單位，二者亦頗雷同。至於大統軍制下的都將等五職，依魏末戰時編制應是真正的戰鬥單位主官編制，但至隋在精簡政策之下被排出戰鬥體系，最終被取消，以致周隋二史記載不詳，而難以分析。

　　揆諸史實，此種將國家軍隊分為左右序列，使成左右二十四軍，而軍長及其下之千長，則分為兩級實際領兵核心單位主帥之建制體系，固為漢魏晉宋之所無有，亦為鮮卑柔然之所未見，由此觀之，大統軍制與匈奴軍制神似之處甚多，似非偶合可以解釋。大統軍制雖以漢式軍制為外表，但實質上內含拓拔鮮卑舊制、北魏近制、宇文匈奴鮮卑混合舊制，以及匈奴全盛軍制四種胡制。四種胡制因素之中，就高層軍事政治集團的結構而言，是拓拔鮮卑舊制影響較大，匈奴舊制次之；若就軍隊建制而言，則是匈奴全盛軍制影響最大。至於宇文匈奴鮮卑混合舊制以及北魏近制，則是二者過渡的樞紐。因此，可以斷言，屬於前期府兵制的大統軍制，的確是漢表胡裏的軍制，對漢式王朝而言且是一種創制。

〔註81〕　大統軍制軍團級「自相督率」府兵及其家屬起居作息之官職不詳，後世隋唐則置坊主、團主以主之，命秩亦不詳。唯《新唐書・百官志四》敘述唐制諸衛軍府組織時，謂「軍坊置坊主一人，檢校戶口，勸課農桑，以本坊五品勳官為之」（卷九十四上，頁1288），可略供參考而已。

五、結　論

　　北魏末關隴大亂，宇文泰等諸將從賀拔岳所統的西征野戰軍往征。稍後西征軍內亂，賀拔岳被刺，諸將擁立宇文泰繼為統帥。宇文泰隨即確立以「挾天子以令諸侯」作為其開國國策。然而當時擁立諸將頗與宇文泰勢位等夷，故必須要建立一支對己向心力堅強的直屬軍隊，用以實行上述國策，此為大統軍制創立之背景及動機。

　　宇文泰的因應措施，首先是順著魏末官職濫授、轉遷迅速的趨勢，授予諸將以崇高位秩——包括作為鄉兵主帥之帥都督。例如，北魏末期以來位在丞相上的柱國大將軍，即同時竟授予八員之多，可見其用此措施以收編諸將的向心效力，用意深刻。

　　其次，宇文泰將西征野戰軍整編為具有總預備隊性質的中央野戰軍。此大統軍制下宇文泰的直屬軍隊，採取魏晉已成形，以及在北魏末普遍實施的將軍帶督銜以指戰的慣例，仍是以帶（大）都督銜之（大）將軍置府統兵，並由其實際指戰，而使此中央軍於制度上有軍府而無督府，是為「統指分離而合一之制」。此外，大統軍制雖沿襲魏晉制度，但是卻有軍官官位高、建制級別多等特色，顯示承自北魏末的發展趨勢多，而與魏晉制度不盡相同，更與宇文泰本人「以漢魏官繁，思革前弊」、「乃擯落魏晉，憲章古昔」的復古主義取向頗為相違。自宇文泰以至北周建國，其改革大體上僅施行於中央政府組織。大統軍制下宇文泰直屬軍隊的府兵，雖仍可依魏晉南朝以來慣例泛指各級將軍府之兵，但是由於其設計是以軍團作為核心領兵單位，因而開府府及儀同府之兵遂漸成為「府兵」之專稱，而為後來隋唐兵制所本。

　　大統軍制由於層級節制明確，故能如臂使指，平時無異即是西魏的中央軍，駐於長安周圍以為外衛，而番上時即是禁軍，此與魏晉以來中、外軍的設置原理相同。據此，大統軍制建立前後，西魏無護軍將軍而仍有領軍將軍的建置，乃至不像東魏般設置京畿大都督，其原因可明。蓋魏晉護軍將軍及東魏京畿大都督主掌京城外的衛軍（外軍），領軍將軍主掌京城內的禁軍（內軍），今大統軍制下的府兵既由宇文泰直轄，尤其二十四軍總歸相府，駐於長安周圍而僅接受宇文泰的軍令，是以無異即是衛軍，因而護軍將軍府以及京畿大都督府之職也就可以罷廢不置，遞由宇文泰先以「督中外諸軍事」、後以「都督中外諸軍事」的名義，〔註82〕直接指揮直屬二十四軍以及配屬領軍將軍之府兵即

―――――――――

〔註82〕領軍、護軍以及都督中外諸軍事之職權，學界有多說，茲暫不涉入辯論。至於

可。由是，大統軍制新編成而外表漢式的府兵，就是宇文泰所以能實行「挾天子以令諸侯」的資本。

宇文泰因應措施的再次，就是寓胡制於漢式軍事體制之中，促使將士對己增強團結向心力，是為上述資本之基礎。

蓋鮮卑舊俗游牧尚武，社會政治有邑落自治的特色，部酋為可汗，邑長為小帥，平時領政，戰時領兵，此可與大統軍制政軍合一的設計相比。至於鮮卑部落聯盟早期有三十六國、九十九姓的結構，恐即是部酋可汗、邑長小帥的擴大提升。宇文泰自大統初即推行賜復胡姓的措施，至大統軍制建立後，又以諸將功高者為三十六國後，次功者為九十九姓後，所統軍人，亦改從其姓，是則顯欲透過此軍人族屬身份改定政策，創立一個仿古的胡族聯盟軍事集團，而以自己作為胡式的聯盟盟主，構成一個「盟主－部酋」或「大可汗－可汗」的部落聯盟政軍架構。此架構實可與姬周式的「霸主－諸侯」的形式相互呼應配合，而其邑落自治的舊俗，則可隱寓於諸將所統軍人皆改從其姓，並自行管理的外表漢式之軍制上。大統軍制透過這些軍事人事制度的創立，使府兵將士在此漢表胡裏之軍制中，獲得更團結，向心力更增強的效果。

再者，關於陳寅恪先生稱此為鮮卑兵制則殆未盡然。蓋在上述部落聯盟政軍結構之下，大統軍制的軍隊領兵核心單位分為開府府與儀同府兩級，固似源於東胡舊俗兩級領民領軍的可汗與小帥；不過此軍制之胡式史緣，恐怕不僅止於拓拔鮮卑舊俗一源，而或另有匈奴，乃至匈鮮混合舊制、北魏近制之源。因為宇文泰是匈奴裔鮮卑人，先世遷至朔野時，世為鮮卑十二部落之可汗。北族的部落常為軍事單位，以故宇文氏可謂累世總領十二軍。宇文氏所統鮮卑十二部落或十二軍的劃分，可能與匈奴全盛時分置左右十二國部的舊制有關，而其社會及軍事基礎則另滲有北魏近制。

蓋匈奴全盛時單于置有賢王、谷蠡王、大將、大都尉、大當戶、骨都侯六官，且分左、右置，是為十二國；每國之下轄編兩長，是則共下轄左、右二十四長即左、右二十四軍。此政府高級機關單位的政軍合一架構，與宇文泰之六柱國分領十二大將軍、大將軍分領左、右二十四驃騎大將軍——亦即二十四開

宇文泰先任「督中外諸軍事」，後任「都督中外諸軍事」，曾引起中日研究者的質疑，認為是《周書》記載錯誤。筆者曾撰文論證其無誤。蓋魏晉以來，若不特授假黃鉞而僅授使持節之「督中外諸軍事」或「都督中外諸軍事」，均只是首都軍區司令之職銜，前銜由資淺者任之，後銜由資深者任之。鄙說請參前揭拙著〈從督軍制、都督制的發展論西魏北周之統帥權〉一文，於此不贅。

府軍——的政軍合一架構極為神似，幾出一轍。匈奴二十四長每長由若干千長組成之數目不定，大統軍制二十四軍每軍由若干儀同組成之數目也不定，均採兵力配置彈性原則，也均俱有戰略單位的性質。更值得注意的是，匈奴由單于而六王長而十二國而二十四長，凡四級即達基本戰略單位；大統軍制則由督中外軍事而六柱國而十二大將軍而二十四開府，亦四級即達基本戰略單位。歷史或有偶合之事情發生，但如謂國家創制隔十數世而仍能暗合至於斯者，實在令人難以置信。

復次，匈奴之千長殆是常制領兵的最高戰術單位主帥，故由若干千長組成一個軍；而大統軍制以儀同府為基礎領兵核心單位，儀同約領千兵，類似千長，也是軍的合成單位，亦具有最高戰術單位的性質。匈奴左右二十四長與大統軍制左右二十四開府、千長與儀同此兩級軍隊建制，在軍制學原理上亦竟暗合如此。雖說匈奴軍制千長以下的戰鬥編制僅有百長、什長兩級，且採定編的規劃兵力；而大統軍制則儀同以下仍有三都督、五職等多級，又不採定編的規劃兵力，二者有異。但是，匈奴在全盛時之人口只相當於漢朝的一大縣，〔註83〕以故建制單位不需多；而大統軍制則是因沿北魏末官職氾濫的結果，以故職級繁多，或許可從兩者此背景情勢之不同而理解其異。

由此觀之，大統軍制的高層結構直接取法於拓跋鮮卑之部落聯盟舊俗，但也有匈奴軍事封建制的色彩，至於其軍隊建制，則與匈奴軍制神似之處甚多。大統軍制雖以漢式軍制軍號為外表，但實質上受到拓拔鮮卑舊制、匈奴宇文部與朔野鮮卑混合之舊制、北魏近制，以及匈奴全盛時軍制四種胡制因素的影響。因此，可以斷言西魏大統軍制，實是漢表胡裏的軍制。此軍制所蘊容的武力，就是宇文泰所以能「挾天子以令諸侯」，以及死後其子姪所以能立即篡魏建周的資本與基礎。基於宇文泰依《周禮》而改革中央政府，又仿鮮卑舊日部落聯盟以配合建設政軍合一的架構，復又據匈奴軍制等因子以創建漢式外表的大統軍制，是以筆者敢謂大統軍制是此「外周內胡軍事封建部落聯盟集團」所獨創的漢表胡裏軍制，而非北魏孝文帝以來單純的漢式軍制演進，更非魏晉南朝軍制的抄襲或改良。

《中國中古史研究》第 15 期，2015 年。

〔註83〕「臣竊料匈奴之眾不過漢一大縣」，是賈誼向漢文帝的說辭，容或有所誇張，但匈奴全盛時人口——乃至近世蒙古人口——甚少當是事實。辭見《漢書·賈誼傳》，卷四十八，頁 2241。

隋平陳之戰析論
——周隋府兵改革成效的一個觀察

一、前　言

　　本文撰寫的因緣，與筆者近年研究魏周隋唐的戰略與軍事，近月又稿成《隋史》一書，而所指導的碩士生劉東霖亦完成〈孫吳國家戰略及其施展研究〉一文，其間復閱讀早年所指導博士生何世同將軍近月持贈的《殲滅論》大著，深感戰史之研究，在學術界仍有待開發的感覺有關。

　　劉同學的論文就碩士水準而言是一篇優良的論文，但其研究著重國家戰略層次，較欠完整的戰場分析；國家戰略中又偏重軍事方面，而略欠敵對雙方綜合國力各要素的關照。何將軍原是特戰部隊指揮官，今已是大學正教授，以其當年軍中之教育與實際領兵經驗施於戰史研究，故戰場戰略以及戰術分析，一直是其所長。筆者曾在研究所開設戰略與軍事史方面的課程，一向思考「文」、「武」學界的研究偏向以及關注差別，劉同學與何將軍兩人的著作，恰巧反映了這種偏向及差別。因此，筆者有意以不同的角度與方式撰寫本文，用以與他們以及有興趣研究戰史的同道切磋。

　　除此之外，本文之撰寫，是試圖透過研究，對魏晉南北朝分裂三百多年，為何需經兩次統一戰爭纔使統一之局穩定下來？這兩次統一戰爭為何北朝勝而南朝敗？為何北朝的君主選擇此時間點「大決」，而大決前南、北雙方綜合國力真的懸殊很大嗎，大到如何？就作戰而論，與戰雙方的戰前軍事準備以及戰略構想如何，作戰序列如何籌劃及展開，致勝關鍵與此有何關係？等等問題，略

作分析比較，冀能從戰略以及戰爭的軍事行動中進行論證，尋找或確定其答案。

由於戰史除了軍事本身外，尚牽涉政治、經濟、心理以至科技等等問題，層面廣泛而史料不足，以故僅能從所知的史料做大體的論證，而以開皇九年（589）平陳之戰切入，並以此作為日後與平吳之戰較論的基準。若從兩戰的比較研究能略窺西魏北周宇文氏創行府兵制以及整軍經武的成果，固所願也。

二、戰前南、北國力的比較

魏晉南北朝戰亂分裂凡三百多年，〔註1〕因隋朝的創建崛起，華夏重新出現了天下定於一的契機。契機出現的憑藉，就是經過長期的競爭發展後，北方王朝的建設，最後使總體國力壓倒性的超越了南方的王朝，創造了重新統一的有利條件。

從統一戰爭前南、北朝雙方國力的比較，可以輕易的看到這種有利於北朝的傾斜態勢。關於國力的計算，其要素除了領土與人口外，還包含了政治、軍事、經濟、心理以及技術等，但是由於古代的數據欠缺而又不精確，以故估算並不容易。這裡先以文字論述的方式較論隋、陳的國力，並先從較能客觀估算的兵力、領土與戶口入手作概略觀察。

西魏末——廢帝三年（554）正月，宇文泰開始實施姬周命秩制，而又改置州郡縣的當年，凡改州46，新置州1，改郡106，改縣230。降至北周建德六年（577）周武帝滅北齊時，兼併其州55，郡162，縣385，戶3,302,528，口20,006,886人。〔註2〕又降至周大定元年（即隋開皇元年，581），是歲周境內有州211，郡508，縣1,024，戶3,590,000，口9,009,604人。〔註3〕這些戶

〔註1〕漢末分裂，至魏文帝曹丕篡漢建魏（黃初元年，220），國史進入三國時期，又降至隋文帝平陳之戰而統一（589），前後凡三百七十年。中間曾因平吳之戰而由西晉短暫統一，此即第一次統一。

〔註2〕西魏廢帝三年州郡縣數見《周書‧文帝下》（卷二，頁34）；建德六年州郡縣及戶口數見同書《武帝下》（卷六，頁101）。按：北齊滅時，《隋書‧地理上》謂有州97，郡160，縣365，戶3,300,000，而無口數（卷二十九，頁807）；《通典‧食貨七》（杭州：浙江古籍出版社，1988年11月第一版）載州郡縣數與《隋書‧地理上》同，但謂有戶3,032,582，口20,006,880（卷七，頁典40上）略異。又，《隋書‧地理上》載北周亡前一年——大象二年，通計有州221，郡508，縣1,124；《通典‧州郡一》則作有州211，郡數同，縣1,024（卷一七一，頁典910中）。本文所引正史，蓋據臺北：鼎文書局新較標點本。

〔註3〕周末州郡縣數見《通典‧州郡一》（卷一七一，頁典910中），繫年則從《通鑑》（卷一七四，頁5431）。《通典‧食貨七》則謂大象中有戶3,590,000，口9,009,604（卷七，頁典40上）；《通鑑》無載此年戶口數，蓋疑之也。據涷國棟考察，

口數據應有可疑之處，不過相對於南朝仍為遠勝。據載陳朝盛時僅有州 42，郡 109，縣 438，戶 600,000；八年後滅亡時，隋朝只收得其戶數僅有 500,000，口數則有 2,000,000 而已。〔註4〕即使就此可疑的帳面數字而論，隋與陳相比，地圖比例領土約為 5：1，而戶數約為 6：1，參戰兵力則約為 2：1，相差懸殊。至於詳細分析，則請詳本書下篇。

其次就軍事而言，可以周、陳及隋、陳最近之戰役為例作分析。

當陳宣帝聞知周人滅齊之時（周武帝建德六年，陳宣帝太建九年，577），即欲趁機北伐以爭徐、兗之地（今山東省徐州市與濟寧市間），故於齊亡翌年詔其大將吳明徹督軍北伐。明徹軍溯泗水至呂梁（今徐州市東南），遭周徐州總管梁士彥率眾拒戰。及至吳明徹進圍彭城（今徐州市），環列舟艦於城下，攻之甚急。周將王軌引兵輕行，據淮口，封鎖陳船歸路，而援軍又益至。陳軍恐懼，諸將商議破堰拔軍以撤退，明徹則認為「老夫受脤專征，不能戰勝攻取，今被圍逼蹙，慙實無地。且步軍既多，吾為總督，必須身居其後，相率兼行，馬軍宜須在前，不可遲緩」，乃令大將蕭摩訶率領馬軍夜發先撤。〔註5〕明徹隨後決堰，欲乘水勢退入淮水。至清口，王軌引兵圍而蹙之，陳軍大潰，遂為周軍所俘，將士三萬并器械輜重皆沒於周，是為呂梁之役。

此戰發動前陳朝君臣曾作戰爭分析，陳宣帝以為彭城一帶指掌可得，而其五兵尚書毛喜卻說：「周氏始吞齊國，難與爭鋒。且棄舟艦之工，踐車騎之地，去長就短，非吳人所便。臣愚以為不若安民保境，寢兵結好，斯久長之術也。」宣帝不聽，以致明徹全軍覆沒，〔註6〕這裡就已經表現出長久以來北長野戰、南擅水戰的客觀事實。並且，南朝的國防戰略部署通常採取眾軍沿江、沿淮防守的態勢，攻勢較不為其戰略構想所考慮。這意謂著在南、北戰略之間，軍事行動自由權實際上常操控在北朝的手中，所以當北周的第一假想敵北齊未滅

　　　　周隋之陳蓋有戶 559 萬餘，口 2,900 萬餘。按：周滅齊時收得 2,000 餘萬，故此時有口 2,900 萬餘應可信，而戶 359 萬之 3 字殆是 5 之誤。詳其《中國人口史第二卷：隋唐五代時期》，復旦大學出版社，2002 年 11 月，頁 120～131。

〔註4〕陳朝盛時州郡縣及戶數，《隋書・地理上》與《通典・州郡一》、《通典・食貨七》相同，亡時戶口則據《通典・食貨七》（卷七，頁典 40 上）。按：據葛劍雄推估，陳人口應有 1,500 萬左右。詳其《中國人口史第一卷：導論、先秦至南北朝時期》，復旦大學出版社，2002 年 12 月，頁 469。

〔註5〕《陳書・蕭摩訶列傳》，卷三十一，頁 411。

〔註6〕此戰請詳《通鑑》陳宣帝太建九年（建德六年）十月及十年（建德七年）二月條，卷 173，頁 5380 及 5384～5385。按：《通鑑》擅長論述戰爭分析、戰爭展開以及戰爭影響，故本文論述諸戰時多據之，非有異同不再一一贅引。

前，陳朝對北周還有施展大戰略的價值，不至於立刻以軍事行動尋求對決。名
將韋孝寬向周武帝所獻的平齊三策，戰略指導之一即在於此。〔註7〕因此之故，
北周乃與陳朝維持交聘，暫不以統一南朝為務。不過，北齊滅亡後，陳朝的戰
略價值已失，所以北周遂對之發動和、戰交互運用的行動。呂梁之役後四個月，
周武帝崩，宣帝嗣位，大象元年（陳太建十一年，579）九月，宣帝命韋孝寬為
行軍元帥率軍攻陳，似為報復之戰，而以奪取淮南為軍事目標。《周書·韋孝寬
列傳》略載云：

> 大象元年，除……徐州總管，又為行軍元帥，狗地淮南。乃分遣杞
> 公宇文亮攻黃城，郕公梁士彥攻廣陵，孝寬率眾攻壽陽，竝拔之。
> 初孝寬到淮南，所在皆密送誠款。……於是陳人退走，江北悉平。

觀「所在皆密送誠款」一語，即知陳朝淮南守軍鬥志已失，故此戰很快結束，而
陳朝援軍亦撤退，以致淮南之地盡沒于周，令長江天險與敵共享，南、北劃江對
峙的戰略態勢於是形成。由於天險共享，戰力又有如此的差距，遂使軍事形勢向
北傾斜，戰爭有隨時再爆發的可能。半年之後——大象二年（580）五月，周宣
帝再命楊堅為元帥，只因行前會楊堅暴有足疾，而宣帝亦適於此月暴崩，政局丕
變，以故此戰纔未發生。無論如何，北周滅齊之後，統一戰爭的步伐已然加緊。

　　然而，陳宣帝對此戰略情勢不利的改變似乎所知不多或不在意，竟於楊堅
執政未穩，三藩舉兵反對之時，接納並軍援其中之司馬消難集團。〔註8〕陳宣
帝所不在意之事，楊堅卻非常在意，所以楊堅在篡周建隋後尋即思行報復，乃
於開皇元年（陳太建十三年，581）九月籍口陳軍寇江北，詔令高熲節度長孫

〔註7〕　大戰略亦即國際間的同盟戰略。北周採取聯突厥以攻齊、結陳朝以掎角的大戰
　　　　略。韋孝寬所獻三策：第一是大軍出兵軹關，「與陳氏共為掎角」，則北齊必當
　　　　望旗奔潰，所向摧殄，一戎大定。第二是若國家更為後圖，未即大舉，則宜「與
　　　　陳人分其兵勢」，使彼東南有敵，戎馬相持。第三纔是與齊宜崇鄰好，申其盟
　　　　約，安民和眾，通商惠工，蓄銳養威，觀釁而動。參《周書·韋孝寬列傳》，
　　　　卷三十一，頁540～541。
〔註8〕　三藩舉兵是指尉遲迥舉兵於山東，司馬消難舉兵於沔漢，王謙舉兵於巴蜀之
　　　　事。司馬消難舉事後與陳聯繫，陳宣帝予以軍援，後又接納其來奔，故得罪
　　　　於楊堅。陳宣帝的做法顯然與被北周扶植的後梁皇帝蕭巋不同，當時後梁將
　　　　帥皆密請蕭巋乘機與師與迥等為連衡之勢，以為進可以盡節於周室，退可以
　　　　席卷山南。蕭巋先派柳莊奉書入周，丞相楊堅則向梁主申以結託之意，故柳
　　　　莊還報梁主，而建議說「在朝將相，多為身計，競效節於楊氏。以臣料之，
　　　　迥等終當覆滅，隨公（即隋公）必移周國。未若保境息民，以觀其變」，因而
　　　　使梁主決定不與三藩聯合。柳莊事見《隋書·柳莊列傳》，卷六十六，頁1550
　　　　～1551。

覽、元景山二行軍元帥南征。當元景山出漢口，而陳朝湓口、甑山、沌陽諸守
將皆棄城走的時候，其實即可判斷南軍雖經呂梁之敗，但卻仍未改革軍旅，士
氣仍無改善，野戰仍非北軍的對手。此戰之所以停止，是因陳宣帝適於翌年正
月駕崩，陳朝遣使請和，歸還江北侵地，以故高熲纔奏請「禮不伐喪」，而於
二月班師。

　　根據稍後隋軍與突厥戰爭的情況看，可知隋文帝從周武帝手中接收了一
支訓練精良、驍勇善戰，而又兵力龐大的野戰軍，所以其後平陳之役，一次過
就能動員五十一萬兵力。反觀陳朝，在平陳之役中顯示，部署於上江的諸軍約
有十餘萬，集中於中央的軍隊也有十餘萬，總兵力概略有二十餘萬。因此，雙
方臨戰部隊兵力比是 2：1。換言之，北軍擅長野戰，以一倍兵力來攻，不能渡
江登陸則已，若能登陸作戰，則是陳亡的時間到了；反之，南軍擅長水戰，但
是長江地緣戰略優勢已經與北軍共享，而眾軍勢須沿江防守，將原已不足的兵
力分散，在軍事態勢上實已處於下風。

　　再次就政治與經濟分析。

　　隋文帝改革政體，採用三省制而又精簡之。政府事權總理於尚書省，但門
下、內史二省亦參決軍國大事，收集思廣益之效。廢郡之後，尚書省政令下達
州，州下達屬縣，效率簡捷。至於北朝常制的總管制，是為因應軍事統一指揮
的需要而設置；[註9]非常制的行臺制，則更是處理地方政軍危機的高效率制
度。隋文帝運用此體制而又對操作的官吏每年進行考課，加上實行基層組織的
三長制以強化社會管理，遂使政令能夠有效落實。還有，在效率高而又效果好
的政府治理之下，隋文帝沿襲北朝以來的均田及租庸調制，推行減輕賦稅、清
簡刑政，「寧積於人，無藏府庫」的藏富於民政策，[註10]正代表了新王朝的
新氣象，所以很快就進入了「開皇之治」。當隋朝擁有高效率的政府組織，強
大的武力，而又財政富足的時候，平陳就是其及鋒而試的最佳對象。

　　反觀陳朝，試以政府組織及效能為例，一窺陳朝的缺乏競爭力。

　　陳朝政制多沿襲梁制，諸卿則配以四時，武官則依仿氣序，組織龐大而層
級多，責任不很分明，也無考課制度，以故行政效率與效果皆不如隋朝。就政

〔註 9〕嚴耕望先生認為總管制較都督制對屬州更具監督管制的能力，參其《中國地方
　　　　行政制度史》（臺北：中研院史語所，民國 79 年 5 月三版）之《魏晉南北地方
　　　　行政制度》下冊，頁 450～504。
〔註10〕這是平陳之後，開皇十二年的指令，但實際上早已推行。見《隋書‧食貨志》，
　　　　卷二十四，頁 682。按：唐諱民字，故「寧積於人」即是「寧積於民」。

府事權言，依令是總理於尚書省，實際則取決於中書省，尤其是取決於地位低的中書舍人，容易造成近倖政治。至於政府的軍事部門則更為龐雜，例如中央軍即置有領軍將軍等六軍，左右前後四將軍，屯騎等五營校尉，武賁等三將軍，積射、強弩二軍等等。戎秩更是龐雜得驚人，將軍之名梁初置有一百二十號，編為二十四班；後來又置為二百四十號，編為四十四班，用以施於外國君長的尚未列入其內。陳朝戎號擬官本之，自一品至九品，凡有二百三十七號之多，有領兵的將軍，也有不領兵的將軍。〔註11〕

　　如此龐雜的武官制度，已造成軍令系統實施統率、指揮、管制事權的障礙。例如梁武帝之孫河東王蕭譽，於梁末以輕車將軍出任南中郎將·湘州刺史，當侯景叛亂攻陷首都建康，先後殺害梁武帝、簡文帝父子之時，蕭譽之叔、武帝之子湘東王蕭繹，時任都督荊湘等九州諸軍事·鎮西將軍·荊州刺史，奉密詔為假黃鉞·大都督中外諸軍事·司徒，徵兵於蕭譽。湘州原就隸屬於蕭繹的都督區，將軍號也是蕭譽遠不及蕭繹高，何況蕭繹時任假黃鉞·大都督中外諸軍事，是則不論依家庭倫理、政治倫理乃至軍事倫理，蕭譽皆應奉令才對；但是蕭譽卻聲稱「各自軍府，何忽隸人」，而再三不從蕭繹的軍令，甚至雙方打起來，〔註12〕可見梁朝的軍令系統以至行政系統問題之嚴重。陳承梁制，陳亡時政軍指揮的情況也仍大致如此。兩相比較，陳朝政府的軍事部門，實遠不如隋朝當時十二衛府制及總管制的精簡而建制分明，也無彈性處分區域政軍危機的行臺制度。

　　政府組織及效能既然已經如此缺乏競爭力，相對的人事政風亦然。陳朝雖拔用寒素文人，但大體上仍是因循南朝以來的門第政治，而對社會、財政以及經濟少有規劃整頓，更談不上大規模的革新。及至後主，其近倖文臣且是造成刑政日紊、政風日敗，以致「朝經墮廢」局面的主因。相對於隋文帝，史書說他「每旦聽朝，日昃忘倦，居處服玩，務存節儉，令行禁止，上下化之。……乘輿四出，路逢上表者，則駐馬親自臨問。或潛遣行人採聽風俗，吏治得失，人間疾苦，無不留意。……自強不息，朝夕孜孜，人庶殷繁，帑藏充實。雖未能臻於至治，亦足稱近代之良主」。〔註13〕難怪其妻舅蕭瑒稱讚他是「勤勞思

〔註11〕本段論述隋、陳官制，請逕參《隋書·百官志》，這裡不贅引。
〔註12〕蕭繹即梁元帝，蕭譽是其兄昭明太子之子，詳參《梁書·元帝紀》，卷五，頁113；及同書《河東王譽列傳》，卷五十五，頁829～830。
〔註13〕詳參《隋書·高祖下》的綜述，卷二，頁54；及《隋書·食貨志》，卷二十四，頁681。

政」的「勵精之主」。〔註14〕

　　一個沒有政治革新意識、缺乏治國規劃的君主，運作一個龐雜低效甚至處理危機失效的政府，民生經濟又因循而無大改革，其間的政治形勝本來就會有所差距。何況陳後主長於深宮，留連詩文，沉迷酒色，而委政於近倖，因而「禍生鄰國」縱非天意，卻也實是自招之孽。〔註15〕由此可見，陳朝物質的制度和精神的政風兩皆不利，所以說情勢有利於隋。

　　至於心理因素，至陳後主朝更是低迷。

　　陳朝開國皇帝陳霸先出身行伍，因此君臣將士原不畏戰。降至第四任陳宣帝接統，對財政及軍旅也略有所整頓，所以一度北伐，收復淮南之地；但是呂梁之役吳明徹覆師，此對陳朝的政軍以至社會心理大有影響，以致稍後周師反攻時，淮南州郡相繼奔亡棄守。

　　及至陳後主耽溺酒色文會，委政近倖，使僅有的政治奮發精神全消，君臣皆無敵國外患的警惕，這是隋軍所以能輕易渡江以及輕兵襲都的主因。這裡試舉三例，以見當時陳朝政軍心理的頹喪低迷。

　　由於陳軍仰仗長江天塹而擅長水戰，所以隋信州（治今四川省奉節縣）總管楊素在戰前奉詔大造各級戰艦，其中最大的是為「五牙」。此級戰艦上起高樓五層，高百餘尺，左右前後置六拍竿，並高五十尺，可容戰士八百人。拍竿是發之以拍擊敵船的戰具，相當於現今巨艦上的巨砲。故當楊素率此艦隊東出之時，舟艫被江，旌甲曜日。楊素坐於平乘大船，容貌雄偉，陳軍望之皆懼，竟至說：「清河公（楊素封爵）即江神也！」由是軍民震懾，士氣大喪，讓楊素艦隊輕易突破三峽，順流東下。陳朝上江諸州將士「皆懼而退走，巴陵（今湖南省岳陽市）以東無敢守者」。〔註16〕

　　其次，當隋將韓擒虎渡江後輕兵進軍首都建康時，陳軍尚有十萬之眾，但大將任忠先迎降於石子岡，領軍將軍蔡徵守朱雀航，聞擒虎將至，眾懼而潰。任忠引擒虎軍直入朱雀門，陳軍欲戰，任忠揮之說：「老夫尚降，諸軍何事！」

〔註14〕隋文帝早期勵精圖治，唐太宗曾問侍臣「隋文帝何如主也」？時為宰相的蕭瑀對曰：「克己復禮，勤勞思政，每一坐朝，或至日昃，五品已上引坐論事，宿衛之士傳餐而食，雖性非仁明，亦是勵精之主。」參《貞觀政要‧政體》（上海：上海古籍出版社，1978年9月），卷一，頁15。

〔註15〕《陳書‧後主紀》史臣曰稱陳朝亡於「禍生鄰國」是天意，魏徵特於此紀之末具名評論陳朝的興亡，卻直指陳朝亡於後主是人禍，批評後主的荒唐無能為「民斯下矣」（卷六，頁117～120），可以參考。

〔註16〕參《隋書‧楊素列傳》，卷四十八，頁1282～1283。

眾皆散走。於是城內文武百司皆遁，唯尚書僕射袁憲在殿中，尚書令江總等數人居省中，所以陳後主謂袁憲說：「我從來接遇卿不勝餘人，今日但以追愧。非唯朕無德，亦是江東衣冠道盡！」可見士氣渙喪，軍無鬥志，百官震怖逃命的概況。

又次，陳後主聞知隋軍已攻入首都，內心惶懼，要找地方避匿，袁憲勸說：「北兵之入，必無所犯。大事如此，陛下去欲安之？臣願陛下正衣冠，御正殿，依梁武帝見侯景故事。」後主不從，下榻馳去，並說：「鋒刀之下，未可交當，吾自有計！」乃從十餘宮人出後堂，將入井避匿。袁憲苦諫不從，另一臣子夏侯公韻則以身蔽井，但後主竟然與之爭，久之乃得入。既而隋軍至，軍人窺井呼之，後主不應。軍人欲投石入井，乃聞叫聲，遂用繩引之，後主遂與張貴妃、孔貴嬪同束而上。由此可見後主已震懾到不知所措，僅想趕快找地方躲藏，連逃遁的念頭也不想了。因此魏徵批評他說：「自投於井，冀以苟生，視其以此求全，抑亦民斯下矣！」〔註17〕據此可知，陳朝君臣上下以至軍人，至此精神士氣皆已被隋軍所震懾，可謂淪喪淨盡了。

反觀史書所載此戰展開後的隋軍，經歷平齊之戰的考驗後，均士氣昂揚，紀律嚴明，將領更是敢戰死戰，驍勇善戰。試以《隋書》各本傳所載，此戰最突出的韓擒虎、賀若弼、楊素三位將領為例。韓擒虎「慷慨，以膽略見稱」，隋初屢挫陳將任忠、蕭摩訶等部的來寇，使「陳人奪氣」，「甚為敵人所憚」。此戰更是直以五百人奇襲采石，進攻姑熟，使江南父老「來謁軍門，晝夜不絕。陳人大駭，其將樊巡、魯世真、田瑞等相繼降之」。賀若弼之父死前，遺命他「吾必欲平江南，然此心不果，汝當成吾志」，故平陳即是其本願。高熲推薦他出任吳州總管，「委以平陳之事，弼忻然以為己任」。他曾賦詩一首給壽州總管源雄，謂「交河驃騎幕，合浦伏波營，勿使騏驎上，無我二人名」云，求戰之心甚盛，故開戰時亦採渡江奇襲戰術，行動前且酹酒呪曰：「弼親承廟略，遠振國威，伐罪弔民，除兇翦暴。上天長江，鑒其若此。如使福善禍淫，大軍利涉；如事有乖違，得葬江魚腹中，死且不恨！」可見氣勢高昂。稍後與陳朝大軍決戰於蔣山的白土岡，他無畏敵軍的壓倒性優勢兵力，膽敢違反軍令「先期決戰」，屢卻陳軍的衝鋒，最後「督厲將士殊死戰，遂大破之」。至於楊素，早在周武帝平齊之役即主動自「請率父麾下先驅」，可見也是大膽

〔註17〕此二例可綜合參考《通鑑》隋文帝開皇九年正月條，卷一七七，頁5508～5510。魏徵之言見《陳書·後主紀》末。

驍勇之人。此戰前更積極「數進取陳之計」，故被任命為信州總管。當他率水軍東出時，陳人望之而懼，竟稱「清河公即江神也」，而使「巴陵以東，無敢守者」。由此可知，隋軍將士的精神士氣、軍事紀律，實遠非陳軍將士之可比。

　　據此以觀，不論從人口、領土、政治、軍事、心理，以及經濟和造艦技術看，隋、陳相較均是隋遠勝於陳。情勢對己有利，善於掌握機運的隋文帝，焉能不及鋒而試，徹底解決長達三百年的分裂局面。

三、平陳的軍事準備、戰略構想以及作戰序列

　　早在北魏永熙三年（534）宇文泰被西征軍諸將推選接掌關西大行臺·大都督賀拔岳所統率的全軍後，他即以「挾天子而令諸侯，奉王命以討暴亂」作為其集團的發展指導原則。〔註18〕此指導原則實即是其──西魏、北周──建國的國策。所謂「挾天子而令諸侯，奉王命以討暴亂」，其政治意義無異就是透過霸府政治以實現全國的統一，因此西魏、北周，乃至繼周的隋朝，也無異就是以追求「統一」作為傳統的國策。

　　西魏初期，宇文泰直屬兵力僅有數萬人，遠不如東魏高歡擁有二、三十萬人戰力般雄厚，故戰略主動權在高歡，而宇文泰只能採取攻勢性防禦。在此劣勢之下，宇文泰積極建軍，廣募關隴豪右入伍，最後於大統十六年（550）整編為六柱國大將軍各領二大將軍，各大將軍各領二驃騎大將軍，各驃騎大將軍各領若干車騎大將軍，各車騎大將軍各領若干大都督、帥都督及都督等建制，是為著名的府兵制。此時，這支軍隊的屬性由霸府部隊改變為中央軍，具有中央戰略預備隊的性質。為了對抗北齊，宇文氏自西魏至北周都一直進行整軍經武，周武帝更在改革軍事體制之餘，將兵源不斷擴充整訓，於「建德二年，改軍士為侍官，募百姓充之，除其縣籍。是後夏人半為兵矣」。〔註19〕所謂「侍官」即是侍衛軍制，也就是將這支中央軍擴大社會基礎、提高軍人素質之同時，亦將原已是中央軍的府兵改編成侍衛軍，為隋文帝進一步將之整編為「以衛領軍」的軍制基礎，以俾皇帝能切實統領全軍，避免權臣操控霸府部隊的情況再度發生。於是，周武帝終於在建德六年（577），親率這支訓練有素而戰力雄厚的軍隊滅亡了北齊，局部達成了統一的目標。其後呂梁之役及淮南之役，北周並未傾全軍以南征，此與北方準盟國的突厥關係惡化有關。

〔註18〕參《周書·于謹列傳》，卷十五，頁245～246。
〔註19〕參《隋書·食貨志》，卷二十四，頁680。

　　隋文帝從周武帝手中所接收的，就是這支訓練精良、驍勇善戰，而又兵力龐大的禁衛兼野戰部隊，以故能在平陳之戰一次過動員五十一萬兵力。平陳以前，隋文帝對這支部隊除了將之整編為「以衛領軍」的體制外，其他並沒有作太多的改革。建立「以衛領軍」體制之同時，隋文帝將軍事統率系統進行精簡。精簡的措施主要有二：一是精簡各級建制單位，使建制簡捷化；一是壓低各級建制單位主帥的位階，使軍職正常化。〔註20〕此改革可使最高統帥權切實掌握於皇帝手中，並使軍隊的統率指揮調度更簡捷靈活。

　　隋文帝此改革，其特色是不採取魏晉以來任何一個王朝的軍制，而是順著周武帝的整建原則稍作調整。登基之日，他即將北周諸衛官中最重要的軍事總部左右司衛、司武、武候改為左右衛、武衛、武候六個府，主官由上大夫改為大將軍，副長官由中大夫改為將軍，加上稍後建置的左右領左右府、監門府以及領軍府，於是十二衛府制漸次完成改革，並於開皇三年（583）定令。諸衛府之下府兵直屬統率系統的建制大體為：驃騎府──車騎府──大都督──帥都督──都督五級。編制則採軍、團、隊三級。

　　驃騎府以下皆為廣泛徵募而來的府兵，全軍自衛府至兵，建制精簡，指揮便捷。〔註21〕另外，這十二衛府均屬軍令系統，負責宿衛與征防，其上不置總司令（都督中外諸軍事），而逕以皇帝為最高統帥，軍政權則由尚書省所執掌。因此，此軍制基本上是一種政令分離、統率分散的設計，有利於國家安全的維持鞏固。

　　隋文帝繼承了北周南征態勢的有利局面，而卻並未立刻運用此軍隊南征平陳的原因，厥與突厥情勢持續惡化以至大戰有關。

　　簡單而言，突厥自開皇元年（581）即已入侵。文帝患之，從此將之視為隋朝的第一假想敵。是年，文帝對突厥採取的是守勢國防，敕令緣邊脩保障，峻長城，又命陰壽鎮幽州、虞慶則鎮并州，屯兵數萬以為防備。此年雙方交戰互有勝負，而全面大戰則在開皇二年發生，至此，文帝對突厥的國家戰略顯然已改採攻勢性防禦。蓋突厥沙鉢略可汗於是年悉發控弦之士四十萬，並聯同西突厥達頭可汗所部，南入長城，東西齊舉，西自乙弗泊（當在鄯州之

〔註20〕請詳拙著〈隋唐十二衛制淵源：北朝後期侍衛體制的演變與定型〉，收入拙著《中古大軍制度緣起演變史論》，新北市：花木蘭文化事業有限公司，2019年3月。

〔註21〕此組織建制請參《隋書・百官下》，及本書〈試論西魏大統軍制的胡漢淵源〉篇，拙著《隋史十二講》，頁230～231。

西），東至幽州，盡隋西、北二邊，無不被攻。大抵上是雙方從西而東，由河西走廊的蘭州、陝西中部山地隋長城、折東北經馬邑至涿郡（治今北京市），全線交戰；甚至突厥一度欲進窺長安，逼使文帝命太子楊勇屯兵於咸陽，另遣宰相虞慶則屯兵於弘化（治今陝西慶陽），構成兩道防線以防備首都。

當沙鉢略更欲南入時，達頭不從，引兵而去。隋將長孫晟又適時散佈突厥漠北屬國「鐵勒等反，欲襲其牙」的假情報，沙鉢略因而恐懼，遂迴兵出塞。〔註22〕不過後數月，突厥復大入，於是文帝改採攻勢作戰，開皇三年四月下詔：「有降者納，有違者死，使其不敢南望，永服威刑」，遂令隋軍數十萬大軍分三路出擊：東路方面，幽州總管陰壽率步騎十萬出盧龍塞（今河北盧龍）；西路方面，秦州總管竇榮定率步騎三萬出涼州；中路方面，由其子衛王楊爽率主力自馬邑出塞，與沙鉢略在白道〔呼和浩特北，是最重要的軍道〕決戰。三道皆大捷，沙鉢略遂於開皇四年請求和親，至此，東亞國際的外交主動權和軍事行動自由權乃從突厥轉移至隋方。府兵戰力是強是弱，可見一斑。

及至開皇五年（585）突厥內戰，沙鉢略遣使告急於隋，請准率領部落度漠南，寄居於白道川，欲南傍長城倚隋為援。文帝許之，命晉王楊廣以兵援之，並對他予以物資援助。沙鉢略大喜，乃立約，以磧為界，因上表稱臣說：「竊以天無二日，土無二王，伏惟大隋皇帝，真皇帝也。豈敢阻兵恃險，偷竊名號，今便感慕淳風，歸心有道，屈膝稽顙，永為藩附。」自是兩國正式成為君臣關係，突厥從此歲時貢獻不絕，〔註23〕使文帝可以有機會考慮展開統一戰爭的平陳行動了。

然而，南邊統一之事，形勢上是要先解決後梁的存廢問題。此因宇文泰乘梁末動亂，一方面於魏廢帝二年（梁元帝承聖二年，553）命尉遲迴兵伐梁武陵王蕭紀於蜀，克成都而平之，而使南朝喪失長江上游的戰略屏障；另一方面則於翌年（魏恭帝元年，梁承聖三年，554）命于謹統率宇文護、楊忠（隋文帝楊堅之父）、韋孝寬三大將軍南攻江陵，擒梁元帝而殺之，扶立蕭詧為皇帝，此即梁宣帝，史稱後梁。不過，戰後宇文泰雖將梁荊州（治今湖北江陵）之地交予梁宣帝統治，但卻將蕭詧原來的雍州（治今湖北襄樊市）地盤收為西魏直

〔註22〕　「牙」指沙鉢略之汗庭大帳。鐵勒種類繁多，自西海之東，依據山谷，往往不絕，至北海之南，雖姓氏不同，總謂之鐵勒。至於隋—厥這幾年的戰事，本文蓋據《通鑑》自陳宣帝太建十四年至陳後主至德三年（即隋開皇二年至五年，582～585）各該月條所述，不贅引。

〔註23〕　參《隋書‧突厥列傳》，卷八十四，頁 1869～1870。

接領土，史載後梁立國的情況如下：

> 江陵平，太祖（宇文泰）立詧為梁主，居江陵東城，資以江陵一州之地，其襄陽所統，盡歸於我。詧乃稱皇帝於其國，……唯上疏則稱臣，奉朝廷正朔。至於爵命其下，亦依梁氏之舊。……太祖乃置江陵防主，統兵居於西城，名曰助防，外示助詧備禦，內實兼防詧也。

因此後梁僅是延續梁朝命脈的政治象徵，用以影響梁末的政局以及牽制後起的陳朝，以故其實是西魏的附庸政權。〔註 24〕此附庸政權的存在雖有如此價值，然而戰略上卻是隔斷西魏北周直臨長江中游的阻礙。淮南之戰時，元帥韋孝寬的〈檄陳文〉內云：

> 寡人不武，董茲戎律，……大將軍‧龍門公拓拔王述領巴蜀之兵一十二萬，出自白帝，水陸俱下；大將軍‧安昌公拓拔則領驍騎五萬，濟於南岸，順江東轉；梁王（即後梁主）舉一國之師，盡舳艫之盛，發自江陵，首尾不絕；行軍總管‧上柱國‧杞國公（拓拔）亮率步騎十五萬，掃蕩山林，□自東關；行軍總管‧上柱國‧郕國公（梁）士彥領人馬一十萬，濟自泗口，徑取廣陵；幕府（指孝寬大營）精銳二十萬餘，長驅淮水，直指江左。並同集石首（即南朝首都建康附近的要塞石頭），大會金陵。〔註25〕

所說兵力似有誇張之言，不過這裡所謂的梁王及其舟師，正是反映周軍未能直接臨江，必須要後梁軍事配合之明證。由於此故，儘管周宣帝於大象元年（陳宣帝太建十一年，579）命韋孝寬奪取了淮南、江北之地，使長江下游的天險與敵共享，南、北劃江對峙的戰略態勢基本形成。不過，梗在長江中游的後梁，畢竟仍是隋軍不能直接全線臨江的阻礙。

　　由於隋朝建國前三藩反楊堅時後梁主保持中立，建國後隋文帝又為晉王楊廣娶其女為妃，兩家結親，以故文帝為之罷廢江陵總管，免除後梁的軍事監護，所以前述的戰略態勢一直得以維持。直至開皇五年梁明帝蕭巋薨，隋文帝命其太子蕭琮嗣位，是年因有梁將片面以舟師襲擊陳朝荊州治所公安不克而還，而另有梁將招引陳荊州刺史陳慧紀之事發生，遂引起文帝的疑慮，於是復

〔註24〕 參《周書‧文帝下》魏恭帝元年七月至十一月條，卷二，頁 36；及同書《蕭詧列傳》，卷四十八，頁 859。
〔註25〕 見《文苑英華》（北京：中華書局，1995 年 2 月）之〈為行軍元帥郕國公韋孝寬檄陳文〉，卷六四五，頁 3314～3315。按：□疑有漏字，（ ）及其他標點則是筆者所加。

置江陵總管以監護梁國。又過了兩年，平陳行動已箭在弦上，隋文帝乃於開皇
七年（後梁明帝廣運二年，陳後主禎明元年，587）八月徵梁主蕭琮入朝後，另
遣崔弘度將兵進戍江陵。梁主叔父蕭巖及弟蕭瓛等畏懼隋軍掩襲，遂驅文武、
男女十萬口奔降於陳朝。〔註26〕為此，隋文帝於是索性廢掉梁國，使隋軍得以
直臨長江，北軍沿長江上、中、下游全線直接臨江的戰略態勢終於部署完成。

　　在隋初以「禮不伐喪」撤軍之後，部署隋軍全線直接臨江的戰略態勢完成
之前，隋文帝對陳朝刻意保持外交低姿勢以展示和好的誠意。

表一　隋─陳互動關係表

時　間	西元	概　　　況	備　　註
開皇元年	581	二月，隋文帝即位。九月，陳將周羅睺攻拔隋故墅，蕭摩訶攻江北。隋以長孫覽、元景山並為行軍元帥南征，命尚書左僕射高熲節度諸軍。 十一月，隋遣兼散騎侍郎鄭撝聘陳。	本表蓋據《通鑑》該年月所述而製。 開皇元年即陳宣帝太建十三年。 按：江北原是陳朝新失的領土，但《陳書》對二將北攻無載，疑僅是邊防事件。
開皇二年	582	正月，元景山出漢口，陳湓口、甑山、沌陽諸守將皆棄城走。陳遣使請和，歸其胡墅。高熲奏禮不伐喪；二月，隋詔熲等班師。 六月，隋遣使弔於陳。	陳宣帝正月崩。
開皇三年	583	二月，陳遣賀徹等聘於隋。 四月，陳郢州城主張子譏遣使請降於隋，文帝以兩國和好，不納。文帝遣薛舒等往聘陳。 十一月，陳遣周墳等聘于隋，聞文帝狀貌異人，使畫像而歸。	開皇三年即陳長城公（即後主）至德元年。
開皇四年	584	七月，陳遣謝泉等聘于隋。八月，陳將軍夏侯苗請降于隋，隋主以通和，不納。 十一月，隋遣薛道衡等聘于陳，戒道衡「當識朕意，勿以言辭相折。」	此年九月，東突厥沙鉢略可汗稱臣於隋。
開皇五年	585	七月，陳遣王話等聘于隋。 九月，陳將湛文徹侵隋和州，隋儀同三司費首擊擒之。是月，隋使李若等聘陳。	按：儀同級的中級軍官即可輕易擊敗陳軍，可見僅是邊境小衝突。

〔註26〕崔弘度將兵及蕭巖等奔陳事，見《周書‧蕭詧列傳‧琮附傳》（卷四十八，頁
　　　　866）；及《通鑑》陳長城公禎明元年八至九月條（卷一七六，頁5491）。

開皇六年	586	四月,陳遣周磻等聘于隋。八月,隋遣裴豪等聘陳。	
開皇七年	587	二月,陳遣王亨等聘于隋。四月,隋再遣楊同等聘陳。 八月,隋主徵梁主入朝,遣崔弘度將兵戌江陵。梁太傅蕭巖、荆州刺史蕭瓛等請降於陳。 九月,蕭巖等驅文武、男女十萬口奔陳。隋文帝廢梁國,並謀伐陳。	按:隋有藉口始謀伐陳。
開皇八年	588	正月,陳遣袁雅等聘于隋;又遣周羅睺將兵屯峽口,侵隋峽州。 三月,隋遣程尚賢等聘陳。 十月,陳再遣王琬、許善心聘于隋,隋留之於客館,不聽還。尋出師伐陳。	陳長城公禎明二年十月,隋出師伐陳。

由本表可知,隋文帝一直與陳朝通和交聘,甚至勒戒使臣不要以言語刺激陳朝,更不接授陳將的來降,可謂刻意保持鄰好甚篤的關係。優勢國家對劣勢國家採取如此姿態,不免會令人覺得懷有深意,對隋而言更有欺敵的戰略意義;而陳朝對此似無警惕,不僅每年遣使交聘,甚至有一年兩次的紀錄,而又不時主動製造邊防事件,挑起糾紛。

其實隋朝自始即有統一的思考,欺敵不僅限於國家戰略的層次,抑且其沿江軍區(總管區)亦有採用此法之例。例如隋文帝曾問將帥人選於首相高熲,而高熲則推薦賀若弼與韓擒虎,以故建隋翌月,文帝即任命賀若弼為吳州總管,鎮廣陵(治今江蘇揚州市);韓擒虎為廬州總管,鎮廬江(治今安徽廬江縣),使祕密進行經略。〔註27〕史載「開皇初,高祖(文帝)潛有吞并江南之志,以擒(即擒虎,唐諱虎字,故省)有文武才用,夙著聲名,於是拜為廬州總管,委以平陳之任,甚為敵人所憚」。〔註28〕而《隋書‧賀若弼列傳》的記載顯示得更清楚:

> 高祖受禪,陰有并江南之志,訪可任者。高熲曰:「朝臣之內,文武才幹,無若賀若弼者。」高祖曰:「公得之矣。」於是拜弼為吳州總管,委以平陳之事,弼忻然以為己任。……獻取陳十策,上稱善,賜以寶刀。開皇九年,大舉伐陳,以弼為行軍總管。將渡江,酌酒

〔註27〕《隋書‧韓擒虎列傳》未提是高熲推薦,今據《通鑑》陳宣帝太建十三年(開皇元年)三月條,卷175,頁5438。

〔註28〕《隋書‧韓擒虎列傳》,卷五十二,頁1339~1540。

> 而呪曰：「弼親承廟略，遠振國威，……如使福善禍淫，大軍利涉；
> 如事有乖違，得葬江魚腹中，死且不恨。」先是，弼請緣江防人每
> 交代之際，必集歷陽。於是大列旗幟，營幕被野。陳人以為大兵至，
> 悉發國中士馬。既知防人交代，其眾復散。後以為常，不復設備。
> 及此，弼以大軍濟江，陳人弗之覺也。

此欺敵擾敵的戰術蓋是效法於西晉名將羊祜（詳後），但在隋朝則是由名相兼名將的高熲所首先提出，史載：

> 上（文帝）嘗問熲取陳之策，熲曰：「江北地寒，田收差晚，江南土
> 熱，水田早熟。量彼收穫之際，微徵士馬，聲言掩襲。彼必屯兵禦
> 守，足得廢其農時。彼既聚兵，我便解甲，再三若此，賊以為常。
> 後更集兵，彼必不信，猶豫之頃，我乃濟師，登陸而戰，兵氣益倍。
> 又江南土薄，舍多竹茅，所有儲積，皆非地窖。密遣行人，因風縱
> 火，待彼修立，復更燒之。不出數年，自可財力俱盡。」上行其策，
> 由是陳人益敝。

從賀若弼所謂「親承廟略」的話語，可知此戰術是經最高統帥（文帝）的指令，而最高統帥部（朝廷君相）的決定，則是因最高幕僚長（左僕射）高熲的建議而作成，以俾擅長野戰的隋軍能達成「登陸而戰」之戰略構想。

　　登陸戰的戰略構想之外，水戰也是構想之一。開皇六年（586）十月，文帝任命楊素為信州總管，命其大作戰船。史載「上方圖江表，先是，素數進取陳之計，未幾，拜信州總管，賜錢百萬、錦千段、馬二百匹而遣之。素居永安，造大艦，名曰五牙，上起樓五層，高百餘尺，左右前後置六拍竿，並高五十尺，容戰士八百人，旗幟加於上。次曰黃龍，置兵百人。自餘平乘、舴艋等各有差」。〔註29〕楊素此前官職為上柱國‧御史大夫，既然「數進取陳之計」，故應是最高統帥部規劃作戰的幕僚之一，所以水戰構想應該更早即已形成。觀其所造各級戰船的規格，實已兼顧到水軍的機動打擊力以及續航力。如此大規模的造艦，有人建議應保密，文帝卻答說：「吾將顯行天誅，何密之有！」〔註30〕既然連大作戰船也不保密了，恐怕這就是陳朝派遣名將周羅睺將兵屯駐峽口，先下手侵隋峽州，以控握三峽出口的原因。楊素於信州造艦猶是內河作戰的載具而已，至於青州（治今山東益都縣）總管燕榮所

〔註29〕《隋書‧楊素列傳》，卷四十八，頁 1282～1283。
〔註30〕見《通鑑》陳長城公禎明元年（開皇七年）十一月條，卷一七六，頁 5494。

率由海道側攻太湖的艦隊（詳後），則應是近海艦隊，只是史書闕文失載罷了。由此可知，隋朝最高統帥部不僅構想了內河作戰，抑且也構想到近海作戰的可能。

為了準備南攻，開皇七年（587）四月，隋文帝有效動員其社會財經力量，於揚州開浚山陽瀆，溝通淮水至長江的航運，直逼對岸陳朝的京口要塞，其戰略作用就是建立下游戰區主力部隊的補給線。據上所述，顯示隋朝的「廟略」構想是水、陸、海全線強攻，「打甚麼有甚麼」，而不是「有甚麼打甚麼」。

軍事建設部署漸次完成後，接下來的就是戰場規劃以及作戰序列的決定。

北朝設置的行臺，是中央尚書臺分行地方的臨時組織，用以緊急處分行臺區的全般政務。為了遂行平陳之戰，隋文帝在開皇六年十月，特置山南道行臺尚書省於襄州（治今湖北襄樊市），以秦王楊俊為尚書令，而建都江陵的後梁則於翌年九月被廢，隋軍將由此道推進的構想甚明。及至八年九月，文帝大宴南征諸將，而於翌月突然置淮南行臺省於壽春（今安徽壽縣），以晉王楊廣為尚書令，可見直至戰爭前夕仍然高度保持主力所在的機密。設置淮南行臺之後五日，宣佈作戰序列而正式告廟出師。

此戰的戰場規劃及戰略構想，基本上採取崔仲方的建議。仲方於戰前上書論取陳之策，提出其戰場戰略構想為實施二區三道水、陸聯合作戰。〔註31〕其建議被文帝所重視，故將他改調為基州刺史。基州（治今湖北鍾祥縣南）是曾借給後梁的三州之一，在襄州順沔水（漢水）南入長江之間，亦即是派他協助山南道行臺尚書令楊俊以籌備戰前工作。根據《隋書‧崔仲方列傳》載其建議為：

> 今唯須武昌（治今湖北鄂城市）已下，蘄（治今安徽蘄春縣）、和（治今安徽和縣）、滁（治今安徽滁縣）、方（治今江蘇六合縣）、吳（治今江蘇揚州市）、海（治今江蘇連雲港市）等州更帖精兵，密營度計；益、信、襄、荊、基、郢等州（即長江上、中游）速造舟楫，多張形勢，為水戰之具。蜀、漢二江是其上流，水路衝要，必爭之所。賊雖於流頭、荊門、延洲、公安、巴陵、隱磯、夏首、蘄口、盆城置船，〔註32〕然終聚漢口、峽口，以水戰大決。若賊必以上流有軍，

〔註31〕本文稱不同軍種的合作戰鬥為「聯合作戰」，同軍種而不同兵科的合作戰鬥為「協同作戰」。

〔註32〕按：《通鑑》陳長城公禎明元年（開皇七年）十一月條胡注對諸地有所考辯，

令精兵赴援者，下流諸將即須擇便橫渡；如擁眾自衛，上江諸軍鼓
行以前。雖恃九江、五湖之險，非德無以為固；徒有三吳、百越之
兵，非恩不能自立。

據此建議，所謂二區，就是以武昌作為中央準線，而將長江流域分為東、西兩
個戰區，武昌以東是下游（陳朝稱下江）戰區，集中主力部隊，祕密訓練陸軍
登陸作戰；以西是上游（陳朝稱上江）戰區，以水戰為主，「水戰大決」的戰
場選在漢口（漢水入長江口）與峽口（三峽東出長江口），故必須加速造艦。
所謂三道，是因崔仲方判斷南軍雖然沿江置有流頭等九個軍事基地，但是終必
會集中於漢口和峽口，〔註33〕以水戰會決。因此上游戰區應分為兩道行軍，一
道沿漢水東出，掌控巴陵——武昌段，決戰於漢口；一道從長江巴蜀段東出，決
戰於峽口，掌控峽口——巴陵段。依此兩戰區的規劃，作戰時若下游南軍赴援上
游，則下游諸軍即須擇便橫渡長江以進擊；如下游南軍集中自衛，則上游諸軍
即須順流鼓行而前。此戰場規劃及戰略構想證諸實際的平陳之戰，的確是此戰
的戰爭指導原則。

　　至於參戰兵力及規模，據《隋書・高祖下》的記載，是楊廣出六合（今江
蘇六合縣）、楊俊出襄陽、楊素出信州，凡總管九十，兵力五十一萬八千，東
接滄海，西拒巴蜀，旌旗舟楫，橫亙數千里云云，而其作戰序列如下。

　　　　詳參卷一七六，頁 5492～5494。大抵上，流頭地當四川秭歸之東入西陵峽處，
　　　　出西陵峽進湖北宜昌處應即狼頭灘，今宜昌市南岸即陳之信州治。荊門地當
　　　　宜昌至湖南宜都間荊門山之長江段。陳之公安為荊州治，即今湖北公安。陳巴
　　　　陵郡治今湖南岳陽市。隱磯地當巴陵東北蓋湖、洪湖入江處。夏首在今武漢市
　　　　夏水入長江的南岸。蘄口地當蘄水入江、今湖北黃石市附近。盆城即今江西九
　　　　江市，為陳江州州治。
〔註33〕　按：隋唐行軍例稱「某某道行軍」，主帥一般名為行軍總管，由若干行軍總
　　　　管組成的是大軍，主帥稱為行軍大總管或行軍元帥。本文稱一般行軍為軍
　　　　團，大軍為兵團，軍團的兵力集合為「集結」，兵團的兵力集合為「集中」，
　　　　以區別之。

表二　平陳之戰隋軍作戰序列表

全軍總指揮
下游戰區統帥兼淮南道行軍元帥
淮南行臺尚書令楊廣

　　　　　　總指揮部幕僚長：
　　　　　　　　元帥長史・左僕射高熲
　　　　　　　　元帥司馬・右僕射王韶

　　　　　　　上游戰區統帥兼山南道行軍元帥：

　　　　　　　山南道行臺尚書令楊俊 ⋯⋯⋯⋯⋯⋯ 出襄陽
　　　　　西陵道行軍元帥：信州總管楊素 ⋯⋯⋯⋯ 出信州
　　　　　　　荆州刺史劉仁恩 ⋯⋯⋯⋯⋯⋯⋯⋯ 出江陵
　　　　　　　蘄州刺史王世積 ⋯⋯⋯⋯⋯⋯⋯⋯ 出蘄春
　　　　　　　廬州總管韓擒虎 ⋯⋯⋯⋯⋯⋯⋯⋯ 出廬江
　　　　　　　吳州總管賀若弼 ⋯⋯⋯⋯⋯⋯⋯⋯ 出廣陵
　　　　　　　青州總管燕榮 ⋯⋯⋯⋯⋯⋯⋯⋯⋯ 出東海〔註34〕

全軍雖受楊廣節度，但實際上「三軍咨稟皆取決於（高）熲」，〔註35〕是則高熲纔是真正的全軍總指揮。至於劉仁恩等五支部隊，則應是獨立的別動軍團。

四、戰爭的展開與結束

　　開皇八年（588）正月，陳後主派遣袁雅等出使于隋，但卻又另遣周羅睺侵隋峽州，採取和、戰並用之策而有先發制人之意。同年三月，隋文帝派遣程尚賢等出使報聘陳朝；但亦在四天後的戊寅日，下詔數說陳後主之罪，詔令「可出師授律，應機誅殄，在斯一舉也，永清吳、越。其將士糧仗，水陸資須，期會進止，一準別勅」，也以和、戰並用相對。〈戊寅詔〉無異就是宣戰動員令，此外他又下璽書暴露陳後主有二十惡，散寫詔書三十萬紙遍諭江外，實施軍事行動前的政戰與心戰。〔註36〕及至動員七個月（十月）之後，

〔註34〕楊俊職銜或謂是漢東道行軍元帥，見《陳書・晉熙王叔文傳》（卷二十八，頁369），但《隋書》本傳則作山南道行軍元帥（卷四十五，頁1239）。由於其戰區雖在漢水之東，但其行軍路線則循山南道，故仍依後者。楊廣與楊素稱號不詳，姑依其行軍道路推言之。

〔註35〕見《隋書・高熲列傳》，卷四十一，頁1181。

〔註36〕詔書可詳《隋書・高祖下》是年月日條（卷二，頁29～31），政戰與心戰措施見《通鑑》陳長城公禎明二年（開皇八年）三月條（卷一七六，5496頁）。按：中原以江南為江外。

文帝設置淮南行臺於壽春，任命次子楊廣為尚書令。五天之後，遂實行告廟伐陳。十一月，文帝親至定城（在潼關東）誓師。隋朝南征的軍事部署並不完全保密，在〈戊寅詔〉頒佈後部署就更加清楚，然而陳後主並無相應的迎戰準備，甚至該年五月且因內宮爭寵而廢立太子，而在十月竟然仍遣使二度聘問于隋。

隋軍各道軍團在開皇八年（588）十二月已進入戰鬥位置，尋即發起全線攻擊，首先發生會戰的是巴蜀方面的楊素兵團。〔註37〕楊素率領水軍東出三峽，軍至流頭灘，而陳將戚昕則以青龍百餘艘守狼尾灘。雙方兵力雖不對稱，但狼尾灘地勢險峭，灘流迅激，故隋軍患之。楊素研判勝負大計在此一舉，若白天下船則敵軍見我虛實，乃決定水陸協同夜襲。〔註38〕他親率黃龍數千艘銜枚而下，另遣部將王長襲引步卒自南岸擊昕別柵，劉仁恩軍團則配合行動，率重騎兵自北岸趨白沙，聯合發起遲明攻擊。戚昕全軍覆沒。楊素率領水軍繼續東下，舟艫被江，旌甲曜日，陳軍震懼，說：「清河公即江神也！」上流諸州兵於是皆被楊素兵團所吸住。

荊襄方面，楊俊督諸軍三十總管水陸十餘萬眾進屯漢口，陳後主詔令周羅睺都督巴峽緣江諸軍以拒之。楊俊兵團不得進，兩軍相峙踰月，但卻也在長江中游吸住了陳軍的上江主力。

陳朝江濱鎮戍聞知隋軍將至，相繼上奏，均為後主身邊掌握機權的近倖中書舍人施文慶、沈客卿所寢抑不報。其實，就寢抑情報而言，這些近倖的作為雖然是陳朝覆亡的原因之一，但是陳後主在此時仍然詩酒享樂，則其誤於酒色更是重要的原因。所以隋文帝後來批評他說：「此敗豈不由酒！以作詩之功，何如思安時事！當賀若弼渡京口，彼人密啟告急，叔寶（陳後主）飲酒，遂不之省。高熲至日，猶見啟在牀下未開封。此誠可笑，蓋天亡之也！」〔註39〕

先是，陳後主因湘州（治今湖南長沙市）刺史‧晉熙王陳叔文在職日久，大得人和，而陰忌其據有上游，乃擢施文慶為都督、湘州刺史，配以精兵二千，欲令他西上取代叔文。施文慶懼怕外放之後，後主身邊執事者持己短長，躊躇未發之間，下游戰區的隋軍已經臨江，間諜驛至，尚書僕射袁憲等再三奏請論

〔註37〕 以下敘述戰況概據《通鑑》，不贅註。
〔註38〕 楊素所統是水軍，其麾下之所以有步兵，應是陸戰隊，與劉仁恩獨立別動軍團的重騎兵應不一樣，故稱素部是協同作戰。
〔註39〕 參《通鑑》隋文帝開皇十四年閏十月條，卷一七八，頁5546。按：是月陳叔寶（陳後主）侍飲賦詩，并表請隋文帝封禪。他日復侍宴，文帝遂有此批評。

事，文慶竟說元會（元旦大會）將至，今若出兵，事便廢闕，於是議久不決。這時，為了禎明三年（即開皇九年，589）的元旦大會，後主已召回分駐首都附近的大將還朝，並入內商議軍事，護軍將軍——南朝禁衛軍第二號大將——樊毅向僕射袁憲建議，認為京口、采石俱是要地，各須銳兵五千，并出金翅船二百，緣江上下以為防備才是。袁憲及南徐州刺史·驃騎將軍蕭摩訶皆以為然，乃與文武群臣共議，請依樊毅之策施行；但是施文慶恐怕無兵從己，防礙其上任新職，故與沈客卿二人入啟於後主說：「此是常事，邊城將帥足以當之。若出人船，必恐驚擾。」而將此策打消。

蕭摩訶是陳朝勇將，其所以出任南徐州（治今江蘇鎮江市）刺史，正是負有防備對岸賀若弼軍團進攻京口要塞的重任。當他奉詔還京參加元旦大會後，京口防務遂致鬆弛，授賀若弼橫渡的機會。不但如此，當初後梁蕭巖和蕭瓛擁十萬之眾來降時，後主心忌之，故將其眾分散，以蕭巖為東揚州（治今浙江紹興市）刺史，蕭瓛為吳州（治今江蘇蘇州市）刺史，又命領軍將軍——南朝禁衛軍第一號大將——任忠出守吳興郡，以襟帶二州。又，南平王陳嶷由揚州（治在首都建康）刺史調任郢州（治湖北武漢市）刺史，永嘉王陳彥則以前南徐州刺史調任江州（治江西九江市）刺史，〔註40〕皆是緣江重鎮，也為了奉召赴明年元會，而命緣江諸防船悉從二王還都，由是江中無一鬥船。

陳後主在大敵當前之下猶且如此大陣仗慶祝元旦，實在昏庸之至。即使後主君臣有此興致，但是禎明三年（開皇九年，589）的元旦當日，天公卻不作美，大霧四塞，入鼻辛酸，所以後主昏睡至晡時乃醒。〔註41〕是日，下游戰區隋軍乘大霧之便，賀若弼自廣陵引兵渡京口，韓擒虎自橫江引兵濟采石，楊廣則率主力大軍進駐六合鎮桃葉山（當在今江蘇省六合縣瓜阜附近，正對南京）以為前進指揮部。賀若弼、韓擒虎二將之所以能率小部隊橫渡成功，除了天候有利奇襲之外，前者得力於先前欺敵戰術運用的奏效，故其濟江而陳人不覺；後者率五百人也能偷渡采石，則是因守軍節慶會飲皆醉，故遂克之。

〔註40〕 平陳之戰蓋據《通鑑》的敘述，但是《通鑑》所敘時間先後與筆者略異，筆者是參考《陳書》、《隋書》相關紀傳後才作此調整。例如，《通鑑》於此敘南平王陳嶷鎮江州，永嘉王彥鎮南徐州（陳長城公禎明二年十二月條，卷一七六，頁5500）。但是，據《陳書·後主十一子列傳》，陳嶷實由揚州刺史遷任郢州刺史，永嘉王陳彥由南徐州刺史遷任江州刺史，二王未行而隋軍已濟江（卷二十八，頁377～378）。恐怕當時的情況是二王率部還京參加元會，待元會後才上新任，不料隋軍已搶先一步渡江。

〔註41〕 依十二時辰計時法，晡時是下午三點至五點。

　　元旦奇襲渡江，是隋軍繼狼尾灘會戰後最重要之役，自此下游戰區兵分兩路直撲建康，北路是賀若弼，南路是韓擒虎，明顯地以小兵力果敢大膽的對優勢兵力的陳都守軍展開外線作戰。

　　奇襲翌日，采石戍主徐子建馳啟告變。正月三日丁卯，後主召公卿入議。四日後主下詔，猶大言：「朕當親御六師，廓清八表，內外並可戒嚴。」乃以驃騎將軍蕭摩訶、護軍將軍樊毅、中領軍魯廣達並為都督，司空司馬消難、湘州刺史施文慶並為大監軍，遣南豫州（治姑孰，今江蘇馬鞍山市）刺史樊猛率舟師遊弈於白下，以防來自六合方面的隋軍主力渡江，而命散騎常侍皋文奏將兵代樊猛鎮南豫州；同時又重立賞格，不論僧、尼、道士，盡令從役。

　　六日庚午，北路賀若弼攻拔京口，執南徐州刺史黃恪。賀若弼將俘虜六千餘人釋放，付以敕書，命令他們分道宣諭後主之罪，以擴大政戰效果，於是所至風靡。七日辛未，南路韓擒虎攻拔姑孰，皋文奏敗還。江南父老素聞韓擒虎威名，故來謁軍門者晝夜不絕。於是南、北兩路並進，緣江諸戍望風盡走。

　　戰況再發展下來就是陳朝的首都保衛戰。

　　賀若弼分兵斷曲阿之衝而入，用以切斷三吳入援之兵。陳後主命司徒·豫章王陳叔英屯朝堂，蕭摩訶屯樂遊苑，樊毅屯耆闍寺，魯廣達屯白土岡，孔範屯寶田寺。十五日己卯，任忠自吳興入援，駐守於朱雀門──朱雀門前即朱雀航，是建康南出御道登秦淮河的大碼頭。

　　十七日辛巳，〔註42〕賀若弼進據鍾山（又名蔣山），頓軍白土岡之東。楊廣遣總管杜彥與韓擒虎合軍，步騎二萬屯于新林。〔註43〕當時建康尚有甲士十餘萬人，準備決戰於白土岡；而隋軍北、南兩路均兵力薄弱，以故諸將均奉令合勢後才作戰，以取建康。

　　白土岡決戰前，蕭摩訶建議趁賀若弼懸軍深入，壘塹未堅，出兵掩襲必克，後主不許。後主召蕭摩訶、任忠於內殿商議軍事，任忠建議：「兵法客（指攻方）貴速戰，主（指守方）貴持重。今國家足兵足食，宜固守臺城（建康宮城），緣淮（指秦淮河）立柵，北軍雖來，勿與交戰；分兵斷江路，無令彼信得通。給臣精兵一萬，金翅三百艘，下江逕掩六合。彼大軍必謂其渡江將士已被俘獲，自然挫氣。淮南土人與臣舊相知悉，今聞臣往，必皆景從。臣復揚聲欲往徐州，斷彼歸路，則諸軍不擊自去。待春水既漲，上江周羅睺等

〔註42〕《通鑑》作辛未，但此年正月無辛未日，《陳書·後主本紀》作辛巳，從之。
〔註43〕《通鑑》胡注：新林浦去建康城二十里，西直白鷺洲。

眾軍必沿流赴援。此良策也。」後主不接受。過了一天，後主忽然決定說：「兵久不決，令人腹煩，可呼蕭郎一出擊之！」對此輕率的決定，任忠叩頭苦請勿戰。後主卻聽從其狎客孔範的意見，故對蕭摩訶堅持說：「公可為我一決！」並多出金帛付予諸軍以充獎賞。

正月二十日甲申，陳軍魯廣達部佈陣於白土岡，居諸軍之南，任忠次之，樊毅、孔範又次之，蕭摩訶軍最在北。諸軍南、北亙二十里，首尾進退不相知。

賀若弼率輕騎登山，望見陳軍佈陣，遂馳下山，與所部七總管員明等甲士八千勒陳以待之，決定不惜違犯軍令先期決戰。因陳後主私通於蕭摩訶之妻，故摩訶初無戰意；唯魯廣達率部力戰，與弼相當。隋軍退走者數四，賀若弼麾下戰死者二百七十三人。陳兵得人頭，皆走獻後主求賞。賀若弼知陳軍驕惰，更引兵選擇陳軍最脆弱的一環孔範陣地進攻；〔註44〕孔範兵暫一交戰即卻走，陳朝其他諸軍看到，騎卒亂潰，不可復止，死者五千人，員明並擒獲蕭摩訶。

白土岡決戰兵敗後，任忠馳入臺城向後主報告。後主出金令他募人出戰，任忠反建議說：「陛下唯當具舟楫，就上流眾軍，臣以死奉衛。」後主信之，敕令任忠出外部署，並令宮人裝束以待，但卻怪任忠久而不至。其實，當時南路韓擒虎部自新林進軍，任忠已率數騎迎降於石子岡。仍在朱雀航防守的蔡徵，聞擒虎將至，皆懼而潰。任忠引擒虎部直入朱雀門，陳軍皆散走，於是城內文武百司亦皆逃遁，大臣中唯有袁憲在殿中陪著後主，所以後主才說「江東衣冠道盡」！至此，陳後主只如甕中之鼈罷了。

賀若弼乘勝追至宮城東北的樂遊苑，魯廣達猶督餘兵苦戰不息，會日暮，乃解甲就擒，宮門衛士亦皆散走。賀若弼夜燒北掖門而入，聞韓擒虎已先得陳叔寶，乃傳呼視之，後主惶懼至流汗股栗，向弼再拜。賀若弼對他說：「小國之君當大國之卿，拜乃禮也。入朝不失作歸命侯，無勞恐懼！」戰後賀若弼與韓擒虎爭功，擒虎力言：「本奉明旨，令臣與弼同時合勢以取偽都，弼乃敢

〔註44〕孔範與後主所寵的孔貴嬪結為兄妹，又常與僕射江總等文士十餘人陪侍後主遊宴後庭，無復尊卑之序，謂之「狎客」。後主每飲酒，使諸妃嬪及女學士與狎客共賦詩，互相贈答，采其尤艷麗者，被以新聲，選宮女千餘人習而歌之，分部迭進。君臣酣歌，自夕達旦，以此為常。孔範時任掌理刑政的都官尚書，卻自謂文武才能舉朝莫及，曾從容告訴後主說：「外間諸將，起自行伍，匹夫敵耳。深見遠慮，豈其所知！」後主以問中書舍人施文慶，文慶畏範，亦以為然。自是將帥微有過失，即奪其兵，分配文吏，如奪任忠部屬以配孔範及蔡徵就是一例。由是文武解體，以至覆滅（事詳《通鑑》陳長城公至德二年是歲條，卷一七六，頁5480）。其實孔範和蔡徵皆不知兵，孔範最先敗陣，蔡徵聞擒虎將至即懼而潰，可以為證。

先期，逢賊遂戰，致令將士傷死甚多。臣以輕騎五百，兵不血刃，直取金陵，降任蠻奴（任忠字蠻奴），執陳叔寶，據其府庫，傾其巢穴。弼至夕方扣北掖門，臣啟關而納之，斯乃救罪不暇，安得與臣相比！」

此戰也，陳朝下江諸軍無設前敵總指揮，均直接聽命於後主；而後主本人不懂軍事，身邊所信近倖亦然，以故諸軍頻頻戰敗瓦解。隋軍渡江襲擊戰僅費時二十天就告成功，使建康淪陷，後主投降，在軍事上可謂是一次順利的「斬首行動」。因為此役，遂使陳朝尚未淪陷的其他各地諸軍，變得群龍無首，相繼投降。

陳軍首都保衛戰瞬間結束，十萬壯士齊解甲，百官逃遁，而理應挺身而出的陳朝宗室，當時在建康者猶有百餘人，陳後主卻恐其為變，竟將他們召入，集體軟禁於朝堂，令原本駐防石頭城（在長江與秦淮河交接口）的豫章王陳叔英回京總督之，及至宮城失守，遂相率出降，〔註45〕真是對陳朝王族宗室一次徹底的清除。

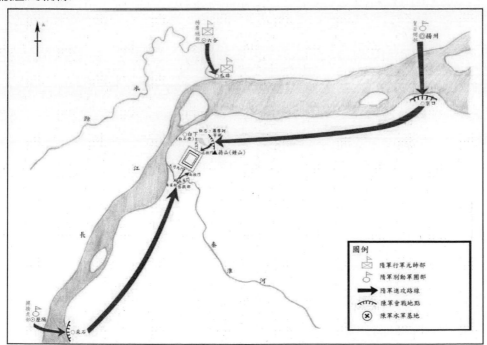

註：本圖據譚其驤《中國歷史地圖集》改繪，助理林靜薇重繪。

圖一　陳首都保衛戰示意圖

〔註45〕陳叔英在隋軍濟江時原奉詔指揮石頭戍軍事，但尋即召回入屯朝堂以監視諸宗室，事見《陳書·豫章王叔英傳》，卷二十八，頁365。

　　各地諸軍方面，首先是上江戰區，在楊廣命令陳叔寶手書招上江諸將的當時，楊俊兵團水陸十餘萬兵力仍停滯於漢口，而陳軍都督周羅睺與郢州刺史荀法尚則守住江夏（陳郢州江夏郡治夏口，即崔仲方所言的夏首），已隔江僵持踰月。楊俊兵團不僅吸住周羅睺兵團，抑且也阻斷了陳荊州刺史陳慧紀欲回援首都的軍團，故周羅睺既得陳叔寶手書後，乃解散所部，向楊俊投降。

　　陳慧紀軍團在狼頭灘失守後，命令所屬呂忠肅部進屯岐亭（今湖北省宜昌市西鄙）支援陳信州（治安蜀城，地當宜昌市南岸）守軍。開皇九年正月，忠肅據守巫峽，於北岸鑿巖綴鐵鎖以橫截上流隋艦，與楊素、劉仁恩四十餘戰，守險力爭，隋兵死者五千餘人。既而隋師屢捷，忠肅棄柵撤退至荊門之延洲。楊素解除其鎖繼續東下，遣蠻族水兵千人分乘「五牙」四艘，以拍竿擊碎十餘艘陳艦，遂大破陳軍，俘獲二千餘人，忠肅僅以身免，陳信州刺史顧覺則棄安蜀城退走。至此，陳慧紀從州治公安引兵東撤，致使巴陵以東亦無復城守者。

　　陳慧紀率將士三萬人、樓船千餘艘沿江而下，本欲入援建康，但卻被楊俊兵團所拒，不得而前。是時，陳叔文已解湘州刺史職，還至巴州（治今湖南岳陽）。慧紀推叔文為盟主，但是叔文先已向楊俊請降，故慧紀進退未定，會陳叔寶手書至，遂隨同陳叔文及巴州刺史畢寶等前赴漢口投降。

　　至於蘄春方面的王世積軍團，以舟師自蘄水出九江，破陳將紀瑱於蘄口，陳人大駭，降者相繼，及至在蘄口聞陳已亡，乃告諭江南諸郡，於是江州（治盆城，即今江西九江市）司馬黃偲棄城走，所屬諸郡太守皆赴世積軍請降。也就是說，因為陳叔寶的手書，遂使其上江諸城皆棄守，而上江諸軍皆解甲，楊素兵團遂下至漢口與楊俊兵團會師。不過，陳朝最後新任的湘州刺史·岳陽王陳叔慎詐降，於二月將楊素所遣的別將龐暉殺死，以圖抵抗；但是隋朝所任命的湘州刺史薛冑將兵適至，與行軍總管劉仁恩連兵擊之，叔慎被擒送楊俊，斬於漢口。

　　東南方面，開皇九年二月，陳吳州刺史蕭瓛被吳人推為主，楊廣派遣宇文述前往討之，而燕榮軍團以舟師自東海海道入太湖，亦適時而至。蕭瓛立柵於晉陵（今江蘇常州市）城東以拒述軍，另遣將入太湖，欲從側背掩擊述軍後方。宇文述進破其柵，迴兵擊瓛，大破之，又遣兵別道襲擊吳州。蕭瓛以餘眾退保包山（在太湖中），燕榮海軍進擊破之，蕭瓛被執。述軍繼續南進，陳東揚州刺史蕭巖以會稽降。由於二人曾率後梁十萬人眾降陳，所以皆送長安斬之。東南遂平。

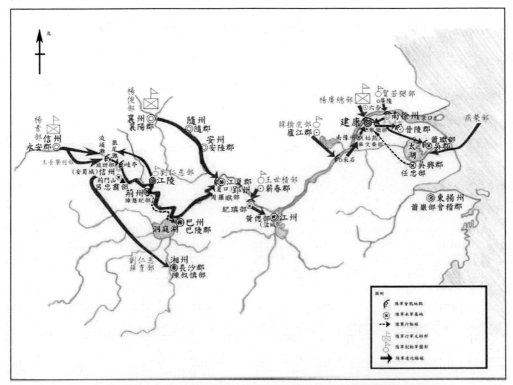

註：本圖據譚其驤《中國歷史地圖集》改繪，助理林靜薇重繪。

圖二　隋統一戰爭全線作戰示意圖

　　同月及稍後，嶺南因陳亡而未有所附，數郡共奉百越領袖石龍太夫人冼氏為主，號為聖母，保境安民。文帝詔令柱國韋洸等前往安撫，中途一度被陳將徐璒率部抵抗。〔註46〕韋洸等擊破陳軍，進抵廣州；而楊廣亦遣使攜帶陳叔寶致夫人書至，諭以國家已亡，令她歸隋。夫人乃召集首領數千人而告之，並遣其孫馮魂率眾迎接韋洸。洸至廣州，說諭嶺南諸州皆定，文帝以馮魂為儀同三司，冊冼氏為宋康郡夫人。

　　也就是說，時至開皇九年（589）二、三月之間，陳朝領土先後被平定，這年，隋朝新得州30，郡100，縣400。此年三月，陳叔寶與其王公百官從建康出發前往長安，大小在路，五百里纍纍不絕。陳叔寶一行離開後不久，隋文帝下詔將建康城邑宮室「平蕩耕墾」，六朝首都毀於一旦，殊為可惜。

〔註46〕《通鑑》載江州司馬黃恪棄城走時，謂豫章諸郡太守皆詣王世積降；但於此又謂陳豫章太守徐璒據南康拒韋洸，使不得進，顯見自相矛盾。又《通鑑》稱冼氏為高涼郡太夫人。按：《隋書・譙國夫人列傳》稱冼氏此時為石龍太夫人，又謂徐璒是陳將（卷八十，頁1802），今皆從之。

四月，隋文帝親幸驪山慰勞旋師。諸軍凱入，獻俘于太廟，陳叔寶及諸王侯將相并乘輿服御、天下圖籍等以次行列，仍被隋軍鐵騎包圍著，從晉王楊廣、秦王楊俊入京，列于殿庭。文帝坐廣陽門觀閱，引陳叔寶等上前，宣詔勞之，亦宣詔責以君臣不能相輔，乃至滅亡。陳叔寶等愧懼伏地，屏息不能對話。既而，文帝原宥了他們，封叔寶為長城縣公。

五、結　論

戰爭成敗常取決於交戰雙方的綜合國力，戰役勝負則取決於戰場戰略、統帥素質、將士訓練、軍紀士氣、後勤補給乃至天候地形等。綜合國力之建設，包含政治、經濟、軍事、心理乃至工藝技術（如本戰之造船）等要素項目，屬於《孫子兵法》所論「道」之範疇；而天候地形、統帥素質、將士訓練、軍紀士氣、後勤補給等則屬於《孫子兵法》所論天、地、將、法之範疇。周隋一直以統一中國為國家目標，努力建設國力，以致隋而有「開皇之治」；反觀梁陳以劃江自守為目標，政經心理相對不振，與北朝差距日大，論者已多，本文僅是就其軍事作為方面作簡要論述罷了。

須知戰爭通常由自認國力強大之一方發動。當年宇文泰自覺弱於北齊，故吸收鄉兵，創建府兵制，其目的就是用之以挾持天子及奉王命而討暴亂，中經其子周武帝改革軍制、擴充府兵，自覺已臻兵強，遂進軍滅齊，攻取淮南。隋文帝承用此制，益整軍經武，於是平定突厥。是則平陳之戰在此情勢下遲早會爆發，只是等待時機而已。上述諸戰其實已可印證府兵制之優越，府兵之強大，不過平陳之戰可算是前期府兵制最能用以印證其強大的大戰，且史料較多，更易檢證，因此本文即以此戰作為探討中心。

就綜合國力的軍事要素方面而言，隋文帝改革府兵為十二衛府制，直接由天子統率，又將衛府常制統轄的建制單位精簡為驃騎府等五級，使軍令下達便捷，尤其戰時將之編為軍、團、隊三級野戰編制，尤見統率指揮管制的速捷靈活而有效。就戰時編制而言，雖然後來煬帝征遼，因個人因素，沿用此制指揮管制諸將而失利，但是此時平陳之戰，文帝慎選將帥，並無不信任之心，遂使諸將能放手作為，指揮速捷，行動靈活。韓擒虎指揮五百人─相當於一個加強車騎府兵力或當今一個加強營兵力─渡江登陸，以此絕對劣勢兵力強攻絕對優勢的十萬陳朝首都部隊，迅速對陳達成「斬首行動」，結束戰爭；賀若弼部表現也差不多，是皆可證府兵制平時與戰時之優越性。

　　韓、賀二將所部的戰鬥表現，除了驍勇善戰敢死之外，未見士兵有未戰逃散，臨陣怯戰、虜掠搶劫的記載，則更是士氣軍紀的充分表現，足可反映府兵平時的訓練教戰成果。此表現應可涵蓋隋征伐軍的三道兵團全軍，而反觀陳軍，尤其其下江部隊以及首都保衛戰的表現，二者幾有天淵之別。

　　隋平陳之戰的背景、戰況以及戰果已如本文所述，筆者之意不是要論證陳軍之不堪，而是欲據以觀察周隋府兵改革訓練的成效。然而，徒此次南北戰爭尚不能滿足筆者之求知，或許需要比較中古時期另一場南北戰爭──晉平吳之戰，始能比出隋之府兵到底強大到甚麼程度，如此才能充分滿足筆者求知之目的。格於論文篇幅，請容另文論述。

《中國中古史研究》第 11 期，2011 年。

隋平陳、晉平吳兩戰較論

一、前　言

　　筆者曾發表〈隋平陳之戰析論──周隋府兵改革成效的一個觀察〉，〔註1〕其動機之一是因學界有人說府兵戰力被誇大，也有人反對此說，言各人人異之主要原因，是他們俱無用戰例作為實證，是以筆者該文，欲以隋平陳之戰作為戰例，用以觀察府兵戰力是否被誇大。

　　筆者之所以選用此戰例，一是因此戰是中古時期著名的戰役；二是因北軍幾乎傾全力以攻南軍；三是因此戰之運用府兵，正是橫跨所謂前期府兵制與後期府兵制變革的轉捩點，足以觀察府兵的實際戰力。如此猶不足以言備，以故於此欲以晉、隋所發動的南北統一戰爭作前後比較，以見府兵的實際戰力究竟如何，強大到何種程度。

　　府兵被「過分誇大」之說，見於岑仲勉《府兵制研究》，彼所評論是以周隋府兵為主體；至於谷霽光，基本上也認為周隋府兵在軍事上的作用「歷來也被誇大了」，但仍認為府兵所構成的中軍實為核心力量，其「強勁是無可置疑的」，說見其《府兵制度考釋》。〔註2〕兩人均是研究府兵制的名家，而說法竟有如此差異，故有必要以戰史作為印證。又，日本學界推崇府兵制的學者，或稱實行此制的王朝是「府兵制國家」，但仍有不同的意見。如專研府兵

〔註1〕拙文〈隋平陳之戰析論──周隋府兵改革成效的一個觀察〉，刊於《中國中古史研究》第11期，2011年12月。現已收入本書。

〔註2〕參岑仲勉《府兵制研究》（臺北：木鐸出版社，民國72年9月），頁134～135；谷霽光《府兵制度考釋》（台北：弘文館出版社，民國74年9月），頁125～126。按：谷氏視府兵為中軍，視郡兵為外軍，恐有問題，茲暫不贅論。

制的氣賀澤保規，即認為府兵制在隋煬帝時已崩壞。〔註3〕隋煬帝大規模用府兵以征伐高麗，然一再無功而歸，此與戰場統帥有關，即與《孫子》所謂道、天、地、將、法此五項軍事要素的「將」之要素有關，讀者參考拙著《隋史十二講》之第十一講，或許會有更多瞭解。至於陳寅恪先生，在此之前曾暢論唐之府兵，謂「李唐開國之時代，其府兵實『不堪攻戰』也」；然其說復為章群所評駁。〔註4〕章群以蕃將立論，所駁失之偏狹，筆者曾撰文論唐初十二軍，或許較為全面，〔註5〕故於此不欲再贅。要之，中日學界在此方面爭論的論著尚有，但多未以戰史作為實證，以是草撰本文，就正於方家。

本文既為接續〈隋平陳之戰析論—周隋府兵改革成效的一個觀察〉前文而論述，讀者尚請費時參考該文，以利瞭解隋平陳之戰的情況，以及筆者數據的評估，軍語之運用。

二、晉吳隋陳國力略較

戰爭通常在開戰的一方判斷其國力優越於敵方纔會爆發，隋文帝承接北周之強兵，加以勵精圖治，在戰勝東亞強權突厥之後，不免亦有此判斷。然而，平陳以前隋、陳國力比究竟有多大，據前文（按：指〈隋平陳之戰析論——周隋府兵改革成效的一個觀察〉）的文字分析，恐怕難有較深的印象。

這裡不妨以前文的分析論述作為基礎，以克萊恩的國力評估公式試作估

〔註3〕日本學界推崇府兵制的學者，如谷川道雄，即稱實行此制的王朝是「府兵制國家」，但仍有不同的意見，如氣賀澤保規即認為府兵制在隋煬帝時已崩壞，因此急需招募驍果兵以為補救，而驍果制蓋為回到府兵制原點之制，與府兵制的成立呈矛盾對立。（參其《府兵制の研究》，東京：同朋社，1999 年 2 月第一刷，頁 241～266）。因此，氣賀澤氏遂據此見解，以對菊池英夫、谷川道雄等人之說提出質疑與辯證，但亦未以戰史作為實證，故其言府兵制在隋煬帝時已崩壞，應尚有商榷的餘地。蓋煬帝興兵 113 萬親征遼東，雖偏師折損三十萬，而府兵主力仍存，以故猶能鎮壓蜂起的動亂集團有年，最後若非府兵（李淵等）及驍果（宇文化及）起事，隋朝也不致於驟亡。其情請詳前揭拙文及拙著《隋史十二講》（北京：清華大學出版社，2002 年 1 月）。至於驍果的建軍，則容另著討論。

〔註4〕參陳寅恪先生的〈論唐代之蕃將與府兵〉，收入《陳寅恪先生文集（一）》（台北：里仁書局，民國 70 年 3 月），頁 264～276；章群的《唐代蕃將研究》（臺北：聯經，民國 79 年 11 朋二印），頁 243～246。

〔註5〕請參拙著〈從政局與戰略論唐初十二軍之興廢〉，《中國中古史研究》2，2003 年 4 月；〈試論唐初十二軍之建軍構想及其與十二衛的關係〉，《中國中古史研究》，10，2010 年 12 月。此二文已收入拙著《中古大軍制度緣起演變史論》，新北市：花木蘭文化事業有限公司，2019 年 3 月。

算，〔註6〕看看能否找到某些參考答案。茲將其公式再列如下：

$$Pp = (C+E+M) \times (S+W)$$

Pp 代表綜合國力，C 為結構，E 為經濟力，M 為軍事力，S 為戰略目標，
W 為意志。

　　根據前文的分析論述，結構包括人口與領土，隋與陳相比，領土之地圖比
例約為 5：1，而口數則約為 5：1，茲粗以 5：1 為估（小數點採四捨五入）。
經濟力方面很難估算，若以陳的經濟力為 1，則勵精圖治下的隋起碼是其一倍
甚至數倍，今考慮北朝之租庸調制與南朝之戶調制均以戶為單位的因素，隋戶
為陳之 6 倍，故保守假定隋為 6。軍事力方面，雖隋軍尚未傾全國總兵力南攻，
但雙方參戰部隊的隊兵力比是 2：1，今亦暫以此為估。戰略目標方面，統一
是周、隋傳統的國策，並在此國策指導之下整軍經武，平齊攻陳，而隋文帝此
意思亦非常清楚堅定；南朝通常以據淮保江為戰略目標，淮不保則棄淮，江不
保即投降，遂行本土保衛戰的意思不明顯，戰略目標游移，故雙方戰略目標之
比亦保守假定為 2：1。意志是指追求目標的國家領導以及全民意志，根據前
文所述，陳朝下江地區君臣將士最後的表現可以估算為零，但是基於其最後階
段仍略有決戰之意，只因戰敗而潰，加上上江諸軍仍有守土的意志，故估為 1；
而隋文帝追求國家目標的意志以及將士求戰的精神士氣，起碼是陳的數倍高，
茲保守假定為 3，亦即隋：陳為 3：1。

　　試將這些數值代入國力公式計算，（C+E+M）屬有形國力，隋、陳比為
13：3；（S+W）屬無形國力，隋、陳比為 5：2。兩者相乘的綜合國力，則隋
的數值為 65，而陳的數值為 6，即隋、陳的綜合國力比略為 11：1。這種算法
雖然不精確，但不妨作為參考。

　　南朝政府一向授人以積弱的感覺，陳朝又是南朝領土、戶口最少的國家，
值此主昏臣佞、將士怯戰之時，正是授人以劍的大好機會；不過若非隋朝已國
富兵強，精明的隋文帝評估過國力應有壓倒性優勢，則斷不會在與突厥大戰結
束三數年後，貿然發動如此大規模的戰爭。因此，上述的隋、陳綜合國力比值，
無異可以充分反映出隋朝的這種壓倒性優勢。這種壓倒性優勢即應是促使隋
文帝下定決心發動此戰，以遂行中國統一的主因。

〔註 6〕按：陳朝人口二百萬是亡國喪亂時之數，盛時當不止於此，姑以此戶數估算比
　　　　例。正文下文評估的數據或許不精確，但總比文字論述來得較為清楚，以故勉
　　　　強試為之。克萊恩（Ray S. Cline）的公式見其所著"*World Power Trends and U.S.
　　　　Foreign Policy for The 1983s.*" Boulder Colo: Westview Press.,1980.

以戰論戰,綜觀本戰之所以能獲勝,隋朝最高統帥的決心、戰前「廟算」的成功以及戰爭準備的充分,應是最關鍵的因素,但這屬於國家戰略層次。若就作戰本身而論,本戰之所以能迅速致勝,將傷亡損失減至最低,以最小成本獲得最大利益,則以隋軍能按照作戰計畫,二區三道水、陸(甚至包括海)聯合齊發,分散陳軍兵力而分區壓迫之,取得戰場上的行動自由權有絕大關係。在此作戰計畫指導之下,下游隋軍能掌握天候時間果敢渡江奇襲,並果敢以絕對劣勢兵力快速直取建康,逼使戰事僅費時二十天就令陳朝屈服投降的「斬首行動」最居關鍵。此雖屬戰術問題,但卻是勝負立判的關鍵。

在陳軍已知隋軍奇襲渡江的情況下,隋軍先遣部隊不待後援大軍集中,以絕對劣勢兵力公然快速直攻重兵防禦的敵國首都,而非再採取令敵措手不及的奇襲,或待大軍會集後決戰,應是府兵將士戰技、軍紀、信心與勇氣的極高表現,上面將代表隋軍無形戰力的意志要素估算為 3,應已是低估了。本戰的「斬首行動」,應是軍事史上最成功的軍事行動。此奇襲、快攻、「斬首」的軍事行動,立刻促使敵國滅亡,結束了中國三百多年的分裂,可以說是空前絕後的軍事成就。此軍事成就,就算韓擒虎之甥、號稱「古之名將韓、白、衛、霍豈能及也」的唐朝名將李靖,所發動的鐵山奇襲,迅速滅亡東亞強權突厥之軍事成就也不能超過,〔註7〕更遑論西晉平吳之戰了。

當然,欲較論本戰與平吳之戰,則不能不先注意晉、隋的國力與戰前戰略態勢二者不同此兩大問題。茲先略論之。

大抵晉平吳前,領土與隋平陳前相若,吳亦與陳相若,故假定晉、吳領土之比也如隋、陳之比約為 5:1。至於戶口,晉於太康元年(280)平吳,吳亡時有戶 523,000,吏 32,000,兵 230,000,男女口 2,300,000。此年晉、吳兩國合計的總和共有戶 2,459,840,口 16,163,863。〔註8〕由於魏晉南北朝軍

〔註7〕韓、白、衛、霍是指韓信、白起、衛青和霍去病,這是唐高祖稱讚李靖之語。李靖率精騎一萬奇襲突厥在鐵山的可汗牙帳,斬首萬餘級,俘虜男女十餘萬人,但仍讓頡利可汗逃脫了。頡利若非在途中被唐朝別道軍圍所擒,恐怕突厥未必如此快速滅亡。事詳《舊唐書·李靖列傳》(卷六十七,頁 2479~2480)及同書〈突厥列傳上〉(卷一百九十四上,頁 5159)。此戰亦可參拙著《李靖》(《戰略家叢書》之 1,台北:聯鳴文化公司,民國 69 年),及何世同《中國中古時期的陰山戰爭及其對北邊戰略環境變動與歷史發展影響》(台北:花木蘭文化事業有公限公司,2010 年 3 月)之第七章第三節。

〔註8〕吳亡時數據見《三國志·三嗣主傳》天紀四年三月注所引之《晉陽秋》(卷四十八,頁 1177),《晉書·地理上·總敘》亦同。晉太康元年戶口數即載於此總敘(卷十四,頁 414~415)。

戶士家不與民戶相混，故將晉合計之戶口數減去吳之戶口數，即是晉朝戰前的戶口數，而應有 1,936,840 戶、13,863,863 口，亦即晉、吳戶數比約為 4：1，口數比約為 6：1。由於綜合國力的結構要素包含領土與人口，晉、吳領土比為 5：1，人口比為 6：1，以數字不能精確計算故，則其結構比宜取 6：1。

不過，晉此時人口與隋開皇元年（即周大定元年）的 9,009,604 人相較，多了 400 餘萬人；吳的人口與陳的 2,000,000 人相較，則多了 50 餘萬人。立國時間相差三百年反而隋、陳人口大減，應是不可能之事。根據凍國棟的考察，周隋之際約有 559 萬餘戶、2,900 萬餘口；〔註9〕又據葛劍雄的推估，陳之實際人口當在 1,500 萬左右。〔註10〕按:由於魏晉南北朝戶口隱漏嚴重，所以隋相高熲纔會推行貌閱措施以普查戶口，但是無論如何，上述晉、吳／隋、陳之數據應是當時官方所能管控的戶口數，也是政府動員時所能動員的戶口數，因此筆者仍取以為據，暫時不採用近人估算的數值，否則比差可能大不同。又由於政府各種收益難以作數據化估算，而魏晉戶調式以戶為單位計算，故因晉、吳的戶數比約為 4：1，而據以假定晉、吳的經濟力比亦為 4：1。

至於軍事力要素，晉滅吳後收得吳兵 230,000，故吳之總兵力頂多不過 300,000，而上、下江各部署有 10 餘萬兵；晉總兵力則不詳，但晉武帝出動 20 餘萬大軍伐吳，蓋為隋文帝平陳兵力的一半，顯示晉的總兵力應弱於隋。今依雙方參戰兵力計，則晉、吳各以 20 餘萬兵力參戰，軍事力之比為 1：1。

據此，吳的有形國力（C＋E＋M）為 1＋1＋1＝3，而晉的 C＋E＋M 則為 6＋4＋1＝11，晉與吳的有形國力比是 11：3。

至於無形國力（S＋W）方面。

吳自孫權中期起，國家目標是「全據長江，形勢益張」，〔註11〕國家清晰地以割據長江為目標，據此形成其國家戰略，即聯蜀抗魏以形成全據長江之勢。在此戰略構想指導之下，吳的軍事戰略與國防部署是「夾江置鎮、沿江而守」，不時於東線出擊淮南，於西線出擊荊北，實行「渡江立屯，與相攻擊」的攻勢防禦，此即吳軍所謂的「上岸擊賊，洗足入船」。〔註12〕因此，吳之國

〔註9〕凍國棟之說詳其《中國人口史第二卷：隋唐五代時期》，上海；復旦大學出版社，2002 年 11 月，頁 120～131。

〔註10〕葛劍雄之說詳其《中國人口史第一卷：導論；先秦至南北朝時期》，同上出版社，2002 年 12 月，頁 469。

〔註11〕此戰略構想由呂蒙襲擊荊州關羽前提出，參《三國志·呂蒙傳》，卷五十四，頁 1278。

〔註12〕「渡江立屯，與相攻擊」請參《三國志·呂蒙傳》；又該傳注引《吳錄》云：權

家目標、國家戰略、軍事戰略一貫而清晰，君臣將士原也不畏戰，故能立國六十年（以孫權稱帝始，222-280）之久；只是降至末主孫晧，「肆行殘暴，忠諫者誅，讒諛者進，虐用其民，窮淫極侈」，所以纔臣民離心，意志喪失。從晉水軍一路勢如破竹，吳軍震慴迎降的表現，以及孫晧自知大勢已去，竟致書群臣，謂「（張）良、（陳）平去楚，入為漢臣，舍亂就理，非不忠也。莫以移朝改朔，用損厥志」之言看，〔註13〕則此時吳的戰略目標以及精神意志殆已趨於零。

反觀晉朝，主戰的決定雖經年未決，僅有張華、羊祜、杜預、王濬等少數人支持，但至他們主張即時開戰，其理由之一竟是直以孫晧健在是發動戰爭的最大利基為言，王濬甚至明確指出拖延開戰對晉有三大不利的因素，其中之一就挑明「令晧卒死，更立賢主，文武各得其所，則強敵也」，〔註14〕遂促成武帝南伐的決心；然而以征伐軍統帥賈充為首的多數人仍表反對，賈充甚至在戰事有利，快將結束之時猶持反對立場，〔註15〕幸好各路將士仍然戰志可觀，持續戰鬥，否則吳國不會如此快滅亡。據此情況，兩國相較，目標方面假定晉、吳均為 1；而意志方面吳若為零（請詳後文吳軍戰時的表現），則晉應為 1（因晉多數朝臣反戰，戰時仍有猶豫），所以無形國力（S＋W）之比，晉為 1＋1，而吳為 1＋0，晉:吳是 2：1。此數值與上述有形國力（C＋E＋M）相乘的結果，晉的綜合國力數為 11×2＝22，而吳的綜合國力數為 3×1＝3，兩者的綜合國力比為 22：3，也就是 7：1。

欲作塢，諸將皆曰：「上岸擊賊，洗足入船，何用塢為？」呂蒙曰：「兵有利鈍，戰無百勝，如有邂逅，敵步騎蹙人，不暇及水，其得入船乎？」權曰：「善。」遂作之。見卷五十四，頁 1274～1275。按：此即沿江作塢以為軍事基地，而採上岸擊賊，洗足入船的攻勢防禦。

〔註13〕對孫晧的批評及孫晧致群臣書，請參《三國志·三嗣主傳》末的「評曰」以及天紀四年三月條的裴注，卷四十八，頁 1176～1178。

〔註14〕《晉書·王濬列傳》載當時朝議咸諫伐吳，濬乃上疏曰：「臣數參訪吳楚同異，孫晧荒淫凶逆，荊揚賢愚無不嗟怨。且觀時運，宜速征伐。若今不伐，天變難預。令晧卒死，更立賢主，文武各得其所，則強敵也。臣作船七年，日有朽敗，又臣年已七十，死亡無日。三者一乖，則難圖也，誠願陛下無失事機。」見卷四十二，頁 1208。

〔註15〕《晉書·賈充列傳》載：王濬之克武昌也，充遣使表曰：「吳未可悉定，方夏，江淮下溼，疾疫必起，宜召諸軍，以為後圖。雖腰斬張華，不足以謝天下。」華豫平吳之策，故充以為言。中書監荀勖奏，宜如充表。帝不從。杜預聞充有奏，馳表固爭，言平在旦夕。使及至轘轅，而孫晧已降。吳平，軍罷。見卷四十一，頁 1169～1170。

至此，可以觀察國力強弱與戰爭久暫的關係（戰場指揮官素質以及指戰藝術的因素不列入考慮）：若以開戰以至攻陷敵國首都、使敵國投降為戰爭結束之準繩，則晉軍費時兩個半月，而隋軍費時二十天。為何有此差異？

為求此答案，茲再作同時比較。按：從三百年前晉、吳綜合國力比為 7：1，而三百年後隋、陳綜合國力比為 11：1 的比數看，顯示隋較晉更有發動戰爭的本錢，也應較快獲勝。如果作前後比較，由於晉的綜合國力數值為 22，而三百年後隋的綜合國力數值為 65，故隋較晉遠為富強，戰力也遠大於晉；相對的，吳的綜合國力數值為 3，而陳的綜合國力數值為 6，故三百年後之陳朝較吳朝能抵抗北軍。此分析與歷史發展幾乎相符。只是，在隋文帝擊敗突厥，以及「開皇之治」的勵精圖治之下，隋朝已是東亞國際唯一的超強，而晉武帝朝的政治與軍事力量則尚未達此境界，所以隋比晉更有對敵摧枯拉朽的能力；而陳朝面對此大敵，國力數值雖稍優於吳，但仍乏頑抗之力罷了。

三、南北戰略態勢與晉隋統一戰略及戰況的比較

當然，上述數據的較論僅能作為參考，然而戰前交戰雙方的戰略態勢不同，則有可觀的文獻以為分析，是更值得注意的問題。雙方的戰略態勢，就北方而言，是指北軍能否「全線臨江」，與南軍共享天險地障；就南方而言，是指南軍能否「全據長江」，進而使形勢益張。

「全線臨江」指部隊已臨駐江邊，其戰鬥預備位置即在江岸與江面，故可與對岸敵軍共享長江天險，逼使敵軍作全江面防禦的態勢。「全線臨江」與下文的「全線壓江」不同，「全線壓江」是部隊須先進攻敵軍佈防於江北的沿江前敵防線，故不能或不易進臨江邊，以遂行水面作戰或登陸作戰。至於「全據長江」，應包括長江上游的巴蜀段，故吳雖取得荊州猶不足以稱「全據長江」。先前若非巴蜀為蜀漢所控制，而吳又迅速與之修復邦交，則恐怕曹魏不會等到晉武帝纔來攻滅東吳。同理，陳朝更無「全據長江」的戰略態勢，若非北周以北齊作為第一假想敵，恐怕也不會留到由隋文帝來消滅。〔註16〕

〔註16〕李燾於其《六朝通鑑博議》卷十〈陳論〉云：「江南建國蔽之以淮肥之阻，則藩維乃固；制之以巴蜀之險，則上流乃安。……大抵吳、蜀相應如左右手，苟與人鬪，左手雖奮而右無以應之，則不可望其能勝也。如有蜀則吳強，無蜀則吳弱。東晉以平李勢，宋武必平譙縱，至於齊、梁而無西顧之憂，其間惟陳氏無蜀。是以魏取西蜀，晉既代魏，而因以平吳；周取蕭巋，隋既代周，而因以入陳。北方之能并南方者，晉與隋耳，則皆以無蜀而亡。然孫氏雖無蜀，而荊州無恙，陳既無蜀又無荊州，故孫氏之禍遲，陳氏之禍速，所以暑異。」

茲據此理試概略較論如下。

先從北方角度而論，隋軍毫無疑問戰前已是「全線臨江」，而陳軍則因巴蜀已是隋之領土，故無法像梁朝一般「全據長江」。為此，陳之國防安全全靠自峽口以東至長江出海口一線的防禦，故此時不得不純採守勢國防，喪失軍事行動自由權。在這樣的戰略態勢下，只要擅長野戰的北軍能渡江登陸，或者擁有戰力可觀的水軍，則南朝已是面臨亡國之禍逼近眉睫之時；若兩種情況皆出現，亡國即已不可避免。因此，隋平陳之戰之所以能快速致勝，晉平吳之戰之所以頗有遷延，均需由此戰略態勢作觀察。

至於晉軍，雖也控有巴蜀，但並無「全線臨江」的態勢；復因吳軍自峽口以東採取「夾江置鎮、沿江而守」，而又「渡江立屯，與相攻擊」的攻勢防禦戰略與戰術，故吳國事實上沿江有江北、江面、江南三道防線。不論前之魏軍或後之晉軍，均必須先解決從荊州到揚州，吳軍在江北沿江而守的前敵軍事基地與要塞，否則荊揚全線不能臨江。在這種情況下若讓巴蜀水軍單向出兵，則巴蜀兵團失卻戰略側翼的配合與掩護，勢必無功或敗軍。其後晉軍分從荊、揚兩方面進軍「全線壓江」，吸住江北防線的吳軍，甚至荊州戰區在杜預指揮下奇襲江南成功，打開晉朝水軍通道，而使水軍順利東下，竟直抵建鄴（即陳都建康），可見「全線壓江」也製造出某些「全線臨江」的戰略效果，克服了晉軍戰略態勢較隋不利的因素；不過晉軍除了杜預所部之外，其餘諸軍皆因戰鬥位置並非臨江，以故一時之間不能立刻渡江登陸，展開北軍所長的野戰，遂使戰爭不能速戰速決。

北軍「全線臨江」，不僅可與南軍共享長江天險，逼使南軍作全江面防禦，而且容易選擇登陸作戰的地點，也容易與東出水軍互相戰略呼應，戰爭的時間、地點以及如何打操之在我，故充分掌握了軍事行動自由權。這是隋平陳之戰的戰前態勢。至於「全線壓江」，則是北軍先進攻南軍江北防線，吸住南軍兵力，使江陵（荊州）不能抽兵迴援峽口，牛渚（揚州）不能截江攔阻東下水軍，有利北軍的水軍逕抵建鄴。「全線壓江」雖也取得較大的軍事行動自由權，但不充分，且有被南軍的江北守軍頑抗拒阻，而不能或不易臨江的可能。這是晉平吳之戰的戰前態勢。兩戰結束時間的久暫，從這裡可以尋找答案。〔註17〕

〔註17〕 南朝因侯景之亂，導致陳朝立國之初，疆域萎縮，重要防線及據點淪喪，形勢遠遜於齊及梁武盛世（可參高敏的〈論侯景之亂對南朝後期社會歷史的影響〉，《中國史研究》1996 年第 3 期）。及至周隋之際，陳朝上游無巴蜀，中游無江漢荊襄，下游無淮南江北，僅能限江自保，國防地理形勢最差，有人因而認為頗類吳

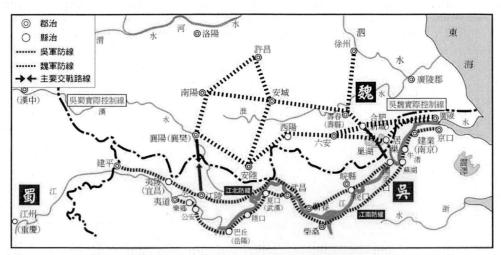

圖一　北軍壓江部署暨南軍夾江防禦態勢圖〔註18〕

　　根據上面分析比較，南方的吳、陳兩朝不僅國力遠不及北方政權，抑且戰略態勢也不利。因此，南方政權除非全力北伐，統一全國，否則不宜輕易向北方政權挑釁，以啟戰端。事實上，就史書紀錄來看，卻是南方政權常一再發起小挑釁，這種戰術性行動，在吳而言是其攻勢防禦戰略的一部分，在陳則不盡然，蓋陳朝雖曾有收復淮南之意，但仍以劃江自守的守勢戰略為主。據此以觀，騷擾與挑釁雖能引起北方政權的煩惱憂患，但卻也適足以使北方政權累積為大決的決心，只是等待適當時機而已。隋、陳的情況前篇已有析論，這裡略察晉、吳的情況。

　　吳自大帝孫權策定攻勢防禦戰略之後，即常分從荊、揚二線「渡江立屯，與相攻擊」，東線攻淮南是主力，甚至孫權有時親征，但多受阻於合肥；西線則由荊州部隊北擾，而以襄陽為主要目標，並頗常戰略呼應淮南方面的攻勢。由於魏晉建都在洛陽，故西線最易引起晉朝的憂患，而曾效法先前曹操將淮

對西晉之勢（可參陳登原《國史舊聞》卷二十一〈陳之所以亡〉，北京：中華書局，2000年8月，頁592）。按：陳為南朝最弱小之國固是事實，但謂其國防地理形勢最差，頗類吳對西晉之勢，據本文分析應不盡然，上註所引李燾之言亦已論之。蓋晉無「全線臨江」的態勢，而吳則自峽口以東採取「夾江置鎮」，「渡江立屯」，事實上沿江有江北、江面、江南三道防線之故也，此絕與陳不相類似。

〔註18〕本圖引自筆者助理劉東霖所著《孫吳國家戰略及其施展》（收入《古代歷史文化研究輯刊・九編》第8冊，新北市：花木蘭文化事業有公限公司，2013年），頁224〈孫吳江防部署暨曹魏東線重鎮示意圖〉。按：晉的壓江部署蓋本於魏，故概以北軍目之，而吳為南軍。南軍自孫權時即採行夾江防禦，取得荊州後西線更加延展而已，夏口以西的夾江防線蓋即其延展防線。

南居民北撤，使之成廢隙之地，用以當作戰略緩衝區的辦法措施。〔註19〕晉朝建立之前，司馬懿、袁淮先後建議將漢水以南的吏民北撤過沔（即漢水），以及曹爽對此建議的決定，可以作為其例。習鑿齒在《漢晉春秋》載此事云：

> 是年（正始七年，246），吳將朱然入柤中（襄陽南沮水左右地），斬獲數千；柤中民吏萬餘家渡沔。司馬宣王（司馬懿）謂曹爽曰：「若便令還，必復致寇，宜權留之。」爽曰：「今不脩守沔南，留民沔北，非長策也。」……不聽，卒令還。（朱）然後襲破之。袁淮言于爽曰：「吳楚之民脆弱寡能，英才大賢不出其土，比技量力，不足與中國相抗，然自上世以來常為中國患者，蓋以江漢為池，舟楫為用，利則陸鈔，不利則入水，攻之道遠，中國之長技無所用之也。孫權自十數年以來，大畋江北，繕治甲兵，精其守禦，數出盜竊，敢遠其水，陸次平土，此中國所願聞也。夫用兵者，貴以飽待飢，以逸擊勞，師不欲久，行不欲遠，守少則固，力專則彊。當今宜捐淮、漢以南，退卻避之。若賊能入居中央，來侵邊境，則隨其所短，中國之長技得用矣。若不敢來，則邊境得安，無鈔盜之憂矣。使我國富兵彊，政脩民一，陵其國不足為遠矣。今襄陽孤在漢南，……置之無益于國，亡之不足為辱。自江夏已東，淮南諸郡，三后已來，其所亡幾何，以近賊疆界易鈔掠之故哉！若徙之淮北，遠絕其間，則民人安樂，何鳴吠之驚乎？」遂不徙。〔註20〕

由於吳朝雖從關羽手中奪得荊州，但形勢上並未真正「全據長江」，故只能將西陵（今湖北宜昌市東南）建為軍事重鎮，以堵住巴蜀兵團的東出，並側翼掩護荊州的安全；而江陵（吳荊州州治）也因此勢須不斷主動北擾襄陽（魏荊州州治），以正面掩護西陵的安全。於是，江陵部隊遂不得不實施「以江漢為池，舟楫為用，利則陸鈔，不利則入水」的戰法，而這正是吳軍既定的攻勢防禦精義所在，確讓北軍吃足了苦頭。此戰法不僅使北軍無法壓境臨江，甚至思捐棄沔漢以南而退避之，以待誘敵捨棄所長而深入，然後再以北軍所長的野戰對付之，並等待「我國富兵彊，政脩民一，陵其國不足為遠」的時機。顯示荊州方面之軍事行動自由權頗為南軍所掌握。

〔註19〕關於曹魏此措施，請詳拙著《孔雀東南飛箋證》（台北：蘭臺出版社，2008年6月），頁57～65。

〔註20〕見《三國志‧三少帝紀》正始七年十二月條裴注，卷四，頁122。

這時機降至晉初羊祜都督荊州時出現。

史謂對吳軍「每為邊害，祜患之」，於是他外則對吳人懷柔、欺敵並用，內則對所統八萬餘人整軍經武，以備決戰的來臨。隋平陳前高熲所獻之策，正與羊祜的構想類似；但因羊祜對手是吳之荊州都督名將陸抗，加上戰爭準備尚未完成，以故雙方暫安。此期間，羊祜對南軍所長在水戰，故「伐吳必藉上流之勢」，有著極深切的體會，故上書請晉武帝留任王濬於益州，並請「密令修舟檝，為順流之計」。由此可見，晉朝早已有與吳軍水戰大決的戰略構想。咸寧二年（276）十月，羊祜表請伐吳，此表其實已展示出晉軍完整的戰情分析以及戰略構想，他說：

> 今江淮之難，不過劍閣；山川之險，不過岷漢；孫皓之暴，侈於劉禪；吳人之困，甚於巴蜀。而大晉兵眾，多於前世；資儲器械，盛於往時。今不於此平吳，而更阻兵相守，征夫苦役，日尋干戈，經歷盛衰，不可長久，宜當時定，以一四海。今若引梁益之兵水陸俱下，荊楚之眾進臨江陵，平南、豫州，直指夏口，徐、揚、青、兗並向秣陵，鼓旆以疑之，多方以誤之，以一隅之吳，當天下之眾，勢分形散，所備皆急。巴漢奇兵出其空虛，一處傾壞，則上下震蕩。吳緣江為國，無有內外，東西數千里，以藩籬自持，所敵者大，無有寧息。孫皓恣情任意，與下多忌，名臣重將不復自信，是以孫秀之徒皆畏逼而至。將疑於朝，士困於野，無有保世之計，一定之心。平常之日，猶懷去就，兵臨之際，必有應者，終不能齊力致死，已可知也。其俗急速，不能持久，弓弩戟楯不如中國，唯有水戰是其所便。一入其境，則長江非復所固，還保城池，則去長入短。而官軍懸進，人有致節之志，吳人戰於其內，有憑城之心。如此，軍不踰時，克可必矣。

羊祜是蓄志滅吳的前敵指揮官，故對開戰時機、戰爭準備、地障情況、敵方立國形勢、精神意志、雙方戰術比較，乃至出兵構想等，不僅表達清晰，而且被武帝「深納之」，事實上後來平吳之戰即是全採此策，以為作戰計畫。然而其時不果行，則與多數群臣反戰有關，致令羊祜有「天下不如意恒十居七八，故有當斷不斷，天與不取」之歎，後雖入京面陳也無辦法。〔註21〕

〔註21〕本文後文提到或引用有關羊祜在荊情況之文，請參《晉書・羊祜列傳》（卷三十四，頁 1014～1020），不再贅註。

　　咸寧四年，羊祜因病而舉杜預接任。杜預瞭解羊祜的構想，也預料「以理勢推之，賊之窮計，力不兩完，必先護上流，勤保夏口以東，以延視息，無緣多兵西上，空其國都」，亦即預料一旦開戰，吳軍必沿長江分為東、西兩個戰場，東戰場必不增援西戰場，而傾力守護夏口以東至建鄴一線，因此杜預簡選精銳部隊先襲擊吳名將西陵督張政而大破之，以削弱阻止水軍東出的要塞；隨即又離間之，使孫晧易帥，事先製造「大軍臨至，使其將帥移易，以成傾蕩之勢」，然後纔啟請伐吳之期。〔註22〕幾經爭議，晉廷始決定於咸寧五年（279）十一月展開行動，諸軍進入戰鬥位置，而於翌年咸寧六年（即太康元年）正月全線開戰。時間選擇隋與晉相同。《晉書・世祖武帝紀》於咸寧五年十一月，記載六道出師的作戰序列云：

> 大舉伐吳，遣鎮軍將軍、琅邪王伷出涂中（今安徽滁縣），安東將軍王渾出江西（指壽春至牛渚一線），建戚將軍王戎出武昌，平南將軍胡奮出夏口，鎮南大將軍杜預出江陵，龍驤將軍王濬、廣武將軍唐彬率巴蜀之卒浮江而下，東西凡二十餘萬。以太尉賈充為大都督，行冠軍將軍楊濟為副，總統眾軍。

同紀隨即扼要記載王渾軍團攻尋陽成功打響第一砲後，而水軍東出，攻克西陵，於是諸軍陸續全線壓臨長江，水陸交叉掩護的戰略態勢於焉展開：

> 太康元年（即咸寧六年）春正月己丑朔，……王渾克吳尋陽賴鄉諸城，……二月戊午，王濬、唐彬等克丹楊城。庚申，又克西陵，殺西陵都督、鎮軍將軍留憲，……壬戌，濬又克夷道樂鄉城（今湖北松滋縣東北），殺夷道監陸晏、水軍都督陸景。甲戌，杜預克江陵，斬吳江陵督伍延；平南將軍胡奮克江安。於是諸軍並進，樂鄉、荊門諸戍相次來降。

中間，晉武帝曾經調整戰略部署，抽調戰事已告一段落的參戰軍團，逐段分兵配屬水軍，以加強水軍戰力。同紀復載云：

> （二月）乙亥，以濬為都督益、梁二州諸軍事，復下詔曰：「濬、彬東下，掃除巴丘（今湖南岳陽市），與胡奮、王戎共平夏口、武昌，順流長鶩，直造秣陵（今江蘇江寧縣南），與奮、戎審量其宜。杜預當鎮靜零、桂，懷輯衡陽。大兵既過，荊州南境固當傳檄而定，

〔註22〕　本文後文提到或引用有關杜預在荊以及指戰的事請，請參《晉書・杜預列傳》（卷三十四，頁1028～1029），不再贅註。

> 預當分萬人給濬，七千給彬。夏口既平，奮宜以七千人給濬。武昌
> 既了，戎當以六千人增彬。太尉充移屯項（今河南項成縣東），總
> 督諸方。」

此逐段增兵的戰略，使水軍的水陸聯合戰力大增，戰力加強後的水軍於是所至
皆平，而王渾軍團亦於淮南擊潰吳丞相張悌的軍團。三月十五日，水軍直抵吳
都建鄴西北秦淮水口的石頭城，孫晧出降：

> （二月）濬進破夏口、武昌，遂泛舟東下，所至皆平。王渾、周浚
> 與吳丞相張悌戰于版橋，大破之，斬悌及其將孫震、沈瑩，傳首洛
> 陽。孫晧窮蹙請降，送璽綬於琅邪王伷。三月壬寅，王濬以舟師至
> 于建鄴之石頭，孫晧大懼，面縛輿櫬，降于軍門。濬杖節解縛焚櫬，
> 送于京都。

此戰從開戰至吳主投降，實際費時兩個半月。分析此戰，此戰在戰史上有
一大奇觀，就是從戰前討論、戰爭展開以及將至勝利，戰場統帥最高指揮官賈
充都持反戰態度，以故勝利與他毫無關係，甚至相反的差點因他而壞事。史載
賈「充本無南伐之謀，固諫不見用。及師出而吳平，大慚懼，議欲請罪」，可
見其事可信。〔註23〕因此，此戰之所以能獲勝，應以羊祜當年的獻策、晉武帝
的採納最為關鍵，似乎有同於隋文帝之廟算者。

晉武帝中途調整戰略部署，詔令水軍所過之戰區，戰區指揮官皆須抽調兵
力配屬給王濬，逐段加強水軍的戰力，使王濬軍逾戰逾強，進至石頭時兵力達
到八萬。由於吳軍主力三萬已由丞相張悌統率渡江，迎戰王渾而被擊潰，自己
也殉陣，以故當晉水軍順風迅至時，遂能以龐大軍容震懾吳人，竟迫使吳主不
戰而降，《晉書・王濬列傳》載其情況云：

> 濬自發蜀，兵不血刃，攻無堅城，夏口、武昌，無相支抗。於是順
> 流鼓棹，徑造三山。晧遣游擊將軍張象率舟軍萬人禦濬，象軍望旗
> 而降。晧聞濬軍旌旗器甲，屬天滿江，威勢甚盛，莫不破膽。用光
> 祿勳薛瑩、中書令胡沖計，送降文於濬。……壬寅，濬入于石頭。
> 晧乃備亡國之禮，素車白馬，肉袒面縛，……造于壘門。

由此可知，王濬之所以能立此大功，實與晉武帝中途對水軍作戰略調整，使之
逐段增兵，故最後王濬水軍乃能以 8：1 的壓迫態勢，令張象舟軍望旗而降，
而吳國京師聞威破膽，皆與此調整的因素直接有關。不過，晉武帝在戰事進行

〔註23〕參《晉書・賈充列傳》，卷四十一，頁 1170。

中不是只有此項調整，他在王濬東出後，又曾下詔「使濬下建平，受杜預節度，至秣陵，受王渾節度」。吳建平郡治今四川省巫山縣，在巫峽與瞿唐峽之間，為吳最西的要塞。故此詔之意，是命令王濬及其水軍一攻下建平，即配屬於荊州戰區的杜預指揮，一至秣陵，則配屬於江西戰區的王渾指揮。

根據王濬後來自辯之詞，謂是東出之初，奉詔「當順流長騖，直造秣陵，……無令臣別受渾節度之文」，所以他「將至秣陵，王渾遣信要令暫過論事，濬舉帆直指，報曰：『風利，不得泊也。』王渾久破晧中軍，斬張悌等，頓兵不敢進。而濬乘勝納降，渾恥而且忿，乃表濬違詔不受節度」。雖然吳主遲早會迎降，但是此次因指揮權轉移的忿爭則幾乎誤事，蓋渾軍頓兵不敢戰實令濬軍有失援之虞，與隋軍的精神士氣不可同日而言，而濬軍則頗似隋軍「斬首行動」時賀若弼的「先期決戰」。只是賀若弼是擅自果斷決定先期，也自知違反軍令，而王濬則諉稱王渾之信未明言指揮權轉移、風利不能迴船以及詔書發得稍慢而未收到等理由以為自辯罷了。〔註24〕

總之，平吳之戰的戰略構想原是來自已故的羊祜，而晉武帝在洛陽遙控前線，調整戰略部署，雖出於廟算，但恐怕也與戰前杜預所謂吳主會「勤保夏口以東，以延視息，無緣多兵西上，空其國都」此一估算有關，蓋吳軍不敢西上增援，則晉軍自可逐段增兵，逐段轉移水軍指揮權。所以杜預攻克江陵後，隨即命令諸將率兵「徑造秣陵」，意即支援下游諸軍。只是，晉武帝的逐段轉移水軍指揮權，卻意外為此戰製造了此一插曲，而致王渾、王濬兩將交惡，則是意料之外。

據此，就作戰本身而論，王濬水軍的確是致勝的關鍵，但非唯一關鍵，其貢獻與隋軍「斬首行動」對平陳之戰的功效不同。試略論之。

首先，王濬在成都祕密造艦的作為，原本來自深切認知「伐吳必藉上流之勢」的羊祜建議。羊祜的構想是，一旦開戰，則水軍東下與諸軍壓江必須互相配合同時大舉，逼使吳軍「勢分形散，所備皆急」。由於他了解吳之立國形勢是「緣江為國，無有內外，東西數千里，以藩籬自持」，故估計「一入其境，則長江非復所固」，而構想出由「巴漢奇兵出其空虛，一處傾壞，則上下震蕩」的克服地障作戰。據此可知，此戰所以致勝的最大關鍵在此，而首功當歸羊祜，王濬則是扮演執行者的角色。當然，觀〈濬傳〉所載，其戰場指揮以及戰術，應也是水軍能東出以至能頻捷的因素，故亦有致勝之功，但戰

〔註24〕前後詔書及濬之辯詞，均見《晉書‧王濬列傳》，卷四十二，頁1210～1215。

後「自以功大」則不必。理由除此之外，蓋因其所以能建功，尚與壓江諸軍
的側翼牽制掩護，最高統帥部採取水軍逐段增兵，尤其是杜預與王渾兩軍之
能配合有關。

　　按：王濬在成都造艦時任龍驤將軍‧監梁益諸軍事，攻克樂鄉後始於陣前
進為假節‧平東將軍‧都督益梁諸軍事，軍中位階始終低於杜預之鎮南大將軍‧
都督荊州諸軍事與王渾之安東將軍‧都督揚州諸軍事，而且此前並無指揮大軍
作戰的經驗，加上杜預「明於籌略」，而王渾「思謀深重」，故應是武帝調整戰
場指揮權的原因。〔註25〕杜預謙虛而識大體，奉詔後並未明確接受此指揮權的
來屬，反而致書王濬，建議其徑取秣陵，爭取兵機。《晉書‧王濬列傳》記此
事云：

> 初，詔書使濬下建平，受杜預節度，至秣陵，受王渾節度。預至江
> 陵，謂諸將帥曰：「若濬得下建平，則順流長驅，威名已著，不宜令
> 受制於我。若不能克，則無緣得施節度。」濬至西陵，預與之書曰：
> 「足下既摧其西藩，便當徑取秣陵，討累世之逋寇，釋吳人於塗炭。
> 自江入淮，逾于泗汴，泝河而上，振旅還都，亦曠世一事也。」濬
> 大悅，表呈預書。

據前引〈武帝紀〉所載，王濬於太康元年二月庚申進克西陵，兩日後的壬戌又
克夷道、樂鄉，而杜預則稍晚纔在甲戌日攻克江陵。前面提到，杜預在戰前即
曾襲擊吳名將西陵督張政而大破之，復行間使孫晧易將，製造了大軍臨至而已
「成傾蕩之勢」的機會。加上開戰後，杜預另遣兵「循江西上，授以節度，旬
日之間，累克城邑」，其實皆是協助王濬的東出清除障礙；而他親率主力由襄
陽壓江，從晚王濬克樂鄉幾天後就攻克江陵而臨江的情況看，顯然成功吸住了
吳的江陵部隊，使之不能調兵西援西陵、夷道、樂鄉等城，並且也打通了荊州
水道，以利濬軍通過。更有甚者，樂鄉其實為杜預所遣八百突擊隊偷渡奇襲所
攻下，〈預傳〉記載此傳奇性的軍事行動云：

> （預）又遣牙門管定、周旨、伍巢等率奇兵八百，泛舟夜渡，以襲
> 樂鄉，多張旗幟，起火巴山，出於要害之地，以奪賊心。吳都督孫
> 歆震恐，與伍延書曰：「北來諸軍，乃飛渡江也。」吳之男女降者萬
> 餘口，旨、巢等伏兵樂鄉城外。歆遣軍出距王濬，大敗而還。旨等

─────────────

〔註25〕杜預「明於籌略」見其本傳，王渾「思謀深重」則見於《晉書‧王濬列傳》所
　　　　載武帝讓濬詔，卷四十二，頁1200。

　　　　發伏兵，隨歆軍而入，歆不覺，直至帳下，虜歆而還。……於是進

　　　　逼江陵。……克之。既平上流，於是沅湘以南，至于交廣，吳之州

　　　　郡皆望風歸命，奉送印綬，預仗節稱詔而綏撫之。

按：樂鄉是與江陵隔江相對而置都督的南岸軍事重鎮，〔註26〕杜預竟以八百

奇兵繞過江陵偷渡襲擊成功，並擒其都督，不僅令自己能順利進克江陵，抑

且徹底瓦解了孫歆對王濬的阻力。〈預傳〉不但記載此傳奇性穿插敵後行動，

抑且又載「王濬先列上得孫歆頭，預後生送歆，洛中以為大笑」云。

　　王濬在西陵時已接到杜預之信，建議他「徑取秣陵」，似沒有告訴他指揮

權改屬之事，樂鄉之戰後兩人有否會面也不之知。要之此時杜預召開會議，決

定自己遵詔留下來綏撫沅湘交廣，而令諸將率兵徑造秣陵。〈預傳〉云：

　　　　時眾軍會議，或曰：「百年之寇，未可盡克。今向暑，水潦方降，疾疫

　　　　將起，宜俟來冬，更為大舉。」預曰：「昔樂毅藉濟西一戰以并強齊，

　　　　今兵威已振，譬如破竹，數節之後，皆迎刃而解，無復著手處也。」

　　　　遂指授羣帥，徑造秣陵。所過城邑，莫不束手。議者乃以書謝之。

此決定應是他遵照「杜預當鎮靜零、桂，懷輯衡陽。大兵既過，荊州南境固當

傳檄而定，預當分萬人給濬，七千給彬」之詔而行事，是配合水軍東進的行動

之一，甚至杜預遣使建議王濬「徑取秣陵」，恐怕也是「指授羣帥，徑造秣陵」

的指揮權行使項目之一，只因其謙虛而未對王濬明言這是軍令罷了。因此，王

濬及其水軍，若無杜預之配合，是否能夠如此順利連下西陵、夷道、樂鄉諸地，

通過江陵，然後會師攻夏口與武昌，則實未之可知。

　　王渾與杜預對王濬的配合不同。當王濬進破夏口、武昌，泛舟東下，所

至皆平之時。王渾軍團由壽春出師，一路戰勝，克尋陽的是其支軍（尋陽是

吳在江北的重要軍屯之地），據〈渾傳〉記載，其主力指向橫江（在安徽和縣

東南），對岸就是牛渚（即采石，在今安徽馬鞍山市），即是後來隋軍韓擒虎

渡江襲擊，遂行「斬首行動」之地。晉軍如此逼近，所以吳主令丞相張悌率

領中央軍三萬人渡江迎戰。此役吳軍大敗，張悌殉國，「吳人大震」，實是晉

軍陸戰重要會戰之一役，也是促成吳主出降的因素之一。〈渾傳〉記載此役甚

略，而《襄陽記》有較詳細的載述：

────────────────

〔註26〕吳於夾江而守的基地要塞皆置「督」或「監」為主帥，置「都督」之地則是重

　　　　地。如建衡二年，吳主拜陸抗「都督信陵、西陵、夷道、樂鄉、公安諸軍事，

　　　　治樂鄉」即是其例，見《三國志・陸遜傳・抗附傳》，卷五十八，頁1355。

晉來伐吳，晧使悌督沈瑩、諸葛靚，率眾三萬渡江逆之。至牛渚，沈
瑩曰：「晉治水軍於蜀久矣，今傾國大舉，萬里齊力，必悉益州之眾
浮江而下。我上流諸軍，無有戒備，名將皆死，幼少當任，恐邊江諸
城，盡莫能禦也。晉之水軍，必至於此矣！宜畜眾力，待來一戰。若
勝之日，江西自清，上方雖壞，可還取之。今渡江逆戰，勝不可保，
若或摧喪，則大事去矣。」悌曰：「吳之將亡，賢愚所知，非今日也。
吾恐蜀兵來至此，眾心必駭懼，不可復整。今宜渡江，可用決戰力爭。
若其敗喪，則同死社稷，無所復恨。若其克勝，則北敵奔走，兵勢萬
倍，便當乘威南上，逆之中道，不憂不破也。若如子計，恐行散盡，
相與坐待敵到，君臣俱降，無復一人死難者，不亦辱乎！」遂渡江戰，
吳軍大敗。……悌不肯去，……為晉軍所殺。〔註27〕

由此可知，張悌瞭解「晉之水軍必至於此」，但卻不選擇於牛渚江面「畜眾力
待來一戰」，而選擇「渡江逆戰」，是因晉之水軍尚未抵達，而王渾軍團已逼近
眉睫，與司馬伷從涂中來攻的軍團已構成外線作戰態勢，必須擇一擊破，然後
纔能迴師迎戰晉之水軍，以安眾心。因此，此役可以清楚知道，王渾軍團實有
為王濬牽制甚至瓦解了吳都戰力，讓東下水軍無阻之效。〈渾傳〉錄戰後武帝
的詔書，謂「王渾督率所統，遂逼秣陵，令賊孫晧救死自衛，不得分兵上赴，
以成西軍之功。又摧大敵，獲張悌，使晧塗窮勢盡，面縛乞降。遂平定秣陵」，
應是正確的戰況判斷。不過，〈渾傳〉又謂「渾久破晧中軍，斬張悌等，頓兵
不敢進，而濬乘勝納降」，則王渾「不敢進」也是事實。或許王渾既奉令接掌
水軍指揮權的轉移，以故要等到與王濬會師，商議軍情後纔進攻，故〈濬傳〉
所載武帝事後責讓王濬之詔，內謂「前詔使將軍（指王濬）受安東將軍渾節度。
渾思謀深重，案甲以待將軍」，似乎也非虛言。不過無論如何，王渾軍團的戰
場判斷與果敢勇戰，決比不上隋軍以劣勢兵力遂行「斬首行動」的表現，否則
平吳之戰更早就結束了，由此可見隋府兵之強攻勇戰於一斑。

據此以觀，戰場上王濬水軍勢如破竹東下，直抵建鄴迫使吳主投降，建此
戰的第一功是事實，但謂是致勝最關鍵則不盡然。因為水軍東下之所以能如此
順利，在上江實與沿江諸軍壓江的戰略支援配合有關，與水軍前鋒唐彬的戰術
指揮也有關，更與巴陵（治今湖南岳陽市）以東吳軍的震懼倒戈有關，〔註28〕

〔註27〕見《三國志‧三嗣主傳》孫晧天紀四年春裴注，卷四十八，頁1174～1175。
〔註28〕《晉書‧唐彬列傳》謂彬「與王濬共伐吳，彬屯據衝要，為眾軍前驅。每設疑

及至下江,則王渾軍團牽制瓦解之功亦不可磨滅。要之,就作戰本身而論,軍事行動的結束,表面上是王濬水軍「自發蜀,兵不血刃,攻無堅城,夏口、武昌,無相支抗。於是順流鼓棹,徑造三山」,以龐大兵威迫使吳主出降。但是,如此風光的一面實是在沿江諸軍的支援配合,以及吳軍的震懾喪膽之下纔能完成。其情概可參見圖二。

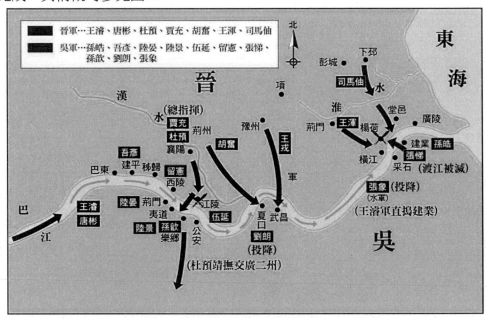

圖二　晉滅吳之戰示意圖〔註29〕

四、晉隋軍隊略較

　　與隋平陳之戰相較,隋朝從國家戰略以至戰場戰略,籌熟穩定程度都較晉為優,君臣意志更遠較晉為堅決。由於陳朝上江部隊尚有戰志,以故楊俊與楊素的兵團雖然會師,但仍被堵於巴陵、夏口一線,需靠下江兵團果敢地遂行登陸奇襲以及「斬首行動」,纔能迅奏全功。就作戰而論,陳軍的抵抗實優於吳軍,而隋軍的進攻則較晉軍表現得驍勇果敢。因為若非沿江吳軍的戰志瓦解,晉軍則無緣實施水軍逐段增兵,以致在吳京能以絕對優勢兵力所產生的巨大震懾力,而逼使吳主出降,以結束戰爭。

　　因此純從軍事而論,吳之驟亡,主要亡於水軍缺乏戰力,以及君臣精神意

───────────────

　　　　兵,應機制勝。陷西陵、樂鄉,多所擒獲。自巴陵、沔口以東,諸賊所聚,莫
　　　　不震懼,倒戈肉袒」云。見卷四十二,頁1218。
〔註29〕本圖引自前揭劉東霖書,頁148〈晉滅吳之戰示意圖〉。

志的瓦解；而陳之驟亡，則主要亡於陸軍並無戰志，以及將領的指戰失敗。茲略析如下。

　　或有人會問，吳軍自建國以來即「以江漢為池，舟楫為用，利則陸鈔，不利則入水」，為何水軍如此不堪一擊？筆者以為，赤壁之戰前，周瑜為孫權作戰爭分析，是魏晉以來第一位指出北軍「舍鞍馬，仗舟楫，與吳越爭衡，本非中國所長」此客觀事實的名將，〔註30〕因而吳軍纔發展出「上岸擊賊，洗足入船，何用塢為」的戰略與戰術。只是此戰略戰術需要優秀的將領來指揮，並需士氣昂揚，若如張悌所言：「我上流諸軍，無有戒備，名將皆死，幼少當任，恐邊江諸城，盡莫能禦也。」是則夫復何言。

　　然則為何「上流諸軍，無有戒備」，而擅長水戰之吳軍又為何不敵？此則牽涉到政治、戰艦以至戰鬥對士氣影響的問題。按：王濬在成都造船七年雖然祕密，但是吳人早已偵知，因此推估「晉必有攻吳之計，宜增建平兵。建平不下，終不敢渡江」，但吳主孫晧不聽。〔註31〕又，孫晧的鳳皇元年（晉泰始八年，272），西陵督步闡據城以叛，遣使請降於晉，荊州都督陸抗率兵往討，而晉荊州都督羊祜則帥師來攻江陵，欲以圍魏救趙。諸將請陸抗不要西上，但陸抗表示「吾寧棄江陵而赴西陵」，可見西陵戰略地位之重要。鳳皇三年，陸抗以大司馬·荊州牧的身份，力疾上疏云：

> 西陵、建平，國之蕃表，既處下流，受敵二境。若敵汎舟順流，舳艫千里，星奔電邁，俄然行至，非可恃援他部以救倒縣也。此乃社稷安危之機，非徒封疆侵陵小害也。臣父（陸）遜昔在西垂陳言，以為西陵國之西門，雖云易守，亦復易失。若有不守，非但失一郡，則荊州非吳有也。如其有虞，當傾國爭之。臣往在西陵，得涉遜迹，前乞精兵三萬，而主者循常，未肯差赴。自步闡以後，益更損耗。今臣所統千里，受敵四處，外禦彊對，內懷百蠻，而上下見兵財有數萬，羸弊日久，難以待變。臣愚以為諸王幼沖，未統國事，可且立傅相，輔導賢姿，無用兵馬，以妨要務。……願陛下思覽臣言，則臣死且不朽。〔註32〕

〔註30〕參《三國志·周瑜傳》，卷五十四，頁1261。
〔註31〕干寶《晉紀》謂王濬治船於蜀，吾彥取其流柹以呈孫晧，提出此說，而晧弗從云，見《三國志·三嗣主傳》孫晧天紀四年三月裴注，卷四十八，頁1176。《晉書·王濬列傳》所載略同。
〔註32〕參《三國志·陸遜傳·子抗附》，卷五十八，頁1356～1360。

結果也無效。疏中所謂「諸王幼沖，……無用兵馬」，是指孫晧猜忌，寧願將兵馬配屬給各幼王也不願交給將領，如鳳皇二年配給十一王每王給三千兵；天紀二年（277）立成紀、宣威等十一王，亦各給三千兵，〔註33〕二十二王合共領有軍隊六萬六千人。然而天紀三年晉軍大舉來攻，丞相張悌所領軍團兵力卻竟只有三萬人。這樣不重視國防安全，這樣猜忌臣下，亡國還有甚麼話可說？

另外，〈濬傳〉謂濬在成都祕密造艦，所「作大船連舫，方百二十步，受二千餘人。以木為城，起樓櫓，開四出門，其上皆得馳馬來往。又畫鷁首怪獸於船首，以懼江神。舟楫之盛，自古未有」。這種船艦的打擊力不如楊素所造之船，但其闊大與載量則似過之，因為羊祜的構想是要「梁益之兵水陸俱下」，故其上之所以皆得馳馬來往，可能編有陸戰部隊。對此空前的艦隊，吳人最初尚予輕視，以為是小船而騙吳主。例如《三國志·三嗣主傳》天紀四年三月記云：

（徐陵督）陶濬從武昌還，即引見，問水軍消息，對曰：「蜀船皆小，今得二萬兵，乘大船戰，自足擊之。」於是合眾，授濬節鉞。明日當發，其夜眾悉逃走。而王濬順流將至，……於是受晧之降。

陶濬謂「蜀船皆小」，顯示吳軍前線指揮官的情報決有問題，以此報告統帥部則是更大的錯誤，因此及至發現我船大而彼船更大時，所產生的心理震撼遂可想而知。吳軍既無優秀指戰將領，復又輕視無備，一旦要與如此軍容的水軍交戰，不聞風震懾而逃纔怪。投降前最後奉詔率舟軍萬人往禦的張象，與此軍遭遇，亦「望旗而降」，而孫「晧聞濬軍旌旗器甲，屬天滿江，威勢甚盛，莫不破膽」，良有以也。由此觀之，北軍水軍對南軍的巨大震懾力，晉、隋幾乎類似，只是吳軍自恃長於水戰而不斷挑釁在先，輕視無備在後，而又情報錯誤，以故一旦遭遇北軍如此的壯盛軍容，震懾膽怯遠較陳軍來得大罷了。

相對的，隋軍造艦並不完全保密，有意先讓陳軍知悉，使敵方心裡有數而持續緊張，迫使其保持心理壓力，既為心戰的一部分，也是促使南軍兵力分散於西陵與夏口，無法集中迎戰，以有利於北軍實施二區三道戰場戰略的作戰計畫。因此一旦北軍水軍東出決戰，楊素兵團的氣勢及勇決就凌駕於陳軍之上，致使峽口迅速被隋軍突破，視楊素為「江神」，而竟至巴陵以東無敢守者。此與王濬祕密造艦，突然出擊，水軍須得沿江友軍戰略配合，而且需逐段增兵，始能順流東下，終至在吳京以壯盛軍容懾敵，迫使吳主出降，不可同日而語。

〔註33〕見《三國志·三嗣主傳》孫晧各該年條，卷四十八，頁 1170 及 1172。

不過無論如何，誠如周瑜先前所言，北軍「舍鞍馬，仗舟楫，與吳越爭衡，本非中國所長」，以故陳後主君臣因此亦皆輕敵，以為北軍必無渡江之理。〔註34〕然而晉、隋竟能建設如此壯盛，堪可與南軍匹敵，甚至更為優越的水軍（隋且建有近海海軍），實是北朝軍事建設的重大成就，而隋水軍尤較晉水軍驍勇善戰。南軍所長既失，焉能不敗？至於陳水軍若非仍有優秀將領如周羅睺，在荊襄方面有效堵住楊俊以及稍晚會師的楊素兵團，相峙踰月，則恐怕敗亡得更難看。

　　上文謂純從軍事而論，吳之驟亡，主要亡於水軍缺乏戰力；而陳之驟亡，則主要亡於陸軍並無戰志。其實隋之水軍亦為府兵制下的軍隊，文帝建國後除了北周原有的軍府外，沿邊亦普置新軍府以備戰，府兵平日訓練教戰，輪流番上征防，整備有素，只是巴蜀、荊襄方面的府兵或配置一部分用於訓練水戰而已，以故楊素兵團東出時可以水陸交替用兵。至於沿長江的其他臨江部隊，則率多為陸軍，觀隋朝二區三道作戰計畫確定時，即知臨江各軍除了陸戰之外，恐怕也曾施予搶渡長江的登陸作戰訓練，因此隋朝臨江諸軍一開戰則皆成功渡江，與晉諸軍留滯江北（杜預軍除外），使戰事呈現膠著狀態有異。隋軍既已登陸，則戰力所長的一端，已擺盪至跨鞍馬而擅野戰的北軍，注定陳朝亡無日矣，只是時間的久暫罷了。觀隋朝登陸諸軍皆士氣如虹，果敢勇決，迅速擴張戰果，即知其平常訓練的精良，士氣的騰達，不僅只侷限於韓擒虎與賀若弼兩個總管區而已。面對如此的登陸北軍，所以南軍纔會喪失戰志。由此以觀，隋水軍之摧毀以及吸住陳上江水陸兵力，使之不能迴援首都，此與晉水軍需靠江北陸軍側翼掩護始能順利東下的戰略態勢不同；而隋下江陸軍在此戰略效果出現時，迅速遂行登陸作戰，登陸後復迅速擴張最大戰果，立即果敢遂行「斬首行動」以結束戰爭。可知兩戰雖地障相同，南北作戰的形態也相同，但卻是形同而實異，較讀圖二與圖三即可概見。

〔註34〕《南史·陳後主本紀》載：「及聞隋軍臨江，後主曰：『王氣在此，齊兵三度來，周兵再度至，無不摧沒。虜今來者必自敗。』孔範亦言無渡江理。但奏伎縱酒，作詩不輟。」參《南史》卷十，禎明二年十一月條末，頁308。

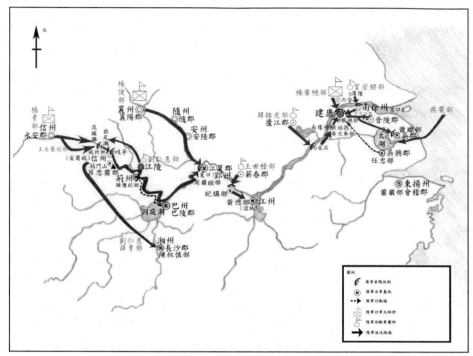

圖三　隋統一戰爭全線作戰示意圖〔註35〕

至此，或許對府兵制下的軍隊是否戰力被過分誇大，略可作一綜說。

按：戰爭通常由較強大的國家發起，蓋因其戰前的國力分析判斷，必自認優於敵國的緣故；而由國力劣勢國先發者概少。此非鐵律而僅是常理，因為戰史上也的確有劣勢國先發之例。然而劣勢國先發必有其不得不發的原因，例如正因劣勢，以故「先發制人」，創造對己有利的防禦條件，此即攻勢防禦戰略之所由起，吳對魏可為其例。又如國有使命，不得不實行，此則劣勢國通常會採取攻勢戰略。諸葛亮〈出師表〉云：「當獎率三軍，北定中原，庶竭駑鈍，攘除姦凶，興復漢室，還于舊都。此臣所以報先帝，而忠陛下之職分也。」是可為例。

根據上文分析比較，戰前綜合國力比的比數，晉、吳比為 7：1，隋、陳比為 11：1，不僅南朝皆遠劣於北朝，抑且隋更遠較晉為富強。假如北、南之比為 2：1 即算是北具相對優勢，則晉、吳比固可視為晉具「非常優勢」，而隋、陳比則無異是隋具「絕對優勢」了。重新統一的有利條件於焉出現，戰爭安得

〔註35〕本圖由筆者起草，助理林靜薇參考譚其驤《中國歷史地圖集》重繪，曾於前揭拙文〈隋平陳之戰析論——周隋府兵改革成效的一個觀察〉刊載，今為閱讀比較之方便而重置於此。

不爆發？而北朝之所以選擇爆發時間點在吳末主與陳後主之時，厥因其時南朝內政失修，授人以機，以致招敵來攻也。

　　隋承宇文氏五十餘年整軍經武，周被篡前的滅齊之戰及淮南之戰已經證明府兵改革有效。隋文帝承周，繼續整軍經武，並於緣邊之地增置新軍府，〔註36〕選拔有慷慨壯志、治兵有道、文武俱備、膂力絕人、驍武便弓馬，乃至於軍中有一定資望者充任驃騎以下中層暨基層軍官。〔註37〕他們本身不僅是果敢勇戰之士，平時亦「教兵不棄，治兵有典」。〔註38〕至於沿江總管，更是重議精選，如長江下游的吳州總管（治江都）賀若弼、廬州總管（治廬江）韓擒虎、壽州總管（治壽春）源雄，長江中游之蘄州總管（治蘄春）王世積、安州總管（治安陸）元景山等，皆是具有文韜武略，累立戰功，素著聲名，而為敵所憚的悍將，在鎮整軍教戰也嚴謹。〔註39〕此外，隋文帝尚重用江北淮南地方豪右，令其統率鄉兵，作為府兵正規軍的補充。例如賀若弼所遣的間諜張濬，乃是淮陰豪右，平陳之役時便以大都督領鄉兵參戰；同樣是賀若

〔註36〕例如《唐該暨妻蘇洪姿墓誌》載：「洎開皇之初，將定江表，首置軍府，妙選英傑。君以林雄入幕，豪騰知名，遠近所推，特授都督。繼而教兵不棄，治兵有典，富貴自取，仍領帥都督兵。」按：唐該為河南洛陽人，見《全隋文補遺》卷五，頁328。又，汪籛以為北方緣邊新置的軍府，當是為了防禦突厥而設置，山東、河南的軍府則是為了大舉滅陳而設置，設置的時間不詳，周末隋初恐怕還沒有這些新置的軍府。參汪籛，〈隋代戶數的增長〉（收入其《汪籛隋唐史論稿》，北京：中國社會科學出版社，1981年1月，第1版），頁32。
〔註37〕觀驃騎參與平陳之役者，如「智足謀師，威能制勝」的張壽（《全隋文補遺》卷五，頁329），「少慷慨，有壯志」的李子雄（《隋書》本傳，卷七十，頁1619）等；大都督以下如「教兵不棄，治兵有典」的唐該（〈唐該暨妻蘇洪姿墓誌〉，見《全隋文補遺》卷五，頁328），「志性威雄，文武俱備」的張伏敬（〈張伏敬墓誌〉，《全隋文補遺》卷四，頁283），「身長八尺，膂力絕人」的魚俱羅（《隋書》本傳，卷六十四，頁1517），「少驍武，便弓馬」的裴仁基（《隋書》本傳，卷七十，頁1633）等，皆是果敢勇戰之士。
〔註38〕見同前揭《唐該暨妻蘇洪姿墓誌》之例。
〔註39〕《隋書·賀若弼傳》載：「高祖受禪，因有并江南之志，訪可任者。高熲曰：『朝臣之內，文武才幹，無若賀若弼者。』高祖曰：『公得之矣。』於是拜弼為吳州總管，委以平陳之事，弼忻然以為己任。」《隋書·韓擒虎傳》載：「開皇初，高祖潛有吞并江南之志，以擒有文武才用，夙著聲名，於是拜為廬州總管，委以平陳之任，甚為敵人所憚。」若弼與擒虎乃是平陳之役實行「斬首行動」的名將。此外，壽州總管源雄亦「深為北夷所憚」；蘄州總管王世積為高熲「美其才能，甚善之」；安州總管元景山，早在開皇元年伐陳時即已為行軍元帥，「大著威名，甚為敵人所憚」。眾將皆參與伐陳之役，建有殊勳，分見於《隋書》各本傳，不贅引。

弼所遣的間諜來護兒，世居廣陵，三世皆為建康附近江北的郡守或縣令，平陳之役時以大都督領本鄉兵參戰；彭城劉權於周末假淮州刺史，隋初以車騎將軍領鄉兵，亦從晉王廣平陳；盧江樊子蓋，三代仕宦，隋初以儀同領鄉兵，後出任樅陽（地鄰陳之北江州）太守，平陳之役亦曾立功。此皆是平陳前的部署，蓋欲運用江北豪右領鄉兵參與平陳之役。〔註40〕這些前線地帶之鄉兵集團，活躍於平陳戰場，在平陳之戰中可能發揮了重要的前導作用。〔註41〕

隋文帝的積極軍事整備與部署，對陳實已構成極大的軍事優勢，何況復繼之以內政的勵精圖治，遂使國力臻至「絕對優勢」，於是乃能北服突厥，南併陳朝，表現佳於西晉，平陳之戰蓋是最實證之例。或疑隋楊俊、楊素兩兵團被阻於夏口、巴陵一線，而晉王濬水軍則破竹而下，兩者優劣如何解釋？

按：陳與吳的國力有異，而抵抗力亦不同，或已分別預料於隋崔仲方與晉羊祜、杜預的戰場戰略構想之內。為此，崔仲方的構想是水軍「終聚漢口、峽口，以水戰大決」；「若賊必以上流有軍，令精兵赴援者，下流諸將即須擇便橫渡；如擁眾自衛，上江諸軍鼓行以前」，實際戰況是峽口已大決而勝，漢口則尚未大決而陳主已淪亡，頗超出仲方所料。〔註42〕羊祜則熟知吳之立國形勢是

〔註40〕 分見《隋書》卷六十四〈張奫列傳〉，頁1510；卷六十三〈劉權列傳〉，頁1504；同卷〈樊子蓋列傳〉，頁1489；《北史》卷七十六〈來護兒列傳〉，頁2590。

〔註41〕 谷霽光認為這些鄉兵由江北豪右統率，而豪右又被授以府兵軍職，已逐漸納入府兵統率系統；然谷川道雄認為，尚不能完全確定這些鄉兵已屬府兵系統。以文獻不足，故其詳暫不論。請參谷霽光，《府兵制度考釋》（臺北：弘文館，1985年9月，初版），頁102～103；谷川道雄，〈府兵制國家論〉（原載《龍谷大學論集》第443號，後收入其《隋唐帝國形成史論》，上海：上海古籍出版社，2004年10月，第1版），頁351～352；高明士，〈隋代中國的統一——兼論歷史發展的必然性與偶然性〉（中國歷史上的分與合學術研討會籌備委員會主編，《中國歷史上的分與合學術研討會論文集》，臺北：聯經，1995年9月，初版），頁108～109。

〔註42〕 崔仲方的戰略構想請參本書前揭拙文，不贅。按：《隋書·李德林列傳》謂「德林自隋有天下，每贊平陳之計。（開皇）八年，車駕幸同州，德林以疾不從。勅書追之，書後御筆注云：『伐陳事意，宜自隨也。』時高潁因使入京，上語潁曰：『德林若患未堪行，宜自至宅取其方略。』高祖以之付晉王廣。」陶希聖據此，主張李德林主管伐陳方略（可參其〈蕭梁瓦解與陳代興亡〉，《食貨月刊》復刊第5卷第1期，民國64年4月，頁13）。實則從戰爭論看，一場戰爭之所以能決勝於千里之外，蓋先取決於戰略構想，而決定於最高統帥的決心，陶希聖所謂的伐陳方略，不過是參謀作業所擬的作戰計畫而已，所以隋文帝詔令伐陳總部參謀長高潁取之以付伐陳統帥晉王楊廣。李德林任為中書令，故參贊伐陳作戰計畫，情況略如伐吳之初的張華以中書令參贊大計。但據《晉

「緣江為國，無有內外，東西數千里，以藩籬自持」，故估計「一入其境，則長江非復所固」，而預料「伐吳必藉上流之勢」；一旦開戰，水軍東下與諸軍壓江互相配合，逼使吳軍「勢分形散，所備皆急」，然後由「巴漢奇兵出其空虛，一處傾壞，則上下震蕩」。杜預更料敵「勤保夏口以東，以延視息，無緣多兵西上，空其國都」，故克江陵之後隨即令諸將「徑造秣陵」。實際戰況亦如其所料。因此，隋、晉挾國力的絕大優勢，料敵於十年之內、千里之外，而隋軍戰況更超過其預期構想，陳、吳焉能不亡無日矣。

就戰爭而言，晉平吳之戰發生在前，故隋軍戰前的沿江經略，戰時的臨江與東出同時大舉，殆有以史為鑑，參考過平吳之戰的戰例，以減低戰場的誤判，因而能迅速奏功。反之，陳朝亦然，以故甚重視上江的戰略經營，而能阻敵於長江中游。

晉軍最後致勝的關鍵，是取決於水軍在陸軍配合下而順利東行，至敵都展示優勢兵力之壯盛軍容，而突然產生的巨大震懾力，當然亦與吳軍的精神士氣已相對全喪有關。雖然如此，但隋軍的戰鬥表現仍勝於晉。蓋因陳軍最後雖仍有鬥志，不僅於上江有效堵住北軍，而在首都也部署保衛戰；但卻終不敵隋軍的驍勇果敢，遂使夏口以西以南諸地先後淪陷，首都守軍亦僅一交戰即潰不成軍。就作戰情勢而論，陳上江水軍縱不投降，亦將會在隋軍包圍下孤軍被殲或被擊潰，圖三可以察知。此外，奇襲戰術晉、隋兩軍皆曾運用，但南朝首都遠在江東，不逕攻直取則戰事勢必拖延，以故隋軍以絕對劣勢兵力，果敢採取閃電式的「斬首行動」，實是中國戰史上僅見的奇蹟；較諸王渾等軍團雖「久破晧中軍」，猶「頓兵不敢進」，可謂優劣立判。隋軍二十天即亡陳朝，而晉軍需兩個半月始竟全功，兩軍戰力的優劣殆可見於此。

戰勝之後，隋文帝下詔擄陳朝君臣百姓西入長安，將建康城邑宮室「平蕩耕墾」，其目的只是為了徹底免除後患，而非為了搶劫。反觀晉軍，據〈濬傳〉記載，除了王濬所部軍紀嚴明之外，「餘軍縱橫，詐稱臣（濬）軍」，所至搶劫，王渾部即「有八百餘人緣石頭城劫取布帛」，而被濬部逮得二十餘人。當然，吳亡前夕孫晧「左右劫奪財物，略取妻妾，放火燒宮」，可能是引起晉軍趁火打劫的原因，然而晉、隋兩軍的日常訓練以及軍紀要求，於此

書‧張華列傳》所載，及至伐吳之戰發動，張華轉「為度支尚書，乃量計運漕，決定廟算」，則是參與廟算而兼後勤補給總指揮，負重更甚於李德林，以故吳滅後詔書稱其與羊祜「共創大計，……算定權略，運籌決勝，有謀謨之勳」，非德林當時的角色可比。

亦可以分出高下。〔註43〕

五、結　論

　　總而言之，就戰爭而論，晉、隋兩軍勝於必勝之時，吳亡於必亡之日，但陳朝卻亡於不應遽亡之時。其間道理何在？蓋吳、陳之亡，均導因於內政失修而致招敵，不過吳主孫晧失修之餘而且苛暴，使其君臣將士離心離德，軍隊幾無戰力，精神意志崩潰而亡；陳則不盡然，後主陳叔寶雖然留連文藝、主昏臣佞，但尚不至於苛暴，將士至亡日猶有戰志，假如後主不是遇到「絕對優勢」的對手，慌亂之間只想走避，而納計出走往依上江諸軍，發動全面的本土保衛戰，則戰事不致於驟決，以故謂其亡於不應遽亡之時。要之，內政失修是亡國的主要因素，不僅敗亡的吳、陳如此，即使勝方的晉、隋後來也如此。魏晉南北朝分裂狀態第一次統一後，西晉不旋踵而內政失修，於是招致「八王之亂」以及「五胡亂華」，退居江東苟延國祚；第二次統一後，隋朝不久亦內政失修，煬帝恃其國力之「絕對優勢」而絕對揮霍，並繼之以苛虐，於是舉國動亂，就連想遷都江東也不能得，終致驟然亡國。因此，國家興亡之間，建設綜合國力應是為政者必須全般考慮的問題，軍事力量絕非唯一可靠的力量，而戰爭則僅是崛起或驅除的行動罷了。若從《孫子・始計》篇所言道、天、地、將、法五種戰爭要素的角度而論，不僅可用以解釋晉、隋之所以驟勝，抑且也可用以解釋晉、吳、隋、陳之所以國亡，而其關鍵要素則以「道」居首。

　　無論如何，隋、晉相較，隋文帝在綜合國力 65 的情勢下，用心建設一支五十萬兵力以上的強勁府兵，以圖中國統一，肯定要比綜合國力 22、不及隋文帝二分之一，而又統一意志未堅的晉武帝，建設一支二十萬以上兵力的勁旅容易得多。按：府兵創建之初，兵力不滿十萬，至周武帝親政改革前實無與北齊大決的戰力；嗣周武帝擴大徵兵而又不斷予以整訓教戰後，乃能在短短四五年間興兵二十萬滅齊，統一北方而攻取淮南。隋文帝承之繼續勵精圖治，擴軍整訓，而於篡國即位僅五年之時，便使當時東亞第一強權的東突厥稱臣，又四年就興兵五十萬完成南北統一大業，是則府兵戰力之強勁，可謂試之效者也。此與晉武帝竊曹魏武、文、明三世軍事建設之雄基，承晉宣、

〔註43〕隋軍軍紀嚴明之例，如楊素治軍，「馭戎嚴整，有犯軍令者，立斬之，無所寬貸」；賀若弼治軍，「軍令嚴肅，秋毫不犯，有軍士於民間沽酒者，弼立斬之」，兩人本傳載之甚明。唯有嚴明之號令與軍紀，軍隊始能發揮強勁的戰鬥力。

景、文三帝之餘烈，始能興兵二十萬完成南北統一，不可同日而語。

　　若以軍隊數量與戰力而言，晉軍或許僅及周武帝時府兵實力的階段，而與隋文帝改革建制、擴大徵募、教戰精練、嚴求軍紀的府兵建設階段，實在尚有一段距離。府兵平陳之能速捷，是隋文帝及鋒而試的戰果，是則府兵制下府兵戰力之是否被誇大，蓋可不言而喻。

　　　　　　　　　　　　　　　《中國中古史研究》第 14 期，2014 年。